Peter Calvocoressi:
Who's who in der Bibel

Aus dem Englischen von
Angela Hausner

Deutscher
Taschenbuch
Verlag

Die Karten auf den Seiten 283, 284 und 285 sind der ›Einheitsübersetzung der Heiligen Schrift‹ entnommen und hier mit
freundlicher Genehmigung der Katholischen Bibelanstalt, Stutt-
gart, abgedruckt.

Deutsche Erstausgabe
1. Auflage Dezember 1990
3. Auflage Juni 1992; 33. bis 44. Tausend
Deutscher Taschenbuch Verlag GmbH & Co. KG,
München
© 1987 Peter Calvocoressi
Titel der englischen Originalausgabe:
Who's who in the Bible
Viking, London
© der deutschsprachigen Ausgabe:
1990 Deutscher Taschenbuch Verlag GmbH & Co. KG,
München
Umschlaggestaltung: Celestino Piatti
Umschlagabbildung: Moses unter dem brennenden Dornbusch
Gesamtherstellung: C. H. Beck'sche Buchdruckerei,
Nördlingen
Printed in Germany · ISBN 3-423-30012-4

Inhalt

Einführung

In diesem Buch geht es um einen speziellen Aspekt der Bibel: um die Menschen, die darin vorkommen. Manche von ihnen sind so berühmt, wie man nur sein kann. Andere sind weniger berühmt, aber immer noch berühmt genug. Und dann gibt es noch jene Männer und Frauen, deren Namen einem bekannt sind, auch wenn man sich nur dunkel an ihre Geschichte erinnert. Und schließlich ist da noch die große Gruppe der Nebenfiguren ohne jegliche Berühmtheit. Sieht man einmal von dieser letzten Gruppe ab, verspüren wir bei all diesen Personen von Zeit zu Zeit den Wunsch, mehr über sie zu erfahren – sei es, um etwas Neues dazuzulernen, um die Erinnerung aufzufrischen oder um eine Streitfrage zu klären.

Ein Who's who der vorliegenden Art ist keine Enzyklopädie, sondern ein Verzeichnis von Namen, deren Auswahl von Ruhm oder Gunst bestimmt wird. Gedacht ist es für all jene, denen es Spaß macht, in Nachschlagewerken herumzustöbern – die hier angeführten Namen fordern dazu ja geradezu heraus. In diesem Buch gibt es sowohl sehr lange wie auch sehr kurze Einträge. Wichtigstes Ziel war, zu allen aufgenommenen Personen die in der Bibel genannten Fakten anzuführen. Wenn man von Menschen spricht, geht es zwar darum, zu berichten, wer sie waren und was sie taten, doch es geht immer auch um etwas mehr. Zweierlei kommt dazu: zum einen die Einschätzung der Person. Wenn man über so außergewöhnliche Menschen wie Mose oder David, Jesaja oder Paulus nachdenkt, oder etwas über sie liest, dann entsteht ein Bild ihrer Eigenschaften und ihres Wesens, das dazu anregt, sich ein Urteil über sie zu bilden und ihre Geschichte mit eigenen Worten zu schildern.

Zum anderen die Nachwirkung: In der Vorstellungswelt und den Kunstwerken späterer Generationen lebten und leben die großen Gestalten der Bibel fort. Über zweitausend Jahre hinweg haben Künstler die biblischen Geschichten in Stein und Glas, in Prosa und Versen, in Malerei und Musik immer wieder neu erzählt. Von Generation zu Generation haben diese Kunstwerke das Bild geprägt, das wir uns von den Personen machen, die uns in der Bibel begegnen. Einige dieser Kunstwerke werden in diesem Buch erwähnt; doch angesichts der riesigen Zahl, die zu nennen wäre, kann es nur eine kleine Auswahl sein. In einigen Fällen – zu denen natürlich vor allem die Hauptereignisse im Leben Jesu von der Verkündigung bis zur Kreuzigung gehören – ist der Reichtum schlicht zu groß. Doch bei den übrigen verhilft eine – wenn auch kleine und willkürliche – Auswahl dazu, die zeitlose Lebendigkeit dieser Menschen zu demonstrieren. Gleichzeitig wird deutlich, wie verschieden sie durch die Jahrhunderte hindurch gesehen und dargestellt wurden: Tradition und Zeitgeist in ihrer Wechselwirkung.

Die angeführten Kunstwerke stammen weitgehend aus dem Spätmittelalter und der Renaissance, als die Bibel bei Künstlern und Auftraggebern als Quelle der Inspiration unangefochten an der Spitze stand. Zwar war sie nicht einmal in jener Zeit die einzige Quelle, denn es gab auch andere gute Geschichten und für die darstellende Kunst auch den Reiz der Naturschönheiten, einschließlich der Schönheiten des menschlichen Körpers. Doch reichster Quell des Geldes, der Prachtentfaltung und damit auch der Kunst war die Kirche. Diese Vorrangstellung wurde schwächer in der Renaissance, als sich die Künstler den mythischen und historischen Stoffen der Griechen und Römer zuwandten. Sie verringerte sich auch durch das wachsende Selbstbewußtsein der Mäzene, Aristokraten (einschließlich der Kirchenfürsten) und der Geldaristokratie, die Gemälde von sich, ihren Frauen und ihren Pferden in Auftrag gaben. Doch trotz all dieser Konkurrenz hat die Bibel ihren Platz behauptet und ihre befruchtende Wirkung auf die Phantasie der Künstler behalten. Allein in den letzten hundert Jahren hat die Kreuzigung so verschieden geartete Schriftsteller wie Housman, D. H. Lawrence, Edith Sitwell, Edwin Muir und Nikos Kazantzakis zu Werken inspiriert. Messiaen weihte sein Leben einer Musik, deren Geist erkennbar der Musik des Mittelalters verwandt ist. Motive aus dem Alten und dem Neuen Testament erscheinen immer wieder in den Bildern Stanley Spencers, und auch die Romane Tolstojs, Thomas Manns, George Moores und Michail Bulgakows zeugen von der Lebenskraft dieser alten Erzählungen.

Auf den Künstler übt eine überlieferte Geschichte einen doppelten Reiz aus: Einmal fordert jede gute Geschichte dazu heraus, noch einmal erzählt zu werden – der Künstler übernimmt die Rolle dieses Erzählers. Aber die Geschichte muß auch im Geist nachvollzogen werden, wobei sie entweder in ihrer ursprünglichen Zeit belassen oder in die eigene Zeit des Künstlers versetzt wird. Raffael mußte sich also, als er die Vision des Ezechiel malen wollte, erst in Gedanken und dann auf der Leinwand ein Bild davon machen, was Ezechiel gesehen hatte und was er damit ausdrücken wollte. Und wenn Kipling dem Gedicht, in dem er die Geschichte von Jack Barrett erzählt, den Titel ›Urija‹ gibt, dann will er damit sagen: »Es geschieht auch heute noch.«

Woraus die Bibel besteht

Das Wort »Bibel« bedeutet im Griechischen »Buch«, doch ist die Bibel nicht so sehr ein Buch als vielmehr eine Sammlung von Büchern, ein Sammelwerk spezieller Art. Die früheste griechische Übersetzung, die Septuaginta, nannte man nicht Bibel, sondern Altes Testament; die Bezeichnung »Bibel« wurde zuerst für lateinische Ausgaben und im Plural verwendet: Biblia sacra, »Heilige Bücher«.

Die Aufteilung der Bibel in Altes Testament, Neues Testament und apokryphe Texte geht bis in die früheste Zeit zurück. Die Apokryphen sind älter als das Neue Testament. Die drei Teile unterscheiden sich sehr stark voneinander und tragen dadurch zur Vielfalt des ganzen Werkes bei. Das Neue Testament ist nicht nur erheblich kürzer, sondern auch homogener als das Alte Testament. Der größere Teil davon konzentriert sich auf zwei Themen: auf Lehre, Leiden und Auferstehung Jesu (die vier Evangelien) einerseits und auf die Missionsreisen und die Missionstätigkeit von Paulus (Paulusbriefe und Apostelgeschichte) andererseits. Mit einigen wenigen Ausnahmen (die etwas später dazukamen) wurde das ganze Neue Testament in der zweiten Hälfte des 1. Jahrhunderts n. Chr. auf griechisch abgefaßt. Die darin berichteten Ereignisse spielten sich alle in einem einzigen Jahrhundert ab.

Das Alte Testament ist im Vergleich dazu nicht nur erheblich umfangreicher, sondern auch erheblich vielfältiger. Es behandelt eine immense Zeitspanne, aber nur ein relativ kleines Gebiet und nur eine relativ kleine Volksgruppe. Selbst wenn man die am Anfang stehenden mythischen Überlieferungen unberücksichtigt läßt, spannt sich der Inhalt über nahezu zwei Jahrtausende. Das Alte Testament erzählt die Geschichte eines einzigen Volkes: Wie es einst vom unteren Euphrat in Landstriche am Mittelmeer zog, dann diese Gebiete vermutlich aus wirtschaftlichen Gründen wieder aufgab und nach Ägypten weiterzog, wo es ihm über mehrere Jahrhunderte hinweg erst gut und dann schlecht ging; wie es in einer Massenflucht aufbrach, um das verlorene Land, das nun zum verheißenen wurde, zurückzugewinnen, was ihm, nachdem eine ganze Generation durch Entbehrungen und Enttäuschungen gegangen war, auch gelang; wie es die Völker und Stämme, die es im verheißenen Land vorfand, besiegte, aber nicht auslöschte; wie es während einer kurzen Periode des Wohlergehens das Königreich Davids und Salomos schuf, dann aber inneren Zwistigkeiten und mächtigeren Reichen zum Opfer fiel; wie es fast, aber doch nicht ganz von der Bühne der Geschichte verschwand, als die eine Hälfte von Assyrien vernichtet wurde, die andere Hälfte aber aus dem babylonischen Exil zurückkehrte, wie es eine Religion schuf, die ursprünglich aus einem Komplex ritueller Gesetze und Verbote bestand, dann aber von den Propheten mit grundlegenden ethischen und sozialen Werten ausgestattet wurde; und wie es damit ohne politische Selbständigkeit (die hundert Jahre der Priesterherrschaft der Makkabäer ausgenommen) seine Identität als Volk und Religionsgemeinschaft bewahren konnte.

Die im Alten Testament enthaltenen Geschichten zeichnen nicht nur diese Auf- und Abschwünge nach, sondern sie trugen auch zu den Aufschwüngen bei. Traditionen halten ein Volk am Leben. In guten Zeiten geben sie Kraft, in schlechten Trost und Zuversicht. In guten Zeiten werden sie in Liedern und Erzählungen weitergetragen, in schlechten mit Wehmut gesammelt und aufgeschrieben. Das Alte Testament wurde zum großen Teil während des Niedergangs der Königreiche nach Salomo, während des babylonischen Exils oder kurze Zeit später abgefaßt. Aus diesen Schriften besteht das Alte Testament. Doch eingeflossen sind auch sakrale und volkstümliche Legenden, Chroniken, Lieder und Erzählungen, die viel älteren Ursprungs sind. Die ältesten erhaltenen Texte dagegen sind erheblich jüngeren Datums.

Das Alte Testament war nie ein einheitliches Werk. Man betrachtete es vielmehr als einen Sammelband, der aus drei Teilen bestand: aus dem Gesetz, den Propheten und den sogenannten »Schriften«, die man auch einfach »den Rest« nennen könnte. Das Gesetz, hebräisch die Thora, bestand aus den ersten fünf Büchern oder dem Pentateuch (griechisch: »Fünfrollenbuch«). Sie wurden Mose zugeschrieben und an den Anfang der hebräischen Bibel gestellt. Als Hüter dieses Gesetzes hatten die Priester ein unmittelbares Interesse an dessen Vorrangstellung. Doch daß die Bücher wirklich von Mose stammen, daran wurden bereits vor tausend Jahren Zweifel laut, und heute glaubt niemand mehr daran, der sich vorurteilslos mit der Frage beschäftigt. Im 18. Jahrhundert wies ein französischer Forscher nach, daß zwei Autoren am Werk gewesen sein müssen, und im 19. Jahrhundert haben Fachleute die Zahl der Autoren noch erhöht und viel Mühe darauf verwendet, deren Beiträge nachzuweisen.

Das früheste uns bekannte Ereignis in der Geschichte des Gesetzes geschah im Jahr 621 v. Chr.: Während der Herrschaft des Königs Joschija von Juda wurde bei Reparaturen am Tempel in Jerusalem eine Schrift gefunden, bei der es sich offenbar um das Deuteronomium handelte. In seiner Begeisterung über den Fund setzte Joschija eine, nach dem babylonischen Exil von Esra und Nehemia noch vorangetriebene Entwicklung in Gang, die das (vermeintlich) mosaische Gesetz zu einer Art Verfassung für die Herrschaft von Priesterkönigen werden ließ. Das Deuteronomium ist entschieden monotheistisch und damit in diesem Punkt eindeutiger als jenes andere uns bekannte Dokument früheren Datums.

Die Propheten wurden fast so sehr verehrt wie das Gesetz. Viele von ihnen traten zudem zeitlich vor dem Gesetz auf. In diesem Zusammenhang versteht man unter Propheten vor allem Jesaja, Jeremia und Ezechiel sowie zusätzlich eine Gruppe von zwölf Propheten, von denen Amos der früheste ist. Diese Gruppe der sogenannten »kleinen« Propheten war im Alten Testament in einem Buch zusammengefaßt, bis sie später in die heutige Form einzelner Bücher aufgeteilt wurde. Die Propheten lebten im 8. bis 6. Jahrhundert v. Chr.; die Bücher, die ihre Namen tragen, erhielten ihre heutige Form um 200 v. Chr. Neben dem religiösen Inhalt bilden sie auch eine wichtige Ergänzung zum historischen Teil des Alten Testaments, zu dem die Bücher Josua, Richter, Samuel 1 und 2 und Könige 1 und 2 gehören. Sie umfassen die Zeitspanne von 1200 bis 586 v. Chr. und wurden im 6. Jahrhundert v. Chr. in die uns überlieferte Form gebracht.

Der dritte Teil des Alten Testaments stellt eine bunte Mischung dar. Die Psalmen sind eine Sammlung von Liedern, die zwar David zugeschrieben werden, tatsächlich aber wie alle überlieferten Sammlungen dieser Art aus weit auseinanderliegenden Epochen stammen (8. bis 2. Jahrhundert v. Chr.). Eine Gruppe von Büchern (von denen einige zu den Apokryphen gerechnet werden) läßt sich, so verschiedenartig sie sind, unter dem Oberbegriff der Weisheitsbücher zusammenfassen. Viele von ihnen wurden Salomo zugeschrieben und stammen aus dem 3. Jahrhundert v. Chr., so die Bücher Sprichwörter, Sirach, Weisheit und Ijob (Hiob). Einfache Geschichten wie Rut, Ester, Tobit und Daniel gehören dazu, aber auch gewichtigere Bücher wie Kohelet, die Klagelieder und – als lyrisches Zwischenspiel – das Hohelied.

Schließlich finden sich in dieser Gruppe noch vier spätere Bücher, die dazu dienten, die Auffassung der Priester darüber, wie alles war und wie alles sein sollte, zu untermauern: Chronik 1 und 2, Esra, Nehemia. (Die beiden Bücher der Chronik, die im 3. Jahrhundert v. Chr. zusammengestellt wurden, sind eine tendenziöse Version der in den Samuelbüchern und den Büchern der Könige geschilderten Ereignisse; sie erwähnen nur das Königreich Juda und lassen alles aus, was David oder Salomo in einem negativen Licht erscheinen ließe.) Diese zur dritten Gruppe gehörenden Bücher des Alten Testaments sind so vielfältig, daß man sie einander nach den verschiedensten Kriterien zuordnen kann, was man auch getan hat. Gerade diese Gruppe enthält jedoch eine eindrucksvolle Anzahl jener Bücher, die dem Alten Testament seine charakteristische Eigenart verleihen.

Als Apokryphen (griechisch: »verborgene Schriften«) bezeichnete man ursprünglich Schriften, deren Kenntnis den Mitgliedern einer geheimen Vereinigung oder Sekte vorbehalten war. Im Christentum wurde der Begriff für biblische Schriften gebräuchlich, die weder in diesem noch in irgendeinem anderen Sinn geheim waren, sondern vielmehr als zweifelhaft oder zweitrangig betrachtet wurden. Heute wird der Begriff für zwei verschiedene Gruppen von Schriften verwendet: Die erste Gruppe umfaßt jene Bücher, die nicht Bestandteil des hebräischen Alten Testaments waren, sondern erst in die Septuaginta, also in die in vorchristlicher Zeit angefertigte griechische Übersetzung des hebräischen Alten Testaments, aufgenommen wurden. Als Bestandteil der Septuaginta sind sie dann, trotz der beharrlichen Vorbehalte von Theologen und Forschern, immer wieder in die Ausgaben christlicher Bibeln übernommen worden. Auch der heilige Hieronymus, der in diesem Punkt selbst seine Zweifel hatte, brachte es nicht über sich, bei der Vulgata, der von ihm 405 n. Chr. ins Lateinische übersetzten Bibel, irgend etwas wegzulassen, das er in der Septuaginta vorfand. Die griechisch-orthodoxe Kirche hat an der Septuaginta festgehalten. Die römisch-katholische Kirche dagegen zog auf dem Trienter Konzil im 16. Jahrhundert einen Schlußstrich unter alle Zweifel und erklärte offiziell, daß diese (als deuterokanonisch bezeichneten) Schriften den gleichen Wert haben und die gleiche Verehrung verdienen wie die anderen Bücher; diese Regelung ist 1870 beim 1. Vatikanischen Konzil bestätigt worden. In den protestantischen Kirchen wurden dagegen die Zweifel ernster genommen: Luther bezeichnete diese Bücher als den anderen Teilen der Heiligen Schrift nicht ebenbürtig, aber doch »nützlich« und nahm sie als Anhang zum Alten Testament auf, während sie in der Septuaginta zwischen den verschiedenen Büchern des Alten Testaments verstreut waren.

Die zweite Gruppe von Schriften, für die der Begriff Apokryphen verwendet wird, ist erheblich größer. Sie umfaßt rund vierzig Bücher oder Teile von Büchern, die sich auf das Alte Testament beziehen, und eine noch größere Zahl von Evangelien, Briefen und Apostelgeschichten, die das Neue Testament betreffen. Von vielen dieser Schriften ist bekannt, daß sie existiert haben, doch sind nur Fragmente oder gar nichts von ihnen überliefert. Aus verschiedenen Gründen und zu verschiedenen Zeiten wurde ihnen die offizielle Anerkennung als Teil der Heiligen Schrift verweigert, und sie wurden in keine kirchlich autorisierte Bibel aufgenommen. Zu den Apokryphen des Alten Testaments (beziehungsweise den deuterokanonischen Büchern) gehören: Tobit, Judit, Zusätze zu Ester, Weisheit, Sirach, Baruch mit dem Brief Jeremias, Zusätze zu Daniel, Makkabäer 1 und 2.

Die Überlieferung und die Sprache der Bibel

Das Alte Testament wurde (mit geringfügigen Ausnahmen) auf hebräisch, das Neue Testament auf griechisch abgefaßt. Das Material, auf das sie geschrieben wurden, war zuerst Papyrus, ab dem 4. Jahrhundert dann Pergament. Beim Papyrus wurden einzelne Streifen aneinandergeheftet, zusammengerollt und in Röhren aufbewahrt. Um die Rolle vor dem Zerknittern zu bewahren, wurde zuletzt ein Streifen entgegen der Faserrichtung angeheftet (woraus sich das »Protokoll«, griechisch für »das vorn Angeleimte« ergab). Die Blätter des Pergaments wurden nicht zu Rollen gefügt, sondern wie ein modernes Buch aneinandergenäht oder geklebt, was einen »Kodex« ergab. Unter den heute vorliegenden zwei- bis dreitausend biblischen Handschriften, die sowohl einzelne Bücher oder Buchteile als auch praktisch vollständige Ausgaben der Testamente und ganze Bibeln umfassen, ist die Zahl der auf Papyrus geschriebenen Schriften geringer, und es sind mehr Fragmente darunter. Auch nicht annähernd das, was man eine Erstausgabe nennen könnte, hat die Zeit überdauert.

Um 100 n. Chr. lag der Text des Alten Testaments vor, geschrieben in einer frühen Form des Hebräischen (als Konsonantentext, das heißt ohne ausgeschriebene Vokale). Keine solche Ausgabe ist uns vollständig überliefert. Der älteste vokalisierte hebräische

Text stammt aus dem 10. Jahrhundert n. Chr. und wurde erstmals 1524 in Venedig gedruckt. Durch eine gleichermaßen zufällige wie bemerkenswerte Entdeckung stieß man 1947 bei Qumran am Toten Meer auf Hunderte hebräischer Textrollen. Ein junger Ziegenhirt war über das Höhlenversteck gestolpert, in dem die Schriften nahezu zweitausend Jahre gelegen hatten. Die Fundstücke, unter denen sich von jedem Buch (mit einer Ausnahme) zumindest einige Fragmente befanden, sind zum Teil älter als alle bis dahin bekannten biblischen Schriften und gehen bis ins 3. Jahrhundert v. Chr. zurück

Das älteste erhaltene handschriftliche Exemplar des Alten Testaments ist jedoch nicht auf hebräisch, sondern auf griechisch abgefaßt. Dies ist die Septuaginta, eine zwischen dem 3. und 2. Jahrhundert v. Chr. in Alexandria für griechischsprachige Juden angefertigte Übersetzung. Genaugenommen war die Septuaginta nur die griechische Übersetzung des Pentateuch, doch wurde der Name später, als die anderen Teile hinzugefügt wurden, auch für das ganze Alte Testament verwendet. Aus sprachlichen Gründen fand die Septuaginta unter den Christen größere Verbreitung als die hebräische Fassung, was auch dazu führte, daß bedeutend mehr griechische als hebräische Texte erhalten blieben. Zwischen den beiden Fassungen besteht ein wesentlicher Unterschied: Die griechischen Übersetzer nahmen in die Septuaginta vierzehn Bücher auf, die im hebräischen Alten Testament nicht enthalten waren und bis heute nicht enthalten sind. Das sind die Apokryphen, die trotz aller Zweifel an ihrem religiösen Wert weiterhin in christlichen Bibeln zu finden sind. Solche Zweifel wurden schon vom heiligen Hieronymus geäußert und sind bis heute nicht verstummt. Er selbst nahm die Apokryphen in seine lateinische Bibelübersetzung, die Vulgata, auf, aber nur, weil er die Bücher bereits in der Septuaginta vorfand.

Zwei der erhaltenen vollständigen (oder nahezu vollständigen) Bibelexemplare stammen aus dem 4. Jahrhundert n. Chr. Das eine ist der Codex Vaticanus, ein nahezu vollständiger Text, der sich seit fünfhundert Jahren im Vatikan befindet, das andere der Codex Sinaiticus, ein vollständiger Text, der einige nichtkanonische Zusätze enthält. Er wurde 1859 in einem Kloster am Sinai entdeckt und dem russischen Zaren geschenkt; heute wird er im Britischen Museum in London aufbewahrt. Aus dem 5. Jahrhundert n. Chr. sind zwei weitere bedeutsame Exemplare erhalten: der fast vollständige und mit Zusätzen versehene Codex Alexandrinus, der sich ebenfalls im Britischen Museum befindet, sowie der heute in Cambridge aufbewahrte Codex Bezae, der lateinisch und griechisch abgefaßt ist.

Die Bibel ist das am weitesten verbreitete Buch der Welt. Ursache dieses Phänomens ist das durch Missionsarbeit noch verstärkte Interesse an der Heiligen Schrift des Christentums, das zudem durch eine Gratisverteilung gefördert wurde, deren Ausmaß bis zur Flut moderner Werbeschriften ohne Parallele war. Doch diese Nachfrage hätte ohne zwei wichtige Faktoren kaum befriedigt werden können: ohne Erfindung des Buchdrucks und ohne Übersetzungen. Der Druck von Bibelausgaben, der im 15. Jahrhundert begann, ermöglichte es, nicht nur viele, sondern auch gleichlautende Exemplare herzustellen, während in der Zeit handschriftlichen Kopierens nicht nur die Zahl der Bibeln relativ gering war, sondern auch deren Inhalt häufig voneinander abwich. Noch stärker zur Allgegenwart der Bibel haben jedoch die Übersetzungen beigetragen. Die Zahl der Sprachen und Dialekte, in die die Bibel übersetzt wurde, ist erstaunlich.

Schon im 2. Jahrhundert, als die Kenntnis des Griechischen in Westeuropa bereits nachließ, konnten die meisten Gläubigen das Alte und Neue Testament nicht mehr in der Originalsprache lesen. Darüber hinaus war Griechisch in jenen Teilen Nordafrikas, in denen sich das Christentum in den ersten Jahrhunderten stark verbreitete, keine geläufige Sprache. So erschienen nach und nach lateinische (und aus ähnlichen Gründen auch syrische und koptische) Übersetzungen. Diese frühen Übersetzungen waren ganz offenkundig fehlerhaft, weshalb im 4. Jahrhundert der ungeheuer gelehrte und ungeheuer fleißige heilige Hieronymus vom Papst damit beauftragt wurde, eine zuverlässigere Übersetzung ins Lateinische anzufertigen. Das im Jahr 405 vorliegende Ergebnis war die Vulgata, die vor allem auf dem hebräischen und griechischen Text beruhte, aber auch andere Ausgaben berücksichtigte. Obwohl nicht ohne Fehler, stellt sie doch eine bewundernswerte Leistung dar; sie wurde im Mittelalter zur Grundlage aller westlichen Bibeln und gilt bis heute als authentischer Text der katholischen Kirche, wenn auch nicht mehr als der einzige.

Geschichtliche Daten

Zeitangaben können viel dazu beitragen, die Handlungen der Personen, um die es in diesem Buch geht, einzuordnen und im realen Zusammenhang zu zeigen. Nicht immer lassen sich jedoch exakte Daten nennen, und so tauchen jene nützlichen Wörter »um« und »ungefähr« mit vielleicht irritierender Häufigkeit auf, etwa bei den Regierungszeiten der Könige Israels und Judas. Während die Dauer ihrer Herrschaft genau angegeben ist, kann sich der jeweilige Zeitpunkt des Anfangs und Endes um einige Jahre nach vorn oder hinten verschieben. Die Alternative wäre gewesen, ausführlicher auf umstrittene chronologische Fragen einzugehen, als mir das für ein Buch dieser Art angemessen schien.

Die chronologischen Probleme lassen sich grob in zwei Gruppen einteilen, nämlich in jene für die Zeit vor 1000 v. Chr. und in jene für die Zeit danach. Für die legendären Überlieferungen von Adam bis Noach lassen sich keine Zeitangaben machen. Selbst wenn Noachs Sintflut auf ein tatsächliches Ereignis zurückgeht, läßt sich unmöglich sagen, welche der vielen Überschwemmungen in Tausenden von Jahren nun gerade seine gewesen ist. Die biblische Geschichte beginnt mit Abraham, und am Ende der ersten Hälfte steht der Einzug ins verheißene Land unter Josua – Abraham zog nach Kanaan, Mose und Josua zogen wieder dorthin zurück. Die herausragenden Ereignisse dieser Zeit waren Abrahams Wanderung von Ur am unteren Euphrat den Fluß hinauf und dann nach Westen ins spätere Syrien, die Karriere seines Urenkels Josef in Ägypten und schließlich der Exodus unter Mose, der die Wiederbesiedelung Kanaans, des verheißenen Landes, durch die Nachkommen Abrahams einleitete.

Die Lebensdaten Abrahams sind aufgrund von Forschungsergebnissen verschoben worden, bleiben aber nach wie vor ungewiß. Lange Zeit hatte man angenommen, er habe um 2050 v. Chr. gelebt, was sich vor allem auf die Vermutung gründete, es habe sich bei dem König, der in der Genesis Amrafel genannt wird, um niemand anderen als den berühmten babylonischen Herrscher Hammurabi gehandelt, der zu jener Zeit auf dem Gipfel seiner Macht stand. Heute ist man jedoch überwiegend, wenn auch nicht einstimmig, der Meinung, Abraham habe um 1450 v. Chr. gelebt. Innerhalb der Zeitspanne zwischen Abraham und Mose wird der Exodus meist um 1200 v. Chr. angesetzt. Doch da wird es nun sehr eng. Denn zwischen Abraham und Mose müssen die Generationen zwischen Abraham und Josef (sagen wir, etwas über hundert Jahre) und der Aufenthalt der Israeliten in Ägypten nach Josefs Tod untergebracht werden, ein Zeitraum, der traditionell auf vierhundert Jahre angesetzt wird. Der einfachste und vermutlich auch korrekteste Weg, dieses Problem zu lösen, ist der Verzicht auf die Zeitspanne von vierhundert Jahren. Rechtfertigen läßt sich das auch damit, daß die Zahl »vierhundert« in Altertum und Mittelalter häufig benutzt wurde, um allgemein »viele« auszudrücken. Nach dieser Rechnung bleiben dann rund einhundertfünfzig Jahre als Zeitspanne zwischen Josefs Pharao und Moses Pharao (um 1350 bis 1200 v.Chr.).

Man kann jedoch weiterhin nicht ausschließen, daß Josef tatsächlich viel früher in Ägypten ankam, nämlich in jener Zeit, als Eindringlinge (wie Josef) aus dem Norden nach Ägypten kamen: So wurde beispielsweise das Land ungefähr zwischen 1700 und 1570 v.Chr. von den aus dem Norden eingefallenen Hyksos beherrscht. Möglich ist auch, daß der Auszug aus Ägypten um 1500 stattfand, was Abraham wieder in die früher angenommene Zeit zurückversetzen würde, aber die noch ungeklärte Frage aufwirft, was in der Zeit zwischen 1500 v.Chr. und der Herrschaft König Davids um 1000 v.Chr. passierte. Eine Zeitspanne von fünfhundert Jahren zwischen Mose und David ist absonderlich lang.

Den Höhepunkt in der Geschichte der Juden, wie sie im Alten Testament dargestellt wird, bildet das Königreich Davids und Salomos, dessen Blütezeit im 10. Jahrhundert v.Chr. lag. Entstehen konnte es durch Umwälzungen, die sich durch einen großen Teil der davorliegenden fünfhundert Jahre hinzogen (1500 bis 1000 v.Chr.) und die ganze Region beeinflußten, in der die Israeliten lediglich einen relativ kleinen Teil bewohnten. Während dieser Zeit stiegen größere Mächte auf, gerieten in Konflikt miteinander und sanken wieder zurück. In Ägypten wurde kurz vor 1500 v.Chr. durch den Sturz der Fremdherrschaft der Hyksos das Neue Reich geschaffen, das den ägyptischen Machtbereich im westlichen Asien bis zum Euphrat ausdehnte. Es geriet jedoch erneut vom Norden unter Druck, dieses Mal durch die Hetiter, die von ihrem im heutigen Kleinasien gelegenen Gebiet aus den Ägyptern 1280 v.Chr. eine entscheidende Niederlage beibrachten.

Doch die Hetiter überlebten ihren Sieg nicht allzu lange, da sie ihrerseits von den Phrygern angegriffen wurden. Gegen Ende des 13. Jahrhunderts v.Chr. verfielen dann die Reiche der Ägypter und Hetiter. In diese unruhige Zeit des 12. Jahrhunderts v.Chr. fallen zwei für die biblische Geschichte bedeutungsvolle Entwicklungen: Während im Osten der Aufstieg eines neuen assyrischen Reiches begann, begründeten an den Küsten Kanaans und Israels die Philister ihre Herrschaft, die bis um 1000 v.Chr. Bestand hatte. Sie sollten die beiden Hauptplagen der Kinder Israels werden.

Die Chronologie des letzten Jahrtausends v. Chr. ist leichter darzustellen. Der Eroberung des verheißenen Landes unter Josua
und der Besiedelung durch die zwölf Stämme Israels im 12. Jahrhundert v. Chr. folgte die Zeit der Richter, die in Krisensituatio-
nen als Anführer verbündeter Stämme auftraten, wenn sich die
von den Israeliten nicht völlig unterworfenen Völker von Zeit zu
Zeit auflehnten. Diese Anfangsphase ging mit der Schaffung eines geeinten Reiches zu Ende, an dessen Spitze erst Saul, dann
David und schließlich dessen Sohn Salomo stand. Und von da an
lassen sich die historischen Daten in schematischer Übersicht darstellen:

vor Christi Geburt

David	1000	Wiedereroberung Phöni-
Salomo		ziens unter Führung von
		Tyrus
Teilung des Reiches in		
Israel und Juda		
	900	
		Wiedererstarken Assyriens
	800	
Amos, Hosea, Jesaja		Tiglat-Pileser III.
		von Assyrien
Ende des Reiches Israel		
	700	
		Sanherib
Jeremia		Plünderung der assyrischen
		Hauptstadt Ninive durch
		die Meder
		Sieg Nebukadnezzars von
		Babylonien über die Ägyp-
		ter bei Karkemisch
	600	
Babylonisches Exil Judas		

Rückkehr nach Jerusalem unter – Serubbabel – Esra – Nehemia	500	Kyrus von Persien erobert Babylon
	400	
		Alexander der Große erobert Persien
	300	
		Herrschaft der Nachfolger Alexanders: Seleukiden in Syrien Ptolemäer in Ägypten
	200	
Aufstand und Herrschaft der Makkabäer in Jerusalem		
	100	
		Pompejus erobert Syrien und Judäa
Geburt Jesu		Herodes der Große, König von Judäa
	nach Christi Geburt	
Paulus	1	Pontius Pilatus römischer Statthalter von Judäa
Jüdischer Aufstand gegen Rom		Nero Kaiser
	100	

Zu den einzelnen Artikeln

Ein Stern hinter dem Namen weist darauf hin, daß es zu diesem Namen einen separaten Eintrag an der entsprechenden alphabetischen Stelle gibt. Obwohl es sich bei diesem Buch um ein Verzeichnis von Einzelpersonen handelt, habe ich auch einige Personengruppen wie zum Beispiel Familien, Stämme oder Völker aufgenommen (unter anderem Israeliten, Amalekiter, Semiten, Philister). Auch wurden einige Personen aufgenommen, für die in der Bibel kein Eigenname genannt ist, wie die Totenbeschwörerin von En-Dor, Longinus, der Verlorene Sohn, die Königin von Saba, Salome, Schulamit oder die Schunemiterinnen. Die Frauen von Lot und Potifar sind unter den Namen ihrer Ehemänner zu finden. Schließlich gibt es einige wenige allgemeine Einträge, zum Beispiel Assyrien und Babylonien, Babylonisches Exil und Rückkehr, Ägypten, Richter, Pharisäer, Propheten, Samariter, Syrien.

Die Jahreszahlen vor Christi Geburt sind mit dem Zusatz »v. Chr.« versehen; »n. Chr.« als der entsprechende Zusatz für die Zeit nach Christi Geburt ist nur in den Fällen angefügt, wo es ohne die Angabe zu Unklarheiten kommen könnte.

Bei einigen Kunstwerken fehlt der Hinweis auf den Ort der Aufbewahrung; es bedeutet, daß sie sich in Privatbesitz befinden.

Während der Arbeit an diesem Buch sind mir meine Familie und meine Freunde dankenswerterweise mit Ideen und Informationen zur Seite gestanden. Vor allem jedoch stehe ich in der Schuld von James Michie und John Whale, die beide das gesamte Rohmanuskript durchlasen und mich mit vielen Hinweisen inhaltlicher und stilistischer Art in äußerst hilfreicher Weise unterstützten.

Schließlich bleibt anzumerken, daß ich von einer Voraussetzung von erheblicher Tragweite ausgegangen bin, nämlich, daß der Schauplatz der im Alten Testament angeführten Ereignisse auch tatsächlich der ist, den man seit Jahrhunderten dafür hält, also Palästina und dessen Umland. Doch nicht alle stimmen dem heute noch zu. So führte zum Beispiel Professor Kamal Salibi an, daß ein Gebiet am Roten Meer im westlichen Teil Arabiens den im Alten Testament enthaltenen Angaben besser entspräche. Doch selbst er räumt ein, daß seine These, die auf linguistischen Untersuchungen beruht, der Bestätigung durch archäologische Forschungen bedarf. Da Ergebnisse dazu bisher nicht vorliegen, bin ich von der herkömmlichen geographischen Einordnung ausgegangen.

Anmerkung der Übersetzerin

Die Bibelzitate und die Schreibweise der Eigennamen richten sich nach der ›Einheitsübersetzung‹ der Bibel und folgen damit wie diese den »Loccumer Richtlinien« für die ökumenische Schreibweise der biblischen Eigennamen. Heute eingebürgerte Namen wurden außerdem als Verweis in der Schreibweise bisheriger Bibelübersetzungen aufgenommen, um das Auffinden der zugehörigen Einträge zu erleichtern (Hiob → Ijob).

Die deutsche Ausgabe weist gegenüber dem englischen Original einige geringfügige Abweichungen auf. Zum einen erwies es sich mit Blick auf den deutschen Leser als notwendig, an manchen Stellen kurze Erläuterungssätze zum englischen Sprachgebrauch biblischer Ausdrücke oder Namen einzufügen. Zum anderen wurde dem Wunsch des Autors entsprochen, für die deutsche Ausgabe einige Verbesserungen am Text vorzunehmen und Versehen zu korrigieren.

A

Aaron

Älterer Halbbruder von Mose* und dessen engster Vertrauter und Helfer sowohl vor dem Auszug in Ägypten als auch später in der Wüste. Aaron war redegewandter als Mose und spielte eine entscheidende Rolle, als es darum ging, zum einen die Israeliten zu überzeugen, daß Mose einen besonderen Auftrag von Gott erhalten hatte, und zum anderen den Pharao dazu zu bringen, die Israeliten ziehen zu lassen. Aarons Überzeugungskraft als Redner wurde noch durch die Wunder unterstrichen, die er mit seinem Stab ausführte; so verwandelte sich der Stab einmal in eine Schlange, ein andermal trieb er Knospen und trug Früchte. In der Wüste verhielt er sich nicht immer völlig loyal zu Mose. Was den familiären Bereich angeht, waren er und seine Schwester Mirjam* dagegen, daß Mose sich eine äthiopische Frau nahm. Außerdem zeigten beide ein gewisses Verständnis für diejenigen, die darüber klagten, daß man unter Moses Führung auf dem Weg ins verheißene Land zu langsam vorankomme. Schlimmer war, daß Aaron, während Mose auf dem Berg Sinai war (→ Mose), dem Drängen des Volkes nach einem Götterbild nachgab, goldene Ohrringe einsammeln und daraus ein goldenes Kalb gießen ließ, das die Israeliten nackt anbeteten.

Trotz alledem erhielt er die Insignien und Aufgaben des Hohenpriesters, die nach seinem Tod auf seinen Sohn Eleasar* übergingen. Aaron selbst durfte das verheißene Land weder schauen noch betreten; er starb auf dem Berg Hor in Edom, als die Israeliten zu guter Letzt die Wüste hinter sich gebracht hatten und am Ostufer des Toten Meeres nordwärts bis zu jener Stelle zogen, wo sie unter Josuas* Führung den Jordan überschreiten und ins verheißene Land gelangen sollten.

In dem Roman ›Aarons Stab‹ von D. H. Lawrence kann der Held Aaron dank seines Stabes, einer Flöte, dem Schicksal trotzen. Er vertauscht sein Leben in der Kohlenzeche und seiner Familie gegen eine neue Existenz als Bohemien in London und als Reisender in Italien, bis Flöte und Lebensstil bei einer Bombenexplosion in einem Café in Florenz zerstört werden. Die berühmteste bildliche Darstellung des Goldenen Kalbes und seiner frivolen Anbeter stammt von Nicolas Poussin (London, National Gallery). Eine schicklichere Version der Ereignisse hat Cosimo Roselli als Fres-

ko für jene Seite der Sixtinischen Kapelle im Vatikan gemalt, die
Szenen aus Moses Leben gewidmet ist.

(Ex 4–7, 16–17, 19, 24, 28, 30, 32, 40; Lev 8–10, 16, 24; Num 1, 8, 16–17, 20, 27,
33; Dtn 9; Jos 24; 1 Sam 12; 1 Chr 6; Ps 77, 99, 106, 115, 118, 133, 135)

Abed-Nego
Einer der drei Gefährten Daniels*, die auf Befehl des Königs
Nebukadnezzar* in einen Feuerofen geworfen wurden. Sein ursprünglicher Name war Asarja. Die beiden anderen Gefährten
hießen Meschach* und Schadrach*.

(Dan 1–3)

Abel
Zweiter Sohn von Adam* und Eva*. Abel war Schafhirt, sein
Bruder Kain* Ackerbauer. Beide brachten Gott ein Opfer dar;
doch während Abels Gabe wohlwollend aufgenommen wurde,
wurde Kains Opfer zurückgewiesen. Kain tötete seinen Bruder,
der ohne Nachkommen starb. Abel ist Symbolfigur für den Menschen, dessen Existenz einzig darin begründet ist, als Opfer umzu-
kommen.
Nach der vom englischen Dichter Henry Vaughan in seinem
Stück ›Abels Blut‹ vertretenen Auffassung bedeutet dieser erste
Mord, daß vor Erreichung des Friedens Blut fließen muß. Tizian
hat die Tat für die Kirche Santa Maria della Salute in Venedig
gemalt. Thomas Arne schrieb ein Oratorium zu Kain und Abel,
das zu seinen erfolgreicheren Werken zählt.

(Gen 4)

Abigajil
Schöne und kluge Frau des ungehobelten Nabal*. Als Nabal
zehn, von David* ausgesandte Männer höchst unfreundlich empfing, zog dieser mit vierhundert bewaffneten Leuten gegen ihn
los. Abigajil tat ihre Pflicht als Ehefrau und ging David entgegen,
um ihn zu beschwichtigen und ihn von seinem gewalttätigen Plan
abzubringen, was ihr auch gelang. Kurz darauf ließ Gott Nabal
sterben, Abigajil war frei und konnte David heiraten.

(1 Sam 25, 30; 2 Sam 2, 3)

Abimelech
–, König von Gerar (S. 25)
–, Sohn von Gideon* (S. 25)

Abimelech

König von Gerar zur Zeit Abrahams*. Als Abraham in Abimelechs Land kam, gab er seine Frau Sara* als seine Schwester aus.
Ohne den wahren Sachverhalt zu kennen, ließ Abimelech Sara
holen, wurde aber von Gott in einem Traum davor gewarnt, sich
ihr zu nähern, da sie eine verheiratete Frau sei. Gott räumte
jedoch ein, daß Abimelech in dieser Sache keine Schuld traf. Als
dieser sich bei Abraham darüber beklagte, daß er ihn getäuscht
und ihn damit in die Gefahr einer Todsünde gebracht habe, ver-
teidigte sich Abraham mit dem Argument, er habe nicht wissen
können, ob es in Abimelechs Land Gottesfurcht gebe, und habe
damit rechnen müssen, daß Abimelech ihn töte, um an seine Frau
heranzukommen. Außerdem sei Sara wirklich seine Schwester,
da sie zwar verschiedene Mütter, aber einen gemeinsamen Vater
hätten. Abimelech schickte Sara zurück und beschenkte Abraham mit Schafen, Rindern und Dienern. Dazu bot er ihm an, sich
in seinem Land niederzulassen. Als Gegenleistung bat Abraham
Gott, die Unfruchtbarkeit, mit der er Abimelechs Frau wegen der
Sache mit Sara geschlagen hatte, von ihr zu nehmen. Einige Zeit
später machten Abimelechs Knechte Abraham einen Brunnen
streitig, den er gegraben hatte. Als Abraham Abimelech schwor,
daß der Brunnen ihm gehöre, einigten sie sich friedlich und besie-
gelten es mit einem Vertrag. Der Ort des Brunnens wurde von da
an Beerscheba genannt.

Die Geschichte von Abraham und Abimelech findet sich nahezu
gleichlautend ein zweites Mal in der Bibel, nur daß sie dort nicht
von Abraham, sondern von Isaak* erzählt wird. Gerar wird in der
Bibel als Stadt der Philister* bezeichnet, obwohl es unwahrscheinlich ist, daß sie zur Zeit Abrahams bereits in der Hand der
Philister war.

(Gen 20–21, 26)

Abimelech

Sohn von Gideon* und dessen Nebenfrau in Sichem. Er überre-
dete die Bürger von Sichem, ihn bei seinem Versuch, König zu
werden, zu unterstützen, und brachte sie dazu, ihm Geld zum
Anheuern einer Bande von Abenteurern zu geben. Mit deren
Hilfe ermordete er seine Brüder, die siebzig Söhne Gideons. Nur
der jüngste konnte entkommen. Die Bürger von Sichem machten
Abimelech daraufhin zum König. Doch nach drei Jahren sandte
Gott »einen bösen Geist zwischen Abimelech und die Bürger von
Sichem«, und sie erhoben sich gegen ihn. Abimelech blieb jedoch

der Stärkere, zerstörte die Stadt und streute als Symbol der Verwüstung Salz über sie. Später belagerte er die Stadt Tebez und nahm sie ein. Als er auch die Burg der Stadt besetzen wollte, warf ihm eine Frau einen Mühlstein auf den Kopf, der ihm den Schädel zertrümmerte. Um nicht schmachvoll durch die Hand einer Frau zu sterben, befahl er seinem Waffenträger, ihn zu töten, und dieser durchbohrte ihn mit seinem Schwert. So strafte Gott sowohl Abimelech als auch die Bürger von Sichem, die ihn einst unterstützt hatten. Abimelech war seiner Zeit erheblich voraus; er versuchte zu erreichen, was erst Saul* gelingen sollte – die Stämme Israels in einem geeinten Königreich zusammenzufassen.

(Ri 9)

Abinadab

In Abinadabs Haus in Kirjat-Jearim wurde die Bundeslade aufbewahrt, nachdem die Philister* sie den Israeliten zurückgegeben hatten (→ Eli). Zwanzig Jahre später brachte sie David* von dort nach Jerusalem.

(1 Sam 7; 2 Sam 6; 1 Chr 13)

Abiram

Neben Korach* und Datan* einer der Anführer einer Revolte gegen Mose* in der Wüste Sinai. Diese Abtrünnigen waren der Meinung, die Wanderschaft der Israeliten zum Land, in dem Milch und Honig fließen, dauere schon viel zu lange. Ihr Aufbegehren kostete sie das Leben, denn die Erde öffnete sich und verschlang sie mit ihren Familien und all ihren Tieren.

(Num 16)

Abischag

Mädchen aus Schunem, das David* im Alter beigesellt wurde, um ihn im Bett warm zu halten. Nach Davids Tod wollte Adonija*, einer seiner Söhne, Abischag zur Frau haben, ein Schachzug, um seinen eigenen Thronanspruch zu bekräftigen. Salomo*, Davids Nachfolger, ließ Adonija dafür töten.

Rilke schrieb zwei ergreifende Gedichte über die Kälte des Körpers des alten Königs und die Kälte der Gefühle des jungen Mädchens. In ähnlicher Art meditierte der spanische Schriftsteller Miguel de Unamuno in ›Abischag, die Schunemiterin‹, einem Abschnitt seines Werkes ›Die Agonie des Christentums‹, über die

Qualen des liebebedürftigen Mädchens, dem der alte, erkaltete David sexuell nichts mehr geben konnte.

(1 Kön 1–2)

Abischai

Sohn von Zeruja und, zusammen mit seinen Brüdern Joab* und Asaël*, einer der treuesten Anhänger Davids bei dessen Auseinandersetzungen mit Saul*. Er war dabei, als David Saul im Heerlager überraschte und Gelegenheit hatte, ihn zu töten. David lehnte es jedoch ab, gegen den Gesalbten des Herrn die Hand zu erheben. Abischai war Joabs Komplize beim Mord an Abner*, mit dem sie den Tod ihres Bruders Asaël rächen wollten.

(1 Sam 26; 2 Sam 2–3, 10, 16, 19, 21, 23; 1 Chr 11, 18–19)

Abjatar

Sohn von Ahimelech* und Priester wie sein Vater. Mit seinem erheblichen Einfluß unterstützte er Adonija* bei dessen Versuch, entgegen Davids* Verfügung seinem Bruder Salomo* als Thronfolger zuvorzukommen. Als Salomo sich schließlich doch durchsetzte, ließ er die führenden Leute unter Adonijas Anhängern töten. Abjatar kam allerdings mit dem Leben davon, wurde lediglich seines Amtes enthoben und zu einer Art Hausarrest auf dem Land verurteilt. Er war der letzte der Nachkommen Elis*, die der Prophezeiung gemäß wegen ihrer Verfehlungen ihr Amt als oberste Priester verloren. Salomo bestimmte Zadok*, der ihn gegen Adonija unterstützt hatte, zum obersten Priester. Seine Nachkommen hatten das Amt bis in die Zeit der Makkabäer* im 2. Jahrhundert v. Chr. inne. Rund tausend Jahre später war Abjatars Name im Volk immer noch geläufig: Dem Evangelisten Markus* zufolge griff Jesus* auf eine Geschichte von Abjatar und David zurück. Im Alten Testament (1 Sam 21) wird in dieser Geschichte jedoch nicht Abjatar, sondern Ahimelech genannt, und es bleibt ungeklärt, welche nun die richtige Version ist.

(1 Kön 1; 1 Chr 15)

Abner

Sohn von Ner und Heerführer Sauls*. Er stand während der Auseinandersetzungen zwischen Saul und David* treu zu Saul und war nach dessen Tod die treibende Kraft bei der Ernennung von Sauls Sohn Ischbaal* zum König. In dem siebenjährigen Krieg, der sich daraus ergab, war Davids Heerführer Joab* Abners Hauptgegner. Ischbaal und Abner zerstritten sich, als Ischbaal ihm vorwarf, sich Rizpa*, eine Nebenfrau Sauls, genommen zu haben. Sowohl Abner wie Ischbaal einigten sich schließlich mit David in Hebron. Doch Joab hatte noch eine Privatfehde mit Abner, der seinen Bruder Asaël* getötet hatte. Er lockte ihn deshalb, nachdem bereits Frieden geschlossen war, nochmals nach Hebron und ermordete ihn dort, was David zutiefst bekümmerte.

(1 Sam 26; 2 Sam 2–3)

Abraham

Der erste der Erzväter Israels. Er wurde in Ur in Chaldäa am unteren Euphrat geboren und zog während der Unruhen, die den Zerfall des babylonischen Weltreiches begleiteten, mit seinem Vater Terach* und seinem Neffen Lot* nordwestlich nach Haran. Dort, zwischen Euphrat und Tigris, nahe der heutigen syrisch-türkischen Grenze, ließen sie sich nieder. Nachdem Terach gestorben war, erhielt Abraham von Gott den Auftrag, wieder aufzubrechen. Er durchquerte das Land Sichem in südlicher Richtung, zog zwischen Bet-El im Westen und Ai im Osten weiter nach Hebron und schließlich in den Negeb.

Zu dieser Zeit besaßen Abraham und Lot große Viehherden, waren also relativ wohlhabende Leute, was sich jedoch bei dieser Art von Besitz sehr rasch ändern konnte. Denn um die Tiere in gutem Zustand zu halten, brauchte man ausgedehnte Weideflächen und war ständig den Elementen ausgesetzt, so daß Wohl und Wehe meist von den Naturgewalten abhingen. So konnte eine Hungersnot sehr schnell das Ende ihres Reichtums bedeuten. Und eine Hungersnot war es auch, die Abraham, ebenso wie später seinen Enkel Jakob*, nach Ägypten ziehen ließ, wo er längere Zeit lebte. Während seines dortigen Aufenthaltes gab er seine Frau Sara* als seine Schwester aus, da er fürchtete, der Pharao werde sie wegen ihrer Schönheit begehren und Abraham töten, um an seine Frau heranzukommen. Wie sich zeigte, war der Pharao tatsächlich von Sara entzückt, nahm sie in sein Haus und überschüttete Abraham mit Geschenken. Doch als er und sein Hof von Gott mit schweren Plagen geschlagen wurde, erkannte er Abrahams Täuschungsmanöver, gab ihm Sara zurück und befahl ihm, aus seinem Gebiet zu verschwinden.

Wieder nach Bet-El zurückgekehrt, wies Abraham seinen Neffen Lot darauf hin, daß das Land nicht groß genug sei, um ihre beiden Herden zu ernähren, ohne daß es um das Weideland zu Streit und Reibereien käme. Er schlug ihm vor, sich zu trennen, und ließ Lot wählen, auf welche Seite er ziehen wollte. Lot entschied sich für das gut bewässerte Jordantal und ließ sich in Sodom nieder. Abraham, dem Gott versprochen hatte, er werde ihm und seinen Nachkommen alles Land schenken, das er in sämtliche Richtungen überblicken konnte, ließ sich bei Hebron nieder. Er gelangte dort zu einer gewissen Macht, beteiligte sich an den Kriegen zwischen den Königen des Ostens und den Königen des Westens (also den Herrschern im Euphratgebiet und denen im Gebiet des Toten Meeres) und schuf die Grundlagen für die militärische Macht seines Volkes (→ auch Amrafel, Lot, Melchisedek).

Abraham war auch Gründer einer Dynastie. Er hatte zwar bis zu diesem Zeitpunkt keinen rechtmäßigen Erben, doch Gott ließ ihn durch einen Traum wissen, daß vierhundert Jahre später das ganze Land zwischen Ägypten und dem Euphrat seinen Nachkommen gehören werde. Sara, die keine Kinder bekommen hatte, schickte Abraham zu ihrer ägyptischen Magd Hagar*, damit er von ihr Kinder bekomme. Hagar wurde schwanger und brachte den Sohn Ismael* zur Welt. Dreizehn Jahre vergingen, und Abraham war bereits neunundneunzig Jahre alt, als Gott versprach, seinen Bund mit ihm zu erfüllen und ihm viele Nachkommen zu schenken unter der Bedingung, daß Abraham und all seine männlichen Nachkommen beschnitten würden. Als Abraham zur Mittagszeit vor seinem Zelt bei den Eichen von Mamre* bei Hebron saß, erschienen ihm drei Männer, die ihm sagten, daß seine Frau ihm einen Sohn gebären werde. Sara, die hinter dem Zelteingang zugehört hatte, lachte, weil sie bereits viel zu alt war, um noch Kinder zu bekommen. Doch sie wurde schwanger und brachte Isaak* zur Welt. Zu dieser Zeit war Abraham (vermutlich wegen einer neuen Hungersnot) von Hebron wieder zum Negeb gezogen. Dort lebte er als Fremder im Land Abimelechs*, des Königs von Gerar. Wieder hatte er Sara als seine Schwester ausgegeben.

Um Abraham auf die Probe zu stellen, befahl Gott, er solle seinen Sohn Isaak, den er sehr liebte, als Opfer darbringen. Abraham traf alle Vorbereitungen, doch im letzten Augenblick blieb ihm die grausame Tat erspart: Ein Engel wies ihn an, statt seines Sohnes einen Widder zu opfern, der sich hinter ihm mit den Hörnern im Gestrüpp verfangen hatte. Abraham kehrte nach Hebron zurück, wo Sara starb. Er kaufte von dem Hetiter Efron* für vierhundert Silberstücke die Höhle von Machpela, wo er Sara begrub und wo später auch er selbst von seinen Söhnen Isaak und Ismael begraben wurde. Nach Saras Tod nahm sich Abraham noch Ketura* zur Frau, die sechs Söhne bekam. Als Abrahams letzte Tat verzeichnet die Bibel die Entsendung eines Boten in seine Heimat, um eine Frau für seinen Sohn Isaak zu suchen (→ Isaak).

Von Abraham und seinen Brüdern stammen sehr viele der im Alten Testament auftretenden Personen und Stämme ab: neben den Israeliten auch die Ismaeliter*, die Midianiter*, die Edomiter*, die Amalekiter*, die Moabiter* und die Ammoniter* (→ Stammbaum B). Die Lebensdaten Abrahams sind umstritten; man nimmt für seine Lebenszeit das 15. oder das 21. Jahrhundert v. Chr. an, wobei Fachleute heute eher zum 15. Jahrhundert v. Chr. neigen. Abraham ist der erste Erzvater und der historische Ahnherr der Israeliten, der ihnen dadurch nähersteht als ihr legendärer Ahnherr Adam*. Abrahams zentrale Rolle ist die Vaterschaft und Abrahams zentrale Geschichte die Erprobung dieser Vaterschaft durch die Opferung Isaaks. Er ist praktisch die einzige Hauptfigur des Alten Testaments, die jede wichtige Prüfung bestand und die, was Pflichterfüllung und Menschlichkeit anlangt, bis zuletzt ein makelloses Leben führte.

Am Nordportal der Kathedrale von Chartres wendet Abraham den Kopf zur Seite, während er, rätselhaft versonnen und gütig, mit der Hand seinen kleinen Sohn Isaak streichelt. »Abrahams Schoß« wurde im Mittelalter zur symbolischen Bezeichnung eines Bereiches im Jenseits, und zwar jenes Ortes, wo die Seelen der Verstorbenen, die nicht der Verdammung verfielen, auf die Gebete der Lebenden warteten, um ins Paradies zu gelangen. Entsprechend wurde der Ort »Vorzimmer des Paradieses« genannt. Der heilige Augustinus war ein großer Anhänger dieser Vorstellung, die dazu beitrug, daß sich gegen Ende des Mittelalters der Gedanke des Fegefeuers entwickelte. Nachdem die Kirche im 16. Jahrhundert diese Vorstellung offiziell billigte, verlor Abrahams Schoß seine funktionelle und örtliche Bedeutung, hat jedoch in der Redewendung »So sicher wie in Abrahams Schoß« als Ausdruck für einen Ruhe- und Zufluchtsort, ja sogar fürs Paradies überlebt: »Im Schoß des Abraham ruhn Eduards Söhne ...« (Shakespeare: ›Richard III.‹). Nicht nur in der jüdischen und christlichen, sondern auch in der moslemischen Überlieferung nimmt Abraham einen herausragenden Platz ein.

(Gen 11–26, 28, 31, 50; Ex 3, 32–33; Mt 1, 3, 22; Mk 12; Lk 13, 16, 19; Joh 8)

Abschalom

Dritter der siebzehn Söhne Davids*. Seine Mutter war eine Tochter des Königs von Geschur, einem Gebiet, das nordöstlich des Sees Kinneret (Gennesaret) lag. Abschalom sorgte zweimal in seinem Leben für Aufsehen, bevor er in den Ästen einer Eiche eines kläglichen Todes starb: Als er nach der Vergewaltigung seiner Schwester Tamar* als Rächer auftrat, und als er mit einer Rebellion gegen seinen Vater David versuchte, selbst auf den Thron zu gelangen. Nachdem Amnon*, der Halbbruder von Tamar und Abschalom, Tamar vergewaltigt hatte, ließ Abschalom zwei Jahre verstreichen, ohne etwas zu unternehmen. Dann lud er alle seine Brüder zu einem Schafschur-Fest ein, bei dem er Amnon ermorden ließ. Aus Furcht vor seinem Vater floh er zu seinem Großvater nach Geschur. Davids Heerführer Joab*, der erkannte, daß David die Rückkehr Abschaloms ersehnte, inszenierte den Auftritt einer Frau aus Tekoa, die David eine Geschichte vorspiegelte, die in allen wichtigen Punkten mit Abschaloms Geschichte identisch war. Als sie darauf hinwies, wie wichtig es sei, vergeben zu können, begriff David, was gemeint war. Er schickte Joab zu Abschalom und ließ ihm sagen, er könne in sein Haus in Jerusalem zurückkehren, solle aber nicht unter die Augen treten. Nach seiner Rückkehr versuchte Abschalom zwei Jahre lang vergeblich, mit Joab zu sprechen, um ihn zu bewegen, sich noch einmal bei David für ihn zu verwenden. Joab wich ihm immer wieder aus, und erst als Abschalom dessen Feld, das neben seinem eigenen lag, in Brand stecken ließ, konnte er mit ihm reden. Joab willigte ein, David um eine Unterredung zu bitten und dieser ließ schließlich nach Abschalom schicken und gab ihm den Versöhnungskuß.

Abschalom war für seine Haarpracht berühmt; wenn er die Haare einmal im Jahr schneiden ließ, hatten die Locken ein Gewicht von zweihundert Silberschekeln. Gerade diese Haarpracht sollte ihm jedoch zum Verhängnis werden. Unzufrieden und ehrgeizig, wie er war, schmeichelte er sich beim Volk ein, begann eine Rebellion gegen David und vertrieb ihn aus Jerusalem. Trotz der Warnung seines Ratgebers Ahitofel* ließ er sich von Huschai* dazu überreden, das Heer selbst zu führen und den Jordan zu überqueren, wo er im Wald Efraim von Joab geschlagen wurde. David hatte zwar Joab eingeschärft, Abschaloms Leben zu schonen, aber Joab hielt sich nicht an die Weisung. Als Abschalom, der auf einem Maultier ritt, mit seinen Haaren in den Ästen einer Eiche hängenblieb, lief das Maultier weiter und ließ ihn hilflos zurück. So wurde er von Joab gefunden, der ihn mit Spießen zu Tode stach. Bei der Nachricht von Abschaloms Tod brach David weinend in die Klage

aus: »Mein Sohn Abschalom, mein Sohn, mein Sohn Abschalom!
Wäre ich doch an deiner Stelle gestorben . . .«
Rilkes Gedicht ›Absaloms Abfall‹ erzählt den Abstieg des Prin-
zen aus den Höhen großartiger Selbstsicherheit ins Elend seines
Todes, den er, hilflos in einem Baum hängend, erlitt. In John
Drydens politischer Satire ›Absalom and Achitophel‹ steht der
gegen seinen Vater rebellierende Herzog von Monmouth (der
älteste von vierzehn als illegitim anerkannten Söhnen
Charles' II.) für Abschalom, während mit der Figur des Königs
David Charles II., mit dem Ratgeber Ahitofel der Graf von Shaftesbury gemeint sind. Biblische Titel gab William Faulkner zwei
Romanen, in denen es um das Thema von Schuld, Scham und
Verbrechen geht, die aus der Unfähigkeit der Weißen im amerikanischen Süden erwachsen, Schwarze als gleichwertige Menschen anzuerkennen: ›Absalom, Absalom!‹ und ›Go Down, Moses‹ (deutsch ›Das verworfene Erbe‹). Abschalom, der, im Baum
hängend, von seinen Feinden aufgespießt wird, ist eines der Bild-
motive im Marmorfußboden des Domes von Siena.

(2 Sam 13–18)

Achan

Der erste einer langen Reihe von Sündern, für deren Missetaten
die Israeliten nach ihrer Ankunft im verheißenen Land bestraft
wurden. Bei der Plünderung von Jericho nahm Achan »etwas von
dem, was geweiht war«, also vom Anteil Gottes. Deshalb ließ
Gott Josuas* Versuch, die Stadt Ai zu erobern, scheitern. Bei der
Suche nach dem Schuldigen wurde Achan nach einem ausgeklü-
gelten System aus dem Kreis der möglichen Täter herausgefiltert,
indem zuerst sein Stamm, dann seine Sippe und dann seine Familie antreten mußten, bis er – von Gott bezeichnet – übrigblieb. Er
gestand, vom Beuteanteil, der Gott geweiht war (griechisch: von
den Anathemata), genommen zu haben. Daraufhin wurde er mit
seinen Söhnen und Töchtern verflucht (anathematisiert), gesteinigt und verbrannt. Ai wurde erneut angegriffen, dieses Mal mit
Erfolg.

(Jos 7, 8)

Achisch

König von Gat und damit einer der bedeutendsten Fürsten der
Philister*. David* und er wurden Freunde und später Verbündete, als David vor Sauls* Eifersucht auf der Flucht war. David floh
nach Gat, wo er vorgab verrückt zu sein, um sich so vor Nachstel-

lungen seiner Feinde zu schützen. Danach flüchtete er weiter zur Höhle von Adullam. Nachdem ein Versöhnungsversuch mit Saul gescheitert war, ergab sich David zum zweiten Mal unter Achischs Schutz und erhielt von ihm ein Stück Land in Ziklag bei Gat. Als die Philister eine gemeinsame Streitmacht gegen Saul aufstellten, wollte Achisch auch David bei dem Feldzug dabeihaben. Da aber die anderen Philisterfürsten dagegen protestierten, kehrte David nach Ziklag zurück. Dort mußte er feststellen, daß der Ort einschließlich seines eigenen Hauses inzwischen von den Amalekitern* überfallen und die zurückgelassenen Frauen entführt worden waren. Unter ihnen befanden sich auch Davids Frauen Abigajil* und Ahinoam*. David setzte den Amalekitern nach, schlug sie und hatte seine Frauen wieder.

(1 Sam 21, 28–29; 1 Kön 2)

Adam

Der erste Mensch. Nicht geboren, sondern von Gott erschaffen, wird Adam nicht nur Stammvater der Menschheit, sondern durch den Sündenfall auch Urheber menschlicher Mühsal. Das Buch Genesis gibt zwei Darstellungen seiner Erschaffung. Nach der ersten wurde der Mensch am sechsten und letzten Tag der Schöpfung erschaffen. Der zweiten Darstellung zufolge schuf Gott den Menschen vor dem Garten Eden und vor den Tieren und Vögeln, denen Adam dann Namen gab. Darauf schuf Gott Eva*, indem er Adam in einen tiefen Schlaf fallen ließ und ihm eine Rippe entnahm, aus der er eine Frau formte.

Adam und Eva durften sich im Garten Eden, also im Paradies, aller Dinge erfreuen, die es gab; nur vom Baum der Erkenntnis durften sie nicht essen, da sie sonst sterben müßten. Doch die Schlange, also Satan in Schlangengestalt, sagte zu Eva, sie werde nicht sterben, wenn sie von dem Baum äße, sondern wie Gott werden und Gut und Böse erkennen. Eva erlag der Versuchung und verführte Adam dazu, auch vom Baum der Erkenntnis zu essen. Als Gott am Abend zu Adam kam, versteckte der sich, weil er nackt war. Gott fragte ihn, woher er wisse, daß er nackt sei und ob er von den Früchten des verbotenen Baumes gegessen habe. Adam gab Eva und Eva der Schlange die Schuld. Weil Gott verhindern wollte, daß die Menschen auch vom Baum des Lebens äßen (und so nicht nur Erkenntnis, sondern auch Unsterblichkeit erlangten), vertrieb er sie aus dem Garten Eden. Gottes Spruch zufolge sollte Adam den Rest seines Lebens schwer arbeiten und im Schweiße seines Angesichts sein Brot verdienen, bis er zurückkehrte zur Erde, von der er genommen war: »Denn Staub bist du, zum Staub mußt du zurück.« Nach der Vertreibung aus dem Paradies bekamen Adam und Eva drei Söhne: Kain*, Abel* und Set* (→ Stammbaum A).

Mit dieser Geschichte gibt das Buch Genesis eine Erklärung für die rätselhafte Existenz einer Menschheit, die die Schöpfung eines allmächtigen und gütigen Gottes und doch durch alle Zeiten hindurch mit Schmerz und Leid geschlagen ist. Die Antwort auf das Rätsel ist die Sünde des Ungehorsams, von Adam und Eva begangen und auf all ihre Nachkommen vererbt.

Die großartigste literarische Schilderung der Schöpfungsgeschichte ist wohl Miltons Epos ›Das verlorene Paradies‹. Die originellste unter Tausenden plastischer Darstellungen des Adam ist eine Skulptur an der Kathedrale von Chartres. Sie zeigt Gott, wie er Adam erdenkt: Adam erscheint als Gedanke, der Gottes Schläfe entspringt. Von Michelangelo und von Piero della Francesca stammen die berühmtesten Bilder von Adams Anfang und Ende (Vatikan, Sixtinische Kapelle, beziehungsweise Arezzo, S. Francesco). Jacopo della Quercia schuf eine Darstellungsreihe von der Schöpfung des Menschen bis zur Vertreibung aus dem Paradies für das Portal von S. Petronio in Bologna. Ein ähnliches Werk entwarf Raffael für den Vatikan, das von seinen Schülern ausgeführt wurde. Adams erster Blick auf Eva ist als Motiv offenbar nur von dem englischen Maler John Martin – auf eine für ihn ungewöhnlich zurückhaltende Weise – aufgegriffen worden (Glasgow, City Art Gallery). Dagegen ist die Vertreibung aus dem Paradies immer wieder in Bild und Skulptur dargestellt worden, am ergreifendsten von Masaccio in der Kirche S. Maria del Carmine in Florenz. Das Kunstmuseum in Basel bewahrt eine von Holbein stammende Zeichnung der Köpfe Adams und Evas mit dem angebissenen Apfel auf. Haydn läßt sein Oratorium ›Die Schöpfung‹ vor dem Sündenfall ausklingen; das erste Menschenpaar lebt immer noch im Gehorsam gegenüber dem Wort Gottes und verbleibt in holder Glückseligkeit im Paradies. Von Henry Purcell stammt das wunderbare Lied ›Schlaf, Adam, schlaf‹. Rilkes Sonett-Paar ›Adam‹ und ›Eva‹ ist eine lyrische Betrachtung der beiden gotischen Plastiken an der Kathedrale Notre-Dame in Paris.

(Gen 1–5)

Adoni-Besek

Grausamer Kanaaniter-König, dem mit gleicher Münze heimgezahlt wurde. Während seiner Herrschaft ließ er siebzig Königen die Daumen und großen Zehen abhacken und zwang sie, sich von den Abfällen unter seinem Tisch zu ernähren. Als ihn die Stämme Juda* und Simeon* im gemeinsamen Kampf besiegt hatten, machten sie mit ihm das gleiche.

(Ri 1)

Adonija

Sohn von David*, der seinen Thronanspruch anmeldete, als sein Vater im Sterben lag. Der Versuch, seinem jüngeren, aber von David bereits zum Nachfolger bestimmten Bruder Salomo* zuvorzukommen, scheiterte trotz Unterstützung durch eine Reihe wichtiger Männer an Davids Hof, darunter vor allem Joab* und Abjatar*. Der Priester Zadok*, der Prophet Natan*, Benaja* und andere stellten sich gegen Adonija. Mit Natans Ratschlägen versehen, setzte Salomos Mutter Batseba* durch, daß David Salomos Thronanspruch nochmals bestätigte, bevor er starb. Als dann Zadok und Natan Salomo zum König salbten, schmolz Adonijas Anhängerschaft zusammen. Über Batseba ließ er Salomo bitten, ihm das Mädchen Abischag* zur Frau zu geben. Da sie mit David das Bett geteilt hatte, lief das auf den Anspruch hinaus, Davids Platz einzunehmen, weshalb Salomo ihn töten ließ.

(1 Kön 1–2)

Adoni-Zedek

König von Jerusalem, der sich nach Josuas* Einnahme von Jericho und Ai mit vier weiteren Kanaaniter*-Königen verbündete, um den Israeliten entgegenzutreten. Die anderen Könige waren Hoham von Hebron, Piram von Jarmut, Jafia von Lachisch und Debir von Eglon. Doch ihr Entschluß zum Bündnis kam zu spät, und ihre Kampfkraft reichte nicht aus: Josua errang gegen sie seinen eindrucksvollsten Sieg – mit Hilfe Gottes, der Hagelkörner auf den Gegner niederprasseln und die Sonne stillstehen ließ, um Josua mehr Zeit zur Vernichtung des Gegners zu verschaffen. Die fünf Könige waren in eine Höhle geflohen, wo sie von den Israeliten entdeckt wurden. Josua ließ Steine vor den Eingang wälzen, um sie bis zum Ende der Schlacht dort festzuhalten. Nach dem Sieg ließ er die Könige herausholen, erschlagen und ihre Leichen an fünf Bäumen aufhängen.

(Jos 10)

Ägypten

Zum Zeitpunkt, als David* König in Jerusalem wurde, bestand in

Ägypten das Königtum bereits über zweitausend Jahre. Zwar befand es sich damals bereits am Beginn eines langsamen und langwierigen Niedergangs, doch noch war es ein mächtiges Reich mit einem großen Namen und der Kraft zu Ausbrüchen imperialer Energie.

Entscheidender Faktor der ägyptischen Macht war immer der Zusammenhalt von Oberägypten (Gebiet des Niltales) und Unterägypten (Nildelta). Die in einer Hand zusammengefaßte Herrschaft wurde erstmals von den ersten vier Dynastien erreicht, die nicht nur die Pyramiden, sondern auch das Alte Reich schufen und tausend Jahre, nämlich von ungefähr 3200 bis 2200 v. Chr., regierten. Nach einer Periode der Trennung beider Teile konnte im Mittleren Reich (11. und 12. Dynastie) die Macht wieder gefestigt und der Einflußbereich im Norden bis nach Asien, im Süden bis nach Nubien hinein ausgedehnt werden. Dieses Reich endete um 1786 v. Chr.; Ägypten zerfiel erneut in zwei Teile und geriet stellenweise unter Fremdherrschaft. Vereint wurde es wieder unter Amosis I. (um 1580 bis 1557), dem ersten König der 18. Dynastie, der das mächtige, sich bis zum Euphrat erstreckende Neue Reich schuf. In der Frühzeit dieser Periode zog Abraham* aus Ur am unteren Euphrat in jenes Land, das die Heimat der Kinder Israels werden sollte. Sein Urenkel Josef* war einer der vielen, die von Reichtum und politischer Stabilität des Landes angelockt, von überall her nach Ägypten zogen. Die große Zahl der Israeliten, die Mose* später aus Ägypten führte, gibt einen Hinweis auf die Zahl derer, die in früheren Generationen dort eingewandert waren.

Trotz der Auf- und Abschwünge während der großen Machtkämpfe jener Tage, trotz der Herrschaft eines Pharao, der mehr an Philosophie als an Eroberungen interessiert war, und trotz der aus dem Nordwesten hereinbrechenden Flut von Invasionen der »Seevölker« (darunter auch die der Philister*) – trotz alledem blühte das Neue Reich mehrere hundert Jahre lang. Die von Ägypten abgewehrten Philister wurden zum Problem Israels: Es mußte den Neuankömmlingen schließlich die Küste überlassen. Um 1100 v. Chr., also kurz bevor David ein neues Königreich schuf und das eroberte Jerusalem zur neuen Hauptstadt machte, verlor Ägypten an Einfluß in Asien. Im 10. Jahrhundert v. Chr. wurde Unterägypten von Herrschern einer aus Libyen stammenden Dynastie regiert; einer von ihnen, der in der Bibel Schischak* genannt wird, plünderte Jerusalem. Dieses Mal erlebte Ägypten keinen oder zumindest keinen anhaltenden Aufschwung mehr.

Im chaotisch verlaufenden 7. Jahrhundert v. Chr. war es zwanzig Jahre lang von Assyrien besetzt, bekam dann aber eine Atempause, als Assyrien von den Medern und Skythen aus der einen, von den Babyloniern aus der anderen Richtung angegriffen wurde. Bei Meggido besiegte es König Joschija von Juda, der getötet und durch einen Vasallenkönig ersetzt wurde. Dann schwenkte es politisch um und unterstützte Assyrien gegen die miteinander verbündeten Babylonier und Meder. 605 v. Chr. wurde es dann von der aufstrebenden Macht Babylonien endgültig in die Knie gezwungen. Für Ägypten war es das Ende des Weltreiches, doch nicht das Ende des Wohlstands. 525 v. Chr. wurde es Teil des Persischen Weltreiches, dann von Alexander dem Großen erobert und schließlich fiel es – nach der Herrschaft der Ptolemäer – an Rom. Zur Zeit der Geschehnisse des Neuen Testaments war Ägypten eine der reichsten römischen Provinzen.

Äneas
Mann aus Lydda, der an einer Lähmung litt und von Petrus* geheilt wurde.

(Apg 9)

Agabus
Er sagte in Antiochia die Hungersnot voraus, die unter Kaiser Claudius ausbrechen sollte. Die Christen von Antiochia veranstalteten eine Sammlung, deren Ertrag sie durch Barnabas* und Paulus* nach Jerusalem bringen ließen. Derselbe Agabus oder ein Namensvetter prophezeite, daß die Juden Jerusalems Paulus gefangennehmen würden.

(Apg 11, 21)

Agag
König der Amalekiter* und Anlaß von Gottes Sinneswandel über die Erwählung Sauls*. Als Saul die Amalekiter besiegt hatte, schonte er Agags Leben und ließ außerdem auf Wunsch der Israeliten die besten Tiere der erbeuteten Herden am Leben, obwohl Gott befohlen hatte, die Amalekiter völlig zu vernichten. So wurde Samuel* ausgeschickt, um zu tun, was Saul versäumt hatte. Er machte Saul Vorwürfe und ließ dann Agag vorführen, der sich mit zögernden Schritten näherte, und »Samuel hieb vor den Augen des Herrn in Gilgal Agag in Stücke«.

(1 Sam 15)

Agrippa I.

Auch Herodes Agrippa genannt; zwischen 37 und 44 n.Chr. König von Judäa, Enkel Herodes' des Großen*. Einer Familientradition folgend hielt er sich in Rom an die richtigen Leute und wurde von seinem Freund Caligula im Jahr 37 zum König gekrönt, als Tiberius, der ihn gefangengenommen hatte, starb. Agrippa erhielt die Gebiete seines Onkels, des Tetrarchen Philippus*, und bald auch noch den Herrschaftsbereich seines anderen Onkels, des Tetrarchen (Herodes) Antipas*, den er bei Caligula verleumdet hatte. Als Caligula im Jahr 41 ermordet wurde, übertrug Agrippa, der in Rom residierte, seine Loyalität auf den neuen Kaiser Claudius, der ihm die römische Provinz Judäa sowie die Tetrarchien überließ und ihn so zum König über das wiederhergestellte Königreich von Herodes dem Großen* machte. Agrippa I. ist jener König, der in der Apostelgeschichte (Apg 12) Herodes genannt wird. Er ließ den Apostel Jakobus*, Sohn des Zebedäus*, töten und hätte das gleiche mit Petrus* gemacht, wenn dieser nicht mit Hilfe eines Engels zum Haus Marias, der Mutter von Johannes Markus*, hätte entkommen können. Drei Jahre später starb Agrippa auf dramatische Weise. Er, der sich als Gott hatte feiern lassen, wurde vom Gott der Juden gestraft und bei lebendigem Leib von Würmern zerfressen. Judäa wurde wieder eine von einem Prokurator regierte römische Provinz, und sein Sohn Agrippa II. mußte sich mit einem erheblich verkleinerten Erbe bescheiden. Der Name Agrippa kam in die Familie durch die Freundschaft zwischen Herodes dem Großen und Marcus Vipsanius Agrippa, dem General, Ratgeber und Schwiegersohn von Kaiser Augustus.
→ Stammbaum F.

(Apg 12)

Agrippa II.

König von Chalkis, Sohn von Agrippa I.*. Sein Herrschaftsgebiet lag innerhalb der römischen Provinz Syrien. Nachdem es anfangs lediglich aus dem kleinen Königreich Chalkis (östlich vom Libanon) bestand, dehnte es sich später erheblich aus, bis es mehr oder weniger das ganze Herrschaftsgebiet seines Großonkels Philippus* umfaßte. In seine Zeit (48 bis 100 n.Chr.) fiel der jüdische Aufstand gegen die Römer, der 66 n.Chr. mit der Vernichtung der römischen Garnison in Masada und mit der Weigerung der Priester in Jerusalem, den Kaiserkult fortzuführen, begann. Nach der Einnahme Jerusalems durch den späteren Kaiser Titus im

Jahr 70, der Zerstörung des Tempels und der endgültigen Niederlage im Jahr 73 hielt sich Agrippa offenbar vorwiegend in Rom
auf, wo seine Schwester Berenike* zeitweise die Geliebte von
Kaiser Titus war.

(Apg 25–26)

Ahab

König von Israel (um 869 bis 850 v. Chr.). Sein Vater Omri* war
nach dem Zusammenbruch der ersten beiden Dynastien auf den
Thron gelangt, hatte das Reich vor dem Abgleiten ins Chaos
bewahrt, die Außenpolitik reformiert und Samaria zur neuen
Hauptstadt ausgebaut. Verglichen mit allen anderen Königen Israels, gelang es Ahab mit dieser Ausgangsposition noch am ehesten, Salomos Reich wieder erstehen zu lassen. Er dehnte seinen
Einflußbereich bis Gilead und Baschan (östlich des Jordan) aus
und beherrschte für einige Zeit sowohl Juda als auch Moab (östlich des Toten Meeres). Doch er verzettelte sich in Kriege, über-
schätzte seine Mittel und konnte sich nicht entscheiden, ob er nun
Israels traditionelle Fehde mit Aram (→ Syrien), mit dem es ständig Grenzstreitigkeiten gab, weiterführen oder sich mit ihm zu-
sammentun sollte, um gegen Assyrien* gemeinsame Sache zu machen. Auch im eigenen Land sorgte er für Zwietracht, als er eine
ausländische Frau (→ Isebel) heiratete und die Anbetung ihrer
Götter oder Baale* gestattete, was unter den konservativen Israeliten unter Führung des Propheten Elija* Empörung hervorrief.
Die arrogante Art im Umgang mit dem Volk, zum Beispiel gegenüber Nabot*, verschärfte noch die Unzufriedenheit. Ahab brachte Juda dazu, mit ihm gegen Aram in den Krieg zu ziehen. Doch
obwohl er verkleidet in den Kampf ging, kam er bei Ramot-
Gilead durch einen Schützen ums Leben, der »aufs Geratewohl
seinen Bogen« spannte und ihn tödlich traf. Zwei von Ahabs
zahlreichen Söhnen folgten ihm auf dem Thron, aber acht Jahre
nach Ahabs Tod wurden seine Nachkommen von seinem Heerführer Jehu* gestürzt und ausgerottet.

(1 Kön 16–22; 2 Chr 18, 22)

Ahaschwerosch → Artaxerxes

Ahasver → Artaxerxes

Ahija

Prophet aus Schilo, der beim Zusammentreffen mit Jerobeam*

seinen Mantel in zwölf Stücke riß und ihm vorhersagte, er werde König über zehn der zwölf Stämme Israels werden. Jerobeam floh daraufhin vor Salomos* Verfolgung nach Ägypten, wo er bis zu dessen Tod blieb. Beide hatten noch einmal miteinander zu tun, nachdem Jerobeam König geworden war und Dinge getan hatte, die Gott mißfielen. Als eines seiner Kinder erkrankt war, schickte Jerobeam seine Frau verkleidet zu Ahija, um zu erfahren, ob das Kind überleben würde. Ahija, der sie trotz der Verkleidung erkannte, sagte ihr, daß das Kind sterben werde, was auch eintraf.

(1 Kön 11, 14)

Ahimaaz
Sohn des Priesters Zadok*. Nachdem David* wegen Abschaloms* Rebellion hatte fliehen müssen, sandte er Ahimaaz und Jonatan* (den Sohn des Priesters Abjatar*) nach Jerusalem zurück, um Abschaloms weitere Pläne auszukundschaften. Auf ihrem Rückweg zu David mußten sie sich in einem Brunnen verstecken, konnten aber schließlich ihre Informationen überbringen, die ausschlaggebend für Davids Sieg waren, da sie ihn veranlaßten, sich über den Jordan zurückzuziehen und so Abschalom in sein Verderben zu locken. Nach dem Kampf war Ahimaaz einer der beiden Boten, die David vom Sieg seiner Streitmacht unterrichten sollten. Er konnte jedoch Davids erste Frage, ob es Abschalom gut gehe, nicht beantworten. Erst vom zweiten Boten, einem Kuschiter, erfuhr David, daß Abschalom tot war.

(2 Sam 15, 17–18)

Ahimelech
Priester in Nob, der mit dem Leben dafür bezahlte, daß er David* gegen Saul* beistand. Er half David, als er vor Saul auf der Flucht war, wurde aber von dem Edomiter Doëg* an Saul verraten. Auf Sauls Befehl tötete Doëg Ahimelech und vierundachtzig andere Priester. Ahimelechs Sohn Abjatar* konnte jedoch entkommen und wurde zu einem der treuesten Anhänger Davids, als dieser nach Sauls Tod die Königswürde anstrebte.

(1 Sam 21–22)

Ahinoam
Jesreeliterin und eine der Frauen Davids*. Zusammen mit Abigajil* nahm David sie zur Frau, nachdem ihm sein Schwiegervater Saul* seine erste Frau Michal* weggenommen hatte. Ahinoam

war die Mutter von Amnon*, der seine Halbschwester Tamar*
vergewaltigte.

(1 Sam 25, 30; 2 Sam 2–3)

Ahitofel

Hauptberater Abschaloms* bei dessen Rebellion gegen seinen
Vater David*. In einem kritischen Moment des Aufstands entschied sich Abschalom allerdings für den Rat Huschais*, der insgeheim in Davids Diensten stand, und gegen den Rat Ahitofels,
der sich daraufhin erhängte.

In John Drydens politischer Satire ›Absalom und Achitophel‹
steht Anthony Ashley Cooper, der erste Graf von Shaftesbury,
für den Ratgeber Ahitofel. Er war der Kopf einer Gruppe, die
den Bruder von Charles II., den Herzog von York, von der
Thronfolge ausschließen wollte, die Anerkennung des Herzogs
von Monmouth, des illegitimen Sohnes des Königs, betrieb und
ihn zu der 1685 gescheiterten Rebellion anstiftete. Anders als der
biblische Ahitofel erhängte sich Shaftesbury jedoch nicht, sondern floh nach Holland, wo er starb.

(2 Sam 15–17; 1 Chr 27)

Amalek

Enkel von Esau* und Stammvater der Amalekiter*.
→ Stammbaum B

(Gen 36; Ex 17)

Amalekiter

Häufige Widersacher der Israeliten, die als Nomaden im Gebiet
zwischen Ägypten und Kanaan lebten. Zu Zusammenstößen zwischen ihnen und den Israeliten kam es beim Auszug aus Ägypten
und beim Vormarsch aus der Wüste Sinai ins verheißene Land.
Die Amalekiter wurden von Bileam* öffentlich angeprangert,
von Josua* und Saul* besiegt, und, als sie versuchten, in Ziklag
wieder etwas an Boden zu gewinnen, von David* geschlagen.
Prominenteste Vertreter im Alten Testament sind der Amaleki-
ter-König Agag*, der von Samuel* in Stücke gehauen wurde, und
Haman*, dessen Rachefeldzug gegen die Israeliten von Ester*
durchkreuzt wurde.

Amasa

Neffe Davids*, der sich Davids Sohn Abschalom* anschloß, als
dieser gegen seinen Vater rebellierte. Abschalom ernannte Ama-

sa anstelle von Joab* (ebenfalls ein Neffe Davids) zum Heerführer. Nach der Niederschlagung der Rebellion traf Joab Amasa, begrüßte ihn freundlich und stieß ihm sein Schwert in den Bauch.

(2 Sam 17, 19–20; 1 Kön 2; 1 Chr 2)

Ammoniter

Nachkommen von Ben-Ammi*, der zum Stammvater der Ammoniter wurde wie Israel* zum Stammvater der Israeliten. Das ihnen am nächsten verwandte Volk waren die Moabiter*. Die Ammoniter siedelten östlich des Toten Meeres.
→ auch Nahasch, → Stammbaum B

Amnon

Ältester Sohn Davids*. Seine Mutter war die Jesreeliterin Ahinoam*. Amnon verliebte sich in seine Halbschwester Tamar* und hörte in einem schlechten Moment auf einen Rat seines Freundes und Vetters Jonadab*. Dieser schlug ihm vor, sich krank zu stellen und dann seinen Vater darum zu bitten, von Tamar gepflegt zu werden. Als sie kam und ihm Kuchen backte, mußte sie erst alle Leute hinauswerfen, ehe er aß. Dann vergewaltigte er sie, aber seine Gefühle schlugen um in Haß, und er ließ sie von seinem Diener hinauswerfen. Tamars Bruder Abschalom* wartete zwei Jahre auf eine Gelegenheit zur Rache. Dann lud er alle seine Brüder zu einem Schafschur-Fest ein, bei dem er Amnon erschlagen ließ.

(2 Sam 13)

Amoriter

Eines der Völker, auf das die Israeliten beim Einzug ins verheißene Land stießen. Die Amoriter waren ein semitisches Volk, das im 2. Jahrtausend v. Chr. in Babylon herrschte, später von Eindringlingen aus dem Norden besiegt wurde und nach Westen zog. Dort stellten sie von 1800 bis 1600 v. Chr. zusammen mit den Kanaanitern* eine erhebliche Macht dar, deren Einflußbereich sich in der Blütezeit möglicherweise über Kleinasien bis in die Ägäis erstreckte. Während der Zeit des Neuen Reiches wurden sie von den Ägyptern besiegt, die damit ihre Herrschaft über Kanaan errichteten. Als die Israeliten ins verheißene Land einzogen, waren die Amoriter nur mehr ein Restvolk, das im Bergland siedelte. Die Israeliten machten zwischen Amoritern und Kanaanitern wie auch zwischen den anderen Völkern und Stämmen, auf die sie beim Einzug ins verheißene Land stießen, kaum einen Unterschied.

→ auch Mamre

Amos

Prophet. Grobschlächtiger Viehzüchter und Maulbeerfeigenpflanzer aus Tekoa, der einen ebenso plötzlichen wie zornigen Auftritt in der Öffentlichkeit Israels hatte und ziemlich schnell (um 750 v. Chr.) wieder hinausgeworfen wurde. Unsicher ist, ob er aus dem in der Nähe von Betlehem in Juda gelegenen Tekoa kam oder aus einem anderen Ort dieses Namens in Israel selbst. Amos war jedoch kein x-beliebiger Rabauke, sondern ein scharfer Beobachter von Mensch und Natur. Er zeigte sich gut informiert und trat voller Empörung, Leidenschaft und Strenge auf. Er gehörte zum Lager der strikten Monotheisten; für ihn war Jahwe nicht nur der einzige Gott der Kinder Israels, sondern der einzige Gott überhaupt.

Amos' Stimme ist eine Stimme der düsteren Prophezeiungen. In fünf Visionen sah er die Niederlagen und die Zerstörung, die über Israel kommen sollten, weil das Volk von seinem Gott abgefallen war. Viel fehlte nicht, und er hätte die völlige und unvermeidliche Vernichtung vorhergesagt. Er räumte aber ein, daß Gott einen Rest von Menschen erretten könnte, um das Haus Davids* fortzuführen. Nicht nur religiöse, auch soziale Mißstände wurden von ihm angeprangert. Er beklagte die Aufgabe alter Gottesdienst-Riten und -Formen ebenso wie die Zerstörung der Lebensgrundlagen der Kleinbauern in Israel. Angesichts der von ihm negativ beurteilten Zustände sah er ein schlimmes Ende voraus, das nur wenige Jahre später auch eintraf, als die Assyrer* für den spurlosen Untergang des Nordreiches sorgten. Amos prägte ein Muster, das alle wichtigeren Propheten später aufnahmen: die Schilderung einer Abfolge von Katastrophen, die nur durch die Hoffnung auf Errettung von oben gemildert wurden. Amos selbst bot zwar nur schwache Hoffnung auf Errettung an, doch sein Zeitgenosse Hosea* war weniger pessimistisch und übte langfristig den stärkeren Einfluß aus.

→ auch Propheten

(Am)

Amrafel

König von Schinar (Babylon). Zusammen mit drei anderen Königen des Ostens (Arjoch, Kedor-Laomer und Tidal) führte er

Krieg gegen fünf verbündete Könige aus dem Gebiet des Toten
Meeres, zu denen auch die Könige von Sodom und Gomorra
gehörten. Ursache des Konfliktes war der Versuch der fünf Könige, sich von der Oberherrschaft der vier zu befreien. Die verbündeten fünf Könige wurden jedoch in die Flucht geschlagen.
In den Wirren des Krieges wurde der in Sodom lebende Lot*
gefangengenommen, dann aber von Abraham* wieder befreit.
Abraham hatte eine schlagkräftige Mannschaft zusammengestellt, mit der er nun seinerseits die vier Könige des Ostens besiegte, die zuvor die Könige vom Toten Meer geschlagen hatten.
Nach dem Sieg wurde Abraham von dem mysteriösen Priesterkönig Melchisedek* gesegnet, dem er den Zehnten seiner Beute
gab. Dem König von Sodom erstattete er dessen gesamten ge-
raubten Besitz zurück. Die früher allgemein akzeptierte Gleichsetzung von Amrafel mit dem großen babylonischen König und
Gesetzesgeber Hammurabi wirft erhebliche chronologische Probleme auf, da die Blütezeit Hammurabis um 2050 v. Chr. lag,
während Abraham mit ziemlicher Sicherheit zwischen 1500 und
1400 v. Chr. lebte.
(Gen 14)

Anak
Riese und Vater von Riesen. Die von Mose* nach Kanaan ausgesandten Kundschafter berichteten, man werde es dort mit »Anaki-
tern«, also mit Riesen zu tun haben. Nachdem das verheißene
Land erobert war und Kaleb* das Gebiet um Hebron erhalten
hatte, mußte er dort die Söhne Anaks, die Anakiter, vertreiben.
(Num 13; Dtn 9; Jos 15)

Andreas
Fischer aus Betsaida und der erste, der zum Apostel berufen
wurde. Er war der Bruder von Petrus*, und das ist auch schon fast
alles, was das Neue Testament über ihn erzählt, abgesehen von
zwei Anekdoten im Johannes-Evangelium. Als Johannes der
Täufer* bezeugte, daß Jesus* der Sohn Gottes sei, hörte es Andreas. Er ging zu seinem Bruder und sagte ihm, sie hätten den
Messias gefunden. Andreas war auch der Apostel, der den Jungen auftrieb, dessen Brote und Fische der Grundstock für die
Speisung der Volksmenge wurde (→ Jesus). Die spätere Überlieferung ließ ihn weit – sogar bis nach Skythien – herumkommen.
Er soll auf einem Schrägkreuz (Andreaskreuz) in der griechischen
Stadt Patras den Märtyrertod erlitten haben. Von dort wurde sein

Leichnam nach Konstantinopel gebracht, und er wurde zum Schutzpatron dieser Stadt und ebenso von Schottland.

Der italienische Maler Domenichino (Domenico Zampieri) malte im 17. Jahrhundert einen Bilderzyklus zum Leben des Andreas, der sich in der Kirche S. Andrea della Valle in Rom befindet.

(Mt 10; Mk 1, 3, 13; Lk 6; Joh 1, 6, 12; Apg 1)

Anna → Hanna

Antipas

Auch Herodes Antipas genannt, von 4 v. Chr. bis 39 n. Chr. Tetrarch von Galiläa, Sohn von Herodes dem Großen*. Nach dem Tod seines Vaters erbte er die Gebiete östlich und nördlich des Sees Gennesaret. Antipas verführte und heiratete Herodias*, seine Schwägerin und Mutter von Salome*, einer Tochter aus früherer Ehe. Wegen dieser Heirat wurde er von Johannes dem Täufer* kritisiert. Antipas, vom Tanz seiner Stieftochter betört, versprach ihr jeden Wunsch zu erfüllen, und sei es die Hälfte des Königreiches. Auf Veranlassung ihrer Mutter verlangte sie den Kopf von Johannes dem Täufer auf einer Schale, und ihr Wunsch wurde, wenn auch widerwillig, erfüllt.

Als Jesus* auf Veranlassung des Hohenpriesters vor Pontius Pilatus* geführt wurde, hielt sich Antipas zum Pascha-Fest in Jerusalem auf. Pilatus versuchte, die unangenehme Aufgabe loszuwerden, und ließ Jesus zu Antipas bringen. Doch der Tetrarch weigerte sich, irgendwelche Verantwortung in dem Fall zu übernehmen, und schickte ihn zu Pilatus zurück. Antipas war einer der fähigsten und zugleich unsympathischsten Herrscher der Herodes-Dynastie. Wie schon bei seinem Vater hingen auch bei ihm Ansehen und Stellung vom Wohlwollen des römischen Herrschers ab; als Kaiser Tiberius zwei Jahre vor ihm starb, begann sein Glücksstern zu sinken.

Im Madrider Prado befindet sich ein ungewöhnliches Bild vom Fest der Herodias, auf dem die Personen in Kostümen des 17. Jahrhunderts gekleidet sind. Rund zwölf Meter lang, zeigt das Gemälde die in helles Licht getauchte und von Höflingen umschwirrte Herodias, die an der Tafel gerade eine Birne schält. Vom anderen Ende lächelt – mit aus dem Dekolleté hervorspringendem Busen – Salome affektiert herüber, während im Hintergrund Diener den Kopf Johannes' des Täufers tragen. Das Gemälde wird heute dem Maler Bartolomäus Strobl zugeschrieben; bei den dargestellten Personen könnte es sich unter anderem um

Kaiser Ferdinand II., den französischen König Heinrich IV., Wallenstein und andere Prominenz handeln.

(Mt 14; Mk 6; Lk 3, 23)

Apollos
Redegewandter, gebildeter Jude aus Alexandria, der in Ephesus von Aquila* und Priszilla* in der Lehre des Paulus* unterrichtet wurde. Er zog weiter nach Korinth, wo er zu einer Stütze der Kirche wurde.

(Apg 18–19)

Aquila und Priszilla
Judenchristen, die sich nach der Vertreibung aus Rom in Korinth niederließen. Sie waren Zeltmacher und nahmen Paulus* in Korinth auf. Als er aufbrach, um nach Syrien zurückzukehren, begleiteten sie ihn und ließen sich in Ephesus nieder.

(Apg 18; 2 Tim 4)

Archelaus
Ethnarch von Judäa von 4 v. Chr. bis 6 n. Chr., Sohn von König Herodes dem Großen*. Er erbte nach dem Tod seines Vaters ungefähr die Hälfte des Reiches und erhielt den geringeren Titel Ethnarch (»Volksfürst«). Sein Herrschaftsbereich umfaßte die jüdischen Kerngebiete Judäa und Samarien sowie Idumäa (früher Edom), das Stammland seiner Familie im Süden. Kaiser Augustus setzte später den jungen, schwachen und habgierigen Archelaus ab und wandelte Judäa in eine römische Provinz um, an deren Spitze ein Prokurator stand (→ Pontius Pilatus; Antonius Felix; Porcius Festus). Hauptstadt wurde anstelle von Jerusalem die neue, von Herodes dem Großen errichtete und nach Augustus benannte Küstenstadt Cäsarea.

(Mt 2)

Aristarch
Christ aus der griechischen Stadt Thessalonich. Er begleitete Paulus* auf dessen letzter Reise nach Jerusalem und ging mit ihm nach Rom. Eine Zeitlang war er Mitgefangener von Paulus.

(Apg 19–20, 27; Kol 4; Phlm)

Artaxerxes
Xerxes I., auch Ahaschwerosch oder Ahasver. Persischer König,

der von Indien bis Kusch über hundertsiebenundzwanzig Provinzen herrschte. Er verstieß seine Ehefrau Waschti* wegen ihrer Weigerung, sich auf seinen Befehl hin vor dem Volk zu zeigen, um ihre Schönheit bewundern zu lassen, bestimmte Ester* zu ihrer Nachfolgerin und machte Haman* zu seinem Günstling, vor dem sich alle verbeugen mußten. Als Esters Onkel, der Jude Mordechai*, dies verweigerte, wollte Haman aus Rache alle Juden im Herrschaftsbereich des Königs töten lassen. Gerade noch rechtzeitig fand Artaxerxes jedoch heraus, daß Mordechai früher einmal eine gegen ihn gerichtete Verschwörung aufgedeckt hatte und daß außerdem auch Ester als Jüdin Hamans Plan zum Opfer fallen würde. Er ließ daraufhin Haman an eben jenem Galgen aufhängen, den dieser für Mordechai hatte errichten lassen, und widerrief Hamans Befehl zur Vernichtung der Juden. Statt dessen ermächtigte er sie sogar, sich ihrerseits an ihren Feinden zu rächen, also Nichtjuden zu töten. Schließlich übertrug er auf Mordechai jene Gunst, die er Haman entzogen hatte. Artaxerxes wird allgemein mit dem Perserkönig Xerxes I. gleichgesetzt, bekannt als der Verlierer der Schlacht bei Salamis (480 v. Chr.).

Der niederländische Maler Jan Steen zeigt ihn (auf einem Bild im Barber Institute in Birmingham), wie er bei Esters Festmahl so zornig aufspringt, daß Speisen und Geschirr durcheinanderfliegen, während Haman schreckerfüllt seinem Schicksal entgegenbangt.

Die hebräische Bezeichnung »Ahaschwerosch« oder »Ahasver« wurde zum traditionellen Namen des Ewigen Juden. Nach der mittelalterlichen Legende darf dieser als Strafe dafür, daß er Christus auf dem Weg zur Kreuzigung verspottet hat, nirgends ruhen und muß ewig unstet über die Erde wandern.

(Est)

Asaël

Sohn der Zeruja und, wie seine Brüder Joab* und Abischai*, ein entschiedener Anhänger Davids* in den Auseinandersetzungen mit Saul* und dessen Gefolgsleuten, die nach Sauls Tod von Abner* angeführt wurden. Als Abner eine Niederlage erlitt und floh, setzte ihm Asaël – »so flink auf den Beinen wie eine Gazelle« – nach. Er zwang ihn zum Zweikampf, den Abner gewann. Asaëls Tod wurde später von seinen Brüdern gerächt (→ Joab).

(2 Sam 2; 1 Chr 11, 27)

Asarja → Usija

Ascher

Einer der zwölf Söhne Jakobs* und damit Ahnherr einer der zwölf Stämme Israels. Er und sein Bruder Gad* waren Söhne von Silpa*, der Dienerin von Jakobs Frau Lea*. Der Siedlungsraum seines Stammes erstreckte sich nördlich von Karmel entlang der Küste, was Gebietsstreitigkeiten mit den Phöniziern* bedeutete.

→ Stammbaum C

(Gen 30, 35, 42–50; Jos 17, 19)

Asenat

Ägyptische Frau von Josef* und Mutter von Manasse* und Efraim*.

(Gen 41)

Assyrien und Babylonien

In biblischen Zeiten waren dies die beiden wichtigsten Reiche im Gebiet von Euphrat und Tigris. Die kulturelle Entwicklung begann in kleinen Stadtstaaten, von denen einige wie zum Beispiel Ur, aus dem Abraham* stammte, zu Zentren großer Reiche aufstiegen. Die Blütezeit des »altbabylonischen Reiches«, dessen bedeutendster Herrscher der durch sein Gesetzeswerk berühmte König Hammurabi war, lag um 2100 bis 1600 v. Chr. Nachdem dieses Reich durch die Hetiter* zerstört worden war, wurde das Zweistromland in den folgenden drei Jahrhunderten Schauplatz von Einfällen zahlreicher Völker indogermanischer Herkunft. Um 1300 v. Chr. begann der Aufstieg Assyriens zur Weltmacht. Unterbrochen von einer Periode des Wiedererstarkens Babyloniens um 1150 v. Chr., erreichte Assyrien einen ersten Höhepunkt mit Tiglat-Pileser I. (um 1090 bis 1060 v. Chr.).

Assyriens größte Zeit brach an, als Tiglat-Pileser III., der in der Bibel Pul* genannt wird, im Jahre 747 v. Chr. den Thron eroberte und Syrien* und Israel* überrannte. Salmanassar V. (727–722 v. Chr.) nahm König Hoschea von Israel gefangen; sein Nachfolger Sargon II. (722 bis 705 v. Chr.) zerstörte Samaria, die Hauptstadt Israels, und führte dreißigtausend Israeliten ins Exil nach Ninive, wo sie untergingen und damit zu den verlorenen zehn Stämmen wurden. Israel wurde von Babyloniern und Aramäern (→ Syrien) besiedelt. Juda* blieb zwar nominell unabhängig, wurde jedoch praktisch assyrischer Vasallenstaat. Als Assyrien durch Verlust des babylonischen Thrones an Merodach-Baladan im Jahr 721 v. Chr. vorübergehend geschwächt war, verleitete dies König Hiskija* von Juda dazu, mit Ägypten ein Bündnis gegen Assyrien zu schließen. Doch der assyrische König Sanherib (705 bis 681 v. Chr.) trug über alle seine Feinde den Sieg davon. Er war jener Assyrer, der, wie es in einem Gedicht von Byron heißt, »kam wie der Wolf in der Nacht«, um Jerusalem zu belagern. Er nahm die Stadt jedoch nicht ein, vermutlich, weil Hiskija hohe Tributzahlungen leistete. Obwohl Sanheribs Nachfolger Asarhaddon und Assurbanipal (669 bis 626 v. Chr.) halb Ägypten eroberten, verfiel das assyrische Reich um die Mitte des Jahrhunderts. Es wurde nicht nur im Süden von den Babyloniern, sondern auch im Osten und Norden von den Medern und Skythen bedroht, die 612 v. Chr. Ninive plünderten. Die Assyrer verschwanden aus der Geschichte fast so vollständig wie die Nordstämme Israels. Als »Sardanapal«, der griechischen Form seines Namens, wurde der letzte große assyrische König Assurbanipal bei Griechen und Römern zur Symbolfigur für maßlose Ausschweifung, Verweichlichung und theatralischen Selbstmord.

Delacroix' (von Byron inspiriertes) Gemälde seiner letzten Stunde, das nach der ersten Ausstellung fast ein halbes Jahrhundert lang praktisch unbekannt blieb, gilt heute als Meisterwerk der Malerei des frühen 19. Jahrhunderts. In seinem Goethe gewidmeten Drama ›Sardanapal‹, einer sehr freien Vers-Übertragung von Passagen aus der Weltgeschichte des Diodorus Siculus, verleiht Byron dem König sowohl die Tugenden des Mannes als auch die Laster beider Geschlechter.

Das »neubabylonische Reich«, das Assyriens Erbe antrat, überdauerte nicht einmal einhundert Jahre. Errichtet wurde es im Jahre 625 v. Chr. von Nabopolassar, dessen Armeen, die auch an der Plünderung Ninives beteiligt waren, die Ägypter 605 v. Chr. bei Karkemisch schlugen. Sein Sohn Nebukadnezzar* machte Juda zum babylonischen Vasallenstaat und deportierte eine große Anzahl seiner Bewohner zur Zwangsarbeit ins Exil, »an die Ströme von Babel«. Hauptgrund für Nebukadnezzars Einnahme von Jerusalem war die Sicherung der Westflanke gegen Ägypten, während ihn im Norden die Meder bedrohten. Seine schwachen Nachkommen wurden durch ein neues Königshaus abgelöst, anstelle der Bedrohung durch die Meder kam die größere Bedrohung durch die Perser. Der letzte König und sein Sohn Belschazzar* wurden 538 v. Chr. durch den Perserkönig Kyrus* gestürzt. Er gestattete den Juden die Rückkehr nach Jerusalem (→ Serubbabel, Esra, Nehemia). Babel blieb noch lange eine wohlhabende Stadt, die jedoch nie mehr Zentrum eines Reiches wurde.

Atalja

Frau Jorams, des Königs von Juda (ca. 849 bis 842 v. Chr.) und Tochter Ahabs*, des heidnischen Königs von Israel. Sie war Anhängerin des Baal*-Kultes. Ihr Sohn Ahasja wurde nach nur einjähriger Regierung ermordet, worauf Atalja selbst die Krone übernahm. Bis auf eine Ausnahme rottete sie die gesamte Nachkommenschaft der königlichen Familie in Juda aus. Nur Ahasjas kleiner Sohn Joasch wurde von einer Tante gerettet und sechs Jahre lang versteckt gehalten. Nach einem von dem Priester Jojada* zusammen mit dem Heer durchgeführten Aufstand wurde Joasch zum König ausgerufen und Atalja getötet.

In seiner sinnigerweise für eine Mädchenschule geschriebenen Tragödie ›Athalie‹ schildert Racine mit all der gezügelten Leidenschaft seiner Spätwerke den Kampf der heidnischen Königin gegen den Gott Israels, der mit ihrer Niederlage endet. Händel benutzte Racines Werk als Grundlage für ein Oratorium, in dem er den tragischen Stoff auf fröhlich-festliche Art angeht und das dramatische Geschehen noch durch eine eingefügte Traumszene verstärkt, die Atalja mit der ebenso tragischen Isebel* zusammenführt.

(2 Kön 11; 2 Chr 22–23)

B

Baal
Das Wort Baal oder Bel bedeutet Gott. Im Alten Testament wird es verwendet, wenn nicht vom Gott der Israeliten, sondern von anderen Göttern die Rede ist. Für die Richter* und Propheten* waren Baale (oder Bealim) entweder fremde Götter, von denen sich die Israeliten fernhalten sollten, oder falsche, also gar keine Götter (Götzen). Daß es die Baal-Verehrung auch unter den Israeliten gab, dafür lassen sich zwei Hauptgründe anführen: Zum einen lebten die Israeliten in enger Nachbarschaft mit Stämmen und Völkern, die den einen oder anderen Baal verehrten. Da sie auch untereinander heirateten, sah man – abgesehen von Zeiten, da sich warnende Stimmen dagegen erhoben – kaum einen Grund, bei der Religionsausübung nicht auch den Kult des örtlich verehrten Baals zu dulden. Zum zweiten führten diplomatische oder bündnispolitische Überlegungen gelegentlich dazu, daß sich der König von Israel oder von Juda mit einem Nachbarvolk einschließlich des von ihm verehrten Gottes zu arrangieren hatte. Ein Beispiel dafür ist Ahas, der als König von Juda ein Bündnis mit Assyrien schloß. Die wichtigsten Götter der Philister* waren Dagon, Astarte (Aschtoret) und Beelzebul (Beelzebub), der mächtigste Stadtgott der Phöniker* war Melkart, der Baal von Tyrus.

Baana
Truppenführer des Königs Ischbaal*, der seinen Herrn ermordete, weil er sich von David* dafür eine Belohnung versprach. Doch als er und sein Komplize Rechab* mit Ischbaals Kopf in der Hand vor David erschienen, gab dieser statt einer Belohnung den Befehl, beide für den Mord zu töten.
(2 Sam 4)

Babylonien → Assyrien und Babylonien

Babylonisches Exil und Rückkehr
Als Nebukadnezzar*, der König von Babylon, Jerusalem im Jahr 587 v. Chr. zum zweiten Mal eingenommen hatte, ließ er Zidkija, den König von Juda, und die Oberschicht des Landes nach Babylonien ins Exil führen. Dort wurden viele zu Zwangsarbeiten an den Bewässerungsanlagen des Reiches eingesetzt: »An den Strö-

men von Babel, da saßen wir und weinten ...« Das drückende Schicksal des Exils ging zu Ende, als das babylonische Reich 538 v. Chr. von dem Perserkönig Kyrus* eingenommen wurde. Was damals und in den darauffolgenden einhundert Jahren geschah, läßt sich nicht mehr genau nachvollziehen, da die einzigen Quellen, die wir darüber haben, nämlich die Bücher Esra* und Nehemia*, hoffnungslos verderbt sind und sich deren Verfasser zudem noch von anderen Motiven als dem einer historisch exakten Darstellung leiten ließen. Die Mehrzahl der Juden kehrte aus dem Exil nicht ins Herkunftsland zurück. Sie wurden zur Diaspora, und in den Anfangstagen des Christentums lag ihre Zahl bereits über der der Juden in Palästina. Andere jedoch kehrten mit Zustimmung und sogar Ermutigung von Kyrus und seinen Nachfolgern nach und nach zurück.

Sicher ist, daß die Stadtmauer und der Tempel von Jerusalem wieder aufgebaut wurden und das mosaische oder jüdische Gesetz im 4. Jahrhundert v. Chr. von Esra praktisch in den Rang einer Verfassung erhoben wurde. Die Förderer dieser Entwicklung mögen das Ausmaß der Rückkehr der Juden aus dem Exil beträchtlich übertrieben haben, da es ihr Ziel war, Jerusalem mit einer großen, exklusiv jüdischen Bevölkerung wieder erstehen zu lassen, und zwar einer Bevölkerung, die zweifelsfrei von den ins Exil verschleppten Juden abstammen und sich damit bewußt von den anderen, konkurrierenden jüdischen Gemeinden abheben sollte, die nach dem Untergang der Königreiche Israel* und Juda* in der Region überlebt hatten. Diese neue jüdische Gemeinde wurde jedoch kein unabhängiger Staat mehr (zumindest nicht für die nächsten zweitausend Jahre), sondern existierte als eigenständige jüdische Enklave erst im persischen, später in anderen Weltreichen. Sie war in zunehmendem Maße theokratisch geprägt; an der Spitze stand kein weltlicher König, sondern ein Hoherpriester, der damit ein Amt innehatte, von dem vor der Zeit des Exils nirgends die Rede ist. Die Politik wurde mehr und mehr verdrängt von internen Auseinandersetzungen der verschiedenen Priestergruppen und verschiedenen Auslegungen des Gesetzes (→ Makkabäer). Und doch ermöglichten dieser Neubeginn und diese Konsolidierung, daß Juden und Judentum überlebten.

→ auch Kyrus, → Serubbabel, → Esra, → Nehemia

Bagoas

Eunuche und oberster Diener von Holofernes*.

→ Judit

Balaam → Bileam

Balak
König von Moab, der es mit der Angst zu tun bekam, als Mose*
nach seinen Siegen über den Amoriterkönig Sihon* und über
Og*, den König von Baschan, sein Land bedrohte, das östlich des
Jordan an der Spitze des Toten Meeres lag. Er versuchte, im
Bündnis mit anderen Herrschern eine Streitmacht gegen die Isra-
eliten aufzustellen. Außerdem schickte er nach Bileam*, der die
Israeliten verfluchen sollte; er segnete sie statt dessen und sagte
ihre Siege vorher.
(Num 22–24)

Barabbas
Ein des Aufruhrs und Mordes angeklagter Mann, der zur Zeit der
Vorführung Jesu* vor Pilatus* in Haft war. Pilatus, der merkte,
daß die Anklage der Priester gegen Jesus böswillig war, versuchte, sich aus der Affäre zu ziehen. Da es Brauch war, einmal im
Jahr einen Gefangenen auf Verlangen der Menge freizulassen,
schlug er ihnen dafür Jesus vor. Doch unter dem Einfluß der
Priester oder auch der Barabbas-Anhänger forderte die Menge
die Freilassung von Barabbas. Pilatus wusch seine Hände in Unschuld und gab nach.
Honoré Daumier stellte den entscheidenden Moment auf seinem
Bild ›Wir wollen Barabbas‹ dar (Essen, Museum Folkwang). Der
schwedische Schriftsteller Pär Lagerkvist erhielt für seinen Roman ›Barabbas‹ den Nobelpreis für Literatur.
(Mt 27; Mk 15; Lk 23; Joh 18)

Barak
Sohn von Abinoam; er war Deboras* rechte Hand beim Kampf
gegen das von Sisera* angeführte Heer des Königs von Kanaan.
→ Debora
(Ri 4–5)

Barjesus
Auch Elymas genannt. Jüdischer Zauberer und falscher Prophet
in Paphos auf Zypern. Er versuchte, Paulus* und Barnabas* an
der Bekehrung des Prokonsuls Sergius Paulus* zu hindern, und
wurde dafür mit Blindheit geschlagen, was die Bekehrung von
Sergius Paulus erheblich beschleunigte.
(Apg 13)

Barnabas
Auch Josef, genannt Barnabas. Zusammen mit Paulus* einer der
wichtigsten Verbreiter des christlichen Glaubens unter den Heiden. Er war ein Levit* aus Zypern, Mitglied einer recht begüter-
ten Gemeinde in der jüdischen Diaspora und stand in ständiger
Verbindung mit Jerusalem. Er verkaufte seinen Besitz und übergab den Erlös den Aposteln. Als Stephanus* in Jerusalem gesteinigt wurde, hielt sich Barnabas dort auf; er ging – oder flüchtete –
daraufhin mit anderen Anhängern des neuen Glaubens, denen
die orthodoxen Juden in Jerusalem das Leben schwermachten,
nach Antiochia. Er führte Paulus* bei dessen erstem Besuch in
Jerusalem in die dortige Urgemeinde ein und wurde einer seiner
engsten Gefährten. So reiste er mit ihm nach Zypern und errichtete dort eine der ältesten christlichen Kirchen. (Sie ist das rangäl-
teste Mitglied der griechisch-orthodoxen Kirche.) Nach dem
Streit um Johannes Markus*, der sie nach Zypern begleitet hatte
und mit dessen Verhalten Paulus nicht einverstanden war, trennte
sich Barnabas von Paulus und blieb mit Johannes Markus zusammen, während Paulus mit Silas* und anderen Gefährten zu weiteren Reisen durch Kleinasien und nach Europa aufbrach.

(Apg 4, 11–15; 1 Kor 9; Gal 2, 13; Kol 4)

Barsabbas → Josef Barsabbas, → Judas Barsabbas

Barsillai
Mann aus Gilead, der sich trotz seines fortgeschrittenen Alters
von achtzig Jahren aufmachte, um David* zu helfen. Als David
wegen der Rebellion seines Sohnes Abschalom* auf der Flucht
war, versorgte ihn Barsillai mit Nahrungsmitteln und Decken.
Nach der Niederschlagung der Rebellion lud David ihn ein, mit
ihm zurück über den Jordan zu ziehen und in Jerusalem sein Gast
zu sein. Da Barsillai erwiderte, er fühle sich zu alt dafür, küßte
und segnete ihn David und ließ ihn in seinen Heimatort zurückkehren. Auf dem Sterbebett wies David Salomo* an, sich gegenüber Barsillais Söhnen freundlich zu erweisen.

(2 Sam 17, 19; 1 Kön 2)

Bartholomäus
Einer der zwölf Apostel, im Johannes-Evangelium Natanaël* genannt. Wenn an der Legende etwas Wahres ist, dann traf ihn von
allen Aposteln das schlimmste Schicksal: In Armenien soll ihm
bei lebendigem Leib die Haut abgezogen worden sein.

Auf Bildern wird er daher gelegentlich dargestellt, wie er seine eigene Haut trägt, so zum Beispiel von Michelangelo in der Sixtinischen Kapelle im Vatikan.

(Mt 10; Mk 3; Lk 6; Apg 1)

Bartimäus
Blinder Bettler aus Jericho, der Jesus* als Sohn (im Sinne von Nachkomme) Davids* begrüßte. Für dieses Sehvermögen des Herzens erhielt er von Jesus das seiner Augen zurück: »Dein Glaube hat dir geholfen.«

(Mk 10)

Baruch
Gehilfe von Jeremia*. Ihm wurde eine Reihe von Schriften zugeschrieben, von denen eine als deuterokanonisches Buch in die Bibel aufgenommen wurde (in der Luther-Bibel zählt es zu den Apokryphen). Das Buch Baruch ist eine Zusammenstellung verschiedener Werke, zu denen neben einem, vermutlich von Jeremia verfaßten Brief auch eine Weissagung der Rückkehr aus dem babylonischen Exil* nach Jerusalem gehört, ferner eine Sammlung von Ermahnungen, Versprechen und Weisheitssprüchen, die von verschiedener Hand stammen und ursprünglich in verschiedenen Sprachen abgefaßt waren.

(Bar)

Batseba
Frau des Hetiters Urija* und später Davids*. Sie war die Mutter von Salomo*. Als David sie vom Dach seines Hauses aus sah, verlor er keine Zeit: Er verführte sie und schickte Urija in den Tod, indem er ihn als Soldat an vorderster Front aufstellen ließ. Aufgebracht über diese schändliche Tat, ließ Gott Davids und Batsebas Kind krank werden und sterben. Sie bekamen aber ein zweites Kind, nämlich Salomo. David versprach Batseba, daß Salomo sein Nachfolger auf dem Thron werden würde. Als er im Sterben lag, versuchte jedoch Adonija*, ein anderer seiner Söhne, die Herrschaft an sich zu reißen, wobei er von so einflußreichen Männern wie Joab* und Abjatar* unterstützt wurde. Dagegen schlossen sich ihm andere wichtige Männer, vor allem Zadok* und Natan*, nicht an. Natan stand vielmehr Batseba mit Rat und Tat zur Seite, als sie bei David eine Bestätigung von Salomos Thronanspruch durchsetzen wollte, was ihr auch gelang.
Rembrandts Gemälde von Batseba, der eine Dienerin die Füße

wäscht, ist ein Porträt seiner Frau Hendrickje (Paris, Louvre).
Ein weiteres Bild Rembrandts zeigt Batseba mit zwei Dienerinnen, im Hintergrund David, der sie vom Dach aus beobachtet
(New York, Metropolitan Museum). Auch Cornelisz van Haar-
lem malte Batseba mit zwei Dienerinnen, darunter einer mit
dunkler Hautfarbe (Amsterdam, Rijksmuseum).

(2 Sam 11–12; 1 Kön 1–2)

Bel
Name eines Götzen, dessen schurkische Priester von Daniel* des
Betrugs überführt wurden.
→ auch Baal

(Dan 14)

Belschazzar
Verwalter des Babylonischen Reiches für seinen Vater Nabonid,
den letzten König Babylons vor der Einnahme des Reiches durch
Kyrus II.*, den Großen, der es 538 v. Chr. dem persischen Weltreich einverleibte. (Das Alte Testament übergeht Nabonid und
macht Belschazzar zum Sohn von Nabonids Vorgänger Nebukadnezzar*.) Bei einem Festmahl sah Belschazzar plötzlich eine mysteriöse Hand erscheinen, die die Worte »Mene mene tekel
uparsin« an die Wand schrieb. Nach Daniels* Deutung war der
Kronprinz »gewogen und zu leicht befunden worden«. In der
darauffolgenden Nacht wurde er getötet.
Byron charakterisiert Belschazzar in einem Gedicht als »unfähig,
zu herrschen, zu leben und zu sterben«. Nüchterner beschrieb er
dessen Verhängnis in einem anderen Gedicht mit den Zeilen:
»Vor seinem Tor der Meder, auf seinem Thron der Perser.«
Heinrich Heine läßt seine Ballade ›Belsatzar‹ in der Mitternachts-
stunde beginnen, als ganz Babylon schläft und nur im Palast noch
Trubel herrscht. Das Gedicht endet mit der Ermordung des Kron-
prinzen durch seine eigenen Leute. In dem Oratorium ›Belsazar‹
gibt Händel der Hauptfigur einen eher oberflächlichen als bösartigen Charakter. Rembrandt wählte für sein Bild die Szene, als
Belschazzar, auf die Schrift an der Wand starrend, von seinem
Sitz aufspringt (London, National Gallery). Die dramatische Atmosphäre des verhängnisvollen Festmahls war ganz nach dem
Geschmack des englischen Malers John Martin, der im 19. Jahrhundert mit seiner stürmischen Phantasie eine ganze Reihe biblischer Katastrophen malte – die Zerstörung von Ninive und Tyrus

ebenso wie die von Sodom und Gomorra, die des Turms zu Babel wie die der Welt durch die Sintflut. In seinem Oratorium ›Belshazzars Festmahl‹, einem Meisterwerk der Chormusik unseres Jahrhunderts, schildert der englische Komponist William Walton den Niedergang Babylons von der prachtvollen Stadt der Hängenden Gärten zum legendären Ort der Sünde und des Lasters. Sibelius schließlich komponierte ein Orchesterwerk zur Belschazzar-Erzählung.

→ Assyrien und Babylonien

(Dan 5, 7, 8)

Benaja

Sohn Jojadas und einer der wichtigsten Heerführer Davids*. Als David starb, unterstützte er beim Kampf um die Thronfolge Salomo* gegen dessen älteren Bruder Adonija*. Auf Salomos Befehl tötete er Adonija und die führenden Männer des gegnerischen Lagers, was ihm den Posten des obersten Heerführers einbrachte.

(2 Sam 20, 23; 1 Kön 1–2; 1 Chr 11, 18, 27)

Ben-Ammi

Einer der beiden Söhne, die Lot* mit seinen Töchtern zeugte. Aus Angst, in der Abgeschiedenheit, in der sie lebten, keinen Mann zu finden (und damit keine Kinder zu bekommen), hatten sie mit ihrem Vater geschlafen, den sie vorher so betrunken gemacht hatten, daß er nicht mehr wußte, was er tat. Beide Töchter bekamen Söhne: Ben-Ammi wurde der Stammvater der Ammoniter*, sein Halbbruder Moab* Stammvater der Moabiter*. Ihr Siedlungsgebiet lag östlich des Toten Meeres und südlich des Flusses Arnon, der streckenweise durch das Land der Ammoniter und Moabiter floß.

→ Stammbaum B

(Gen 19)

Ben-Hadad

Im Alten Testament kommen zwei Könige von Aram (→ Syrien) dieses Namens vor, die jedoch nicht verwandt, oder zumindest nicht eng verwandt, waren.

–, Opfer von Hasaël (S. 58)

–, Sohn von Hasaël (S. 58)

Ben-Hadad
Er wurde von Asa, dem König von Juda, als Verbündeter gegen
König Bascha von Israel gewonnen, als Israel und Juda in den
ersten Jahren nach der Teilung des Reiches Salomos* gegeneinander Krieg führten, wovon Aram erheblich profitierte. Dieser
Ben-Hadad wurde von Hasaël*, einem seiner Offiziere, erstickt,
nachdem dieser vom Propheten Elischa* indirekt zur Eroberung
des Thrones ermutigt worden war.

(1 Kön 15; 2 Chr 16)

Ben-Hadad
Sohn von Hasaël*, der mit zweiunddreißig verbündeten Königen
Krieg gegen Israel führte, sich vor der Schlacht betrank und sie
verlor. Ein Jahr später erlitt er die zweite Niederlage, wieder ein
Jahr später die dritte.

(1 Kön 20; 2 Kön 13)

Benjamin
Jüngster der zwölf Söhne Jakobs* und Ahnherr einer der zwölf
Stämme Israels. Seine Mutter Rahel* starb bei seiner Geburt und
wurde in Betlehem begraben. Rahel war auch die Mutter seines
Bruders Josef*, der von seinen (Halb-)Brüdern nach Ägypten
verkauft wurde.
Da Benjamin, der als einziger erst nach Jakobs Heimkehr zur
Welt kam, erheblich jünger war als seine Brüder, behielt ihn
Jakob bei sich, als er seine Söhne nach Ägypten schickte, um
Getreide zu kaufen. Josef, der unterdessen in Ägypten ein wichtiger Mann geworden war, verlangte von seinen Brüdern (die ihn
nicht erkannt hatten), daß sie, um das gewünschte Getreide zu
bekommen, erst Benjamin zu ihm bringen müßten. Wegen der
Hungersnot war Jakob zum Nachgeben gezwungen, und die Brüder kehrten mit Benjamin nach Ägypten zurück. Bei Benjamins
Anblick wurde Josef von seinen Gefühlen überwältigt, was ihn
jedoch nicht daran hinderte, seinen anderen Brüdern noch weiter
zuzusetzen. Zwar ließ er sie mit dem gewünschten Getreide abrei-
sen, gab aber vorher Anweisung, in Benjamins Gepäck einen
wertvollen Silberbecher zu verstecken. Dann schickte er ihnen
Leute nach, die Benjamin des Diebstahls beschuldigten. Er-
schreckt von der Aussicht, Jakob die Nachricht von Benjamins
Festnahme überbringen zu müssen, die ihm vermutlich das Herz
brechen würde, kehrten alle Brüder zu Josef zurück, und Juda*
bat ihn, an Benjamins Stelle ins Gefängnis gehen zu dürfen.

Schließlich gab sich Josef zu erkennen und lud seinen Vater sowie alle seine Brüder ein, zu ihm nach Ägypten zu ziehen.

Als »Benjamin« wird traditionell der jüngste und etwas verzärtelte Sohn einer Familie bezeichnet. Und da Josef bei einem Essen mit seinen Brüdern angeordnet hatte, Benjamin fünfmal mehr auf den Teller zu legen als den anderen, wird in angelsächsischen Ländern eine besonders große Portion auch »Benjamins-Portion« genannt.

(Gen 35, 42–46, 49)

Benjaminiter

Nachkommen von Benjamin*. Ihr Siedlungsland lag nördlich des Gebietes des Stammes Juda in Hebron, und zwischen den beiden benachbarten Stämmen herrschten enge Beziehungen. Einige Zeit nach der Eroberung und Besiedelung Kanaans durch Josua* brach über die Benjaminiter großes Unheil herein. Als in Gibea ein Mann einen Fremden und dessen Nebenfrau zum Übernachten in sein Haus aufnahm, versammelten sich nachts davor einige Bewohner des Ortes und verlangten, er solle den Fremden herausgeben, weil sie mit ihm ihren Spaß treiben wollten. Der Gastgeber weigerte sich; schließlich gab der Fremde seine Nebenfrau heraus (man vergleiche die ähnliche Geschichte von Lot* in Sodom). Die Frau wurde die ganze Nacht lang vergewaltigt und starb im Morgengrauen. Nachdem der Mann mit der Leiche nach Hause zurückgekehrt war, zerschnitt er sie in zwölf Stücke und sandte diese als Aufruf zur Rache an die zwölf Stämme Israels. Sie zogen gegen die Benjaminiter in den Krieg, konnten sie jedoch trotz der Übermacht erst beim dritten Angriff überwältigen. Bis auf sechshundert Mann, die sich in die Wüste retten konnten, wurden alle Männer, Frauen und Kinder getötet.

Die Israeliten schworen, den überlebenden Benjaminitern niemals eine ihrer Töchter zur Frau zu geben. Doch schon nach kurzer Zeit bereuten sie diesen Schwur, mit dem sie einen ihrer eigenen Stämme praktisch zum Aussterben verurteilt hatten. Um den Schwur zu umgehen, griffen sie die Stadt Jabesch-Gilead an, deren Bewohner nicht bei dem Schwur dabei waren. Sie raubten vierhundert Jungfrauen und machten den Rest der Bevölkerung nieder. Da jedoch die Frauen für die Benjaminiter nicht ausreichten, erhielten sie von den Ältesten der Stämme den Rat, sich bei einem Fest der Schiloniter* zu verstecken und von deren Frauen, wenn sie aus der Stadt herauskämen, um in den Weinbergen zu tanzen, so viele zu rauben, wie sie brauchten. So wurde der

Stamm Benjamin vor dem Aussterben bewahrt. Im weiteren historischen Verlauf sollte er jedoch mehr und mehr zu einem bloßen Anhängsel des Stammes Juda werden. Der bedeutendste Benjaminiter war Saul*; auch Mordechai* kam aus diesem Stamm. Die Bejaminiter waren die Opfer des von Herodes* angeordneten Kindermords in Betlehem.

Chagall hat den Stamm Benjamin als Thema der Glasfenster gewählt, die er für die Medizinische Fakultät der Hadassah-Universität in Jerusalem gestaltet hat.

(Ri 19–21)

Berenike

Tochter von Agrippa I.*. Sie war mit ihrem Bruder Agrippa II.*, dem König von Chalkis, in Cäsarea anwesend, als der Prokurator Festus* Paulus* verhörte, der es mit seiner Beredsamkeit fast schaffte, Agrippa davon zu überzeugen, daß er, Agrippa, Christ sei. Nach einer Reihe von Heiraten und einem Inzest-Zwischenspiel mit ihrem Bruder Agrippa krönte sie ihre Karriere damit, die Geliebte des späteren Kaisers Titus zu werden, der sich jedoch von ihr trennen mußte, als sie sich in Rom allzu unbeliebt gemacht hatte.

Racine stilisierte sie in seinem Drama ›Bérénice‹ zur großen tragischen Heldin, was mehr ist, als sie verdient hat.

→ Stammbaum F

(Apg 25–26)

Betuël

Vater von Laban* und Rebekka*. Für einen Überblick über die vielfältigen Verflechtungen der Familie Abrahams*

→ Stammbaum B

(Gen 22, 24–25)

Bezalel

Handwerksmeister, der von Gott ausersehen war, nach den detaillierten Anweisungen, die Mose* auf dem Berg Sinai erhalten hatte, die Bundeslade (als Behältnis für die Bundesurkunde) und dazu noch eine geradezu beängstigende Kollektion heiliger Gerätschaften, Schmuckwerke und Kleider aus Gold und anderem prächtigen Material herzustellen.

(Ex 31, 35–38)

Bildad

Mann aus Schuach, einer der drei Freunde, die Ijob* trösten wollten.

(Ijob 2, 8, 18, 25, 42)

Bileam

Mann von hohem Ansehen, an den sich der Moabiterkönig Balak* um Beistand gegen die Israeliten wandte, nachdem diese die Könige Sihon* und Og* besiegt hatten und nun in die Nähe seines Gebietes kamen. Bileam sollte in Balaks Auftrag die Israeliten verfluchen, doch Gott warnte ihn davor, Balak zu helfen. Als aber Balak die Belohnung heraufsetzte, brach Bileam mit einem Esel auf, um mit ihm zu verhandeln. Auf der Strecke versperrte ihm ein Engel den Weg, doch Bileam sah – im Gegensatz zu seinem Esel – den Engel nicht. Der Esel scheute und wich ins Feld aus, worauf Bileam ihn schlug und auf den Weg zurückbrachte. Als der Weg dann beiderseits von einer Mauer gesäumt war und der Esel wieder auswich, drückte er Bileams Bein gegen die Mauer, was dem Esel neue Schläge einbrachte. Schließlich ging das Tier, das immer noch den Engel vor sich sah, unter Bileam in die Knie. Bileam wurde wütend und verfluchte seinen Esel – bis dieser plötzlich zu sprechen anfing. Da sah auch Bileam endlich den Engel und erhielt die Anweisung, zu Balak zu gehen, ihm aber nicht zu helfen.

Nach seiner Ankunft weigerte er sich, die Israeliten zu verfluchen, und blieb trotz zahlreicher Manöver Balaks bei seiner Haltung. Zu Balaks großem Verdruß kam es sogar so weit, daß Bileam die Israeliten segnete und deren zukünftige Siege über die Moabiter* und andere Gegner prophezeite. Daraufhin kehrte er nach Hause zurück, wurde aber später von den Israeliten erschlagen – ein Akt enormer Undankbarkeit, für den sich in der Bibel weder Erklärung noch Entschuldigung findet.

Bileams Esel (oder Eselin) taucht als eines der wenigen Tiere, die in der Bibel sympathische Züge tragen, häufig in Schnitzereien, Glasmalereien und anderen Werken auf, die die Klugheit von Tieren rühmen sollen. So waren Bileam und sein Esel ein Lieblingsthema romanischer Steinmetze, was unter anderem in der Kathedrale von Autun zu sehen ist.

(Num 22–24, 31; Jos 13, 24; Neh 13)

Bilha

Dienerin von Jakobs* Frau Rahel* und Mutter seiner Söhne

Dan* und Naftali*. Sie wurde von Jakobs ältestem Sohn Ruben*
verführt.
→ auch Silpa, → Stammbaum C
(Gen 29–30, 35, 37)

Boas
Ehemann von Rut*. Ihrer beider Sohn Obed war der Vater von
Isai* und der Großvater von David*. Da Rut Moabiterin war,
stammt also das Königshaus der Juden nicht nur aus Betlehem,
sondern auch aus Moab* (dem Land der Moabiter*). Nach dem
Matthäus-Evangelium war Boas der Sohn Rahabs*, was jedoch
im Alten Testament nicht erwähnt wird.
In Victor Hugos romantischem Gedicht ›Der schlafende Boas‹
träumt der alte, unverheiratete Boas das Unmögliche; als Rut sich
zu seinen Füßen niederlegt, wird sein Traum wahr.
→ auch Stammbaum D
(Rut 2–4; Mt 1,5)

Bus → Uz

D

Damaris
Frau in Athen, die von Paulus* zum Christentum bekehrt wurde.
(Apg 17)

Dan
Einer der zwölf Söhne Jakobs* und damit Ahnherr einer der zwölf Stämme Israels. Er und sein Bruder Naftali* waren Söhne von Bilha*, der Dienerin von Jakobs Frau Rahel*. Da das Siedlungsgebiet seines Stammes im äußersten Norden des verheißenen Landes lag, beschreibt der Ausdruck »Von Dan bis Beerscheba« das von den Israeliten besiedelte Gebiet in seiner ganzen Nord-Süd-Ausdehnung.
→ auch Micha, → Stammbaum C
(Gen 30, 35, 42–50)

Daniel
Held der jüdischen Folklore und Hauptperson einer ganzen Reihe überlieferter Geschichten. Sie wurden vermutlich im 2. Jahrhundert v. Chr. während der Zeit der Makkabäer* gesammelt und niedergeschrieben. Der volkstümlichsten Version zufolge lebte Daniel im 6. Jahrhundert v. Chr. in Babylon, also zur Zeit des babylonischen Exils*. Er gehörte dort zu einer Gruppe junger, besonders begabter Israeliten aus vornehmem Hause, die für den Dienst im Palast des Königs Nebukadnezzar* ausgewählt worden waren. Zusammen mit seinen drei Gefährten Schadrach*, Meschach* und Abed-Nego* erhielt er täglich Speisen und Wein von der königlichen Tafel, die er jedoch als unrein zurückwies.
Als Nebukadnezzar mehrere verwirrende Träume hatte, die sich seine eigenen Traumdeuter auszulegen scheuten, meldete sich Daniel und deutete sie in einer für den König recht günstigen Weise. Dieser überhäufte ihn daraufhin mit Ehren und pries den Gott der Juden, der Daniel beigestanden war. Später ließ der König jedoch ein goldenes Standbild machen und befahl allen, davor niederzuknien und es anzubeten. Jeder, der gegen diesen Befehl verstieß, sollte bei lebendigem Leib verbrannt werden. Daniels Gefährten weigerten sich und wurden in einen Feuerofen

geworfen, der siebenmal stärker als gewöhnlich angeheizt war. Zusammen mit einem Engel, der sich ihnen zugesellt hatte, stimmten sie im Feuer einen Lobgesang Gottes an, bis sie den Ofen – unversehrt – verlassen konnten. (Dieser Lobgesang war ursprünglich eine selbständige Texteinheit und wurde erst später ins Buch Daniel eingefügt.)

In einer anderen dramatischen Szene der Daniel-Erzählungen sah König Belschazzar*, als er bei einem Festmahl goldene und silberne Gefäße, die sein Vater Nebukadnezzar aus dem Tempel in Jerusalem geraubt hatte, als Trinkgefäße mißbrauchte, plötzlich eine Hand, die eine Schrift an die Wand schrieb. Keiner der Weisen des Landes konnte die Schrift entziffern, bis Daniel sie als Vorzeichen des Verhängnisses deutete, das über Belschazzar und Babylon schwebte. Noch in der gleichen Nacht wurde Belschazzar getötet und sein Königreich von dem (in der Geschichte nicht bekannten) Mederkönig Darius erobert.

Daniel wurde von Darius zu einem der obersten Beamten des Reiches ernannt, was eifersüchtige Konkurrenten veranlaßte, ihm eine Falle zu stellen. Einem Erlaß zufolge durfte man Bitten nur an den König selbst richten, und als Daniel beim Beten zu seinem Gott beobachtet wurde, warf man ihm vor, gegen diesen Erlaß verstoßen zu haben. Daniel wurde daraufhin in die Löwengrube geworfen – ein Ereignis, das den Kindern vieler Jahrhunderte als Bild kaum weniger vertraut wurde als das vom Jesuskind in der Krippe oder von der Erschaffung Adams und Evas. Als Daniel am nächsten Morgen immer noch quicklebendig war, wurde er freigelassen. An seiner Stelle landeten die Männer, die ihn verklagt hatten, mit Weib und Kind in der Löwengrube.

Die zweite Hälfte des Buches Daniel trägt einen deutlich anderen Charakter: Sie enthält eine Reihe von Visionen, bei denen in dunklen Worten vom Aufstieg und Fall weltlicher Reiche – von Babylonien bis Mazedonien und darüber hinaus – berichtet wird. Es handelt sich um ein frühes Beispiel apokalyptischer Erzählungen, die bei den Juden immer mehr Anklang fanden.

Daniel ist auch der Held dreier, in den Zusätzen zum Daniel-Buch enthaltener Legenden: der Geschichte der Susanna*, der Geschichte der Priester des Bel und der Drachen-Erzählung. Für die siebzig Priester des Bel (→ auch Baal) war die Echtheit ihres »lebendigen« Gottes dadurch zweifelsfrei erwiesen, daß die riesigen Mengen an Speisen und Getränken, die ihm bis zum Abend am Altar vorgelegt wurden, bei Anbruch des nächsten Tages immer verschwunden waren. Bel mußte sie also, da der Tempel verschlossen war, selbst verspeist haben. Daniel ließ den Boden des Tempels mit Asche bestreuen und konnte am nächsten Tag anhand der Fußspuren nachweisen, daß nicht Bel es war, der alles aufaß, sondern daß die Priester mit ihren Familien nachts heimlich in den Tempel eindrangen und die »Götterspeise« verzehrten. Der König ließ sie hinrichten und das Heiligtum des Bel zerstören.

Als nächstes ging Daniel daran, einen Drachen (oder eine Schlange) zu vernichten, den die Babylonier wie einen Gott verehrten. Der Drache bekam einen unverdaulichen Klumpen vorgesetzt, den Daniel aus Pech, Talg und Haaren geformt hatte, fraß ihn und zerbarst.

Der Überlieferung nach ist Daniel später nach Jerusalem gezogen und dort gestorben. Doch im 12. Jahrhundert berichtete der spanische Jude Benjamin von Tudela, ein unermüdlich Reisender, er habe Daniels Grab in Susa im Südwesten Persiens gesehen.

Rubens setzte die dramatischste Szene des Daniel-Buches ins Bild: die offene Grube, viele Löwen, und Held Daniel gelassen mittendrin (Washington, National Gallery). Ein von dem englischen Maler Edward Burne-Jones entworfenes und von William Morris ausgeführtes Kirchenfenster, das das Geschehen im Feuerofen zeigt, gehört zu den besten Werken der englischen Glasmalerei des 19. Jahrhunderts (Middleton Cheney, Northamptonshire). Dieselbe Szene inspirierte Benjamin Britten zu seiner Kantate ›Der Feuerofen‹.

(Dan; Ez 28)

Daniter
Angehörige des Stammes Dan*.
→ auch Micha
(Jos 19)

Dalila → Delila

Datan
Neben Korach* und Abiram* einer der Anführer einer Revolte gegen Mose* in der Wüste Sinai. Sie waren der Meinung, die Wanderschaft der Israeliten zum Land, in dem Milch und Honig fließen, dauere schon viel zu lange. Ihr Aufbegehren kostete sie das Leben, denn die Erde öffnete sich und verschlang sie mit ihren Familien und allen ihren Tieren.

(Num 16)

David

Jüngster der acht Söhne von Isai* (Jesse), König von Juda von ungefähr 1008 bis 1001 v. Chr. und König über ganz Israel von ungefähr 1001 bis 968 v. Chr. Davids Leben läßt sich in drei Perioden einteilen: Die Zeit bis zu Sauls* Tod, die siebeneinhalb Jahre als König von Juda und die dreiunddreißig Jahre als König über ganz Israel.

Der junge David   David sah ungewöhnlich gut aus, war »blond, hatte schöne Augen und eine schöne Gestalt«. In seiner Jugend tat er sich durch zwei eher gegensätzliche Züge, nämlich Musikalität und körperlichen Mut, hervor. Als Saul schwermütig wurde und nach einem Mann suchen ließ, »der die Zither zu spielen versteht«, führte man David zu ihm. Saul war von ihm so angetan, daß er ihn zu seinem Waffenträger (und damit auch zu seinem persönlichen Diener) ernannte; trotz vieler Schwankungen blieb von seiner großen Zuneigung zu David auch später immer ein Funke lebendig. David kehrte zu seinem Vater zurück, wurde dann aber in Sauls Heerlager geschickt, um dreien seiner Brüder, die dort als Soldaten dienten, Käse als Verpflegung zu bringen. Als er im Lager eintraf, standen sich Israeliten und Philister* kampfbereit gegenüber; der Riese Goliat* hatte zum Zweikampf herausgefordert und die Israeliten damit in Angst und Schrecken versetzt. David nahm die Herausforderung an und streckte – mit dem Mut des Unbekümmerten, mit Treffsicherheit und einem einzigen glatten Stein – Goliat mit seiner Schleuder nieder (→ Goliat). Saul bestand darauf, David bei sich zu behalten. Doch als das von Goliats Niederlage entzückte Volk David mit den überschwenglichen Worten »Saul hat Tausend erschlagen, David aber Zehntausend« feierte, wurde Saul eifersüchtig. Er behielt David von nun an ständig im Auge und versuchte, ihn über den Weg der Ernennung zu einem seiner Heerführer in den Tod zu schicken. Außerdem gab er ihm seine Tochter Michal* zur Frau – »sie soll ihm zum Verhängnis werden«. Saul verlangte nämlich als Brautgabe die Vorhäute von einhundert Philistern, die, wie er hoffte, David töten würden. Doch David überlebte und kam mit zweihundert Vorhäuten zurück.

Zu dieser Zeit begann die legendäre Freundschaft zwischen David und Sauls Sohn Jonatan*. Dieser machte David klar, daß ihm Saul nach dem Leben trachtete, und setzte sich bei seinem Vater für David ein. Nicht zum letzten Mal bereute Saul seine Angriffe auf David, versuchte aber bald darauf, David beim Zitherspielen mit dem Speer zu durchbohren. Dank seiner Frau Michal konnte

David fliehen. Sie überlistete die Verfolger und legte, um Davids Körper vorzutäuschen, ein Götterbild in sein Bett, das sie mit Kleidern drapierte. Am Tag des Neumonds veranstaltete Saul ein besonderes Mahl, und David mußte sich entscheiden, ob er auf seinem Platz an der Tafel erscheinen sollte oder nicht. Jonatan erkundete wieder einmal die Stimmung seines Vaters, doch Saul durchschaute seine Absicht. Verärgert wies er Jonatan darauf hin, daß er selbst nie König würde, wenn David am Leben blieb. Jonatan empfahl David, sich aus Sauls Reichweite zu begeben. Er floh zuerst nach Nob, wo ihm der Priester Ahimelech* half und er Goliats Schwert erhielt (wofür Ahimelech später mit dem Leben bezahlte).

Auf der nächsten Etappe seiner Flucht kam David in die Philisterstadt Gat, wo ihn König Achisch* freundlich aufnahm. Dort stellte er sich verrückt, um Nachstellungen seiner Feinde an dessen Hof zu entgehen. Schließlich zog er weiter zur Höhle von Adullam. Seine Brüder und viele Leute, die in Not, verschuldet oder allgemein unzufrieden waren, stießen dort zu ihm. So sammelten sich vierhundert Männer um ihn, und David wurde – tatsächlich und auch in Sauls krankem Hirn – zu einer Gefahr für den König. Wiederholt versuchte David, Saul von seiner Loyalität zu überzeugen, worauf dieser einmal vertrauensvoll, das nächste Mal wieder mißtrauisch reagierte. Zweimal hatte David Gelegenheit, Saul zu töten, doch er machte keinen Gebrauch davon. Während dieser Zeit nahm sich David Abigajil* und Ahinoam* als Ehefrauen, nachdem ihm Saul Michal weggenommen und sie einem anderen Mann zur Frau gegeben hatte. Wieder wandte sich David an den Philister Achisch, den König von Gat, dem er sich mit seinen Leuten anschloß. Dafür erhielt er ein Stück Land in Ziklag nahe bei Gat. Achisch wollte, daß David an einem Feldzug der Philister gegen Saul teilnahm, doch die anderen Philisterfürsten protestierten. So war David nicht bei der Schlacht im Gebirge von Gilboa dabei, in der Jonatan umkam und Saul sich ins eigene Schwert stürzte. David war währenddessen mit einem Feldzug gegen die Amalekiter* beschäftigt, die die Abwesenheit der Männer als Gelegenheit genutzt hatten, Ziklag zu überfallen und die Frauen, darunter auch Abigajil und Ahinoam, zu entführen. (Zu Davids Klagelied auf seinen argwöhnischen König und seinen treuen Freund → Jonatan.)

David als König Durch Sauls Tod wurde aus dem Flüchtling David, der auf Achischs Wohlwollen angewiesen war, ein unabhängiger König. Mit dreißig Jahren wurde er von den Vertretern seines Stammes Juda in Hebron zum König erklärt. Er rief zur nationalen Einheit auf, doch Abner* und andere wichtige Leute aus Sauls Gefolge erklärten Sauls Sohn Ischbaal* zum König über ganz Israel. Die kriegerischen Auseinandersetzungen, die sich daraus ergaben, dauerten siebeneinhalb Jahre. Nach und nach gewann David, vor allem dank seines Heerführers Joab*, an Boden. Als dann Ischbaal und Abner in Streit gerieten (→ Ischbaal), konnte David seinen Anspruch auf die Königsherrschaft über alle zwölf Stämme Israels durchsetzen und dreiunddreißig Jahre lang aufrechterhalten. Er machte Jerusalem, das er von den Jebusitern* erobert hatte und ausbauen ließ, zur neuen Hauptstadt. Dorthin brachte er mit viel Musik und Feierlichkeiten die Bundeslade.

Auf dem Weg kam es zu einem unglücklichen Zwischenfall: Als die Lade, die auf einem neuen, von Usa und Achjo geführten Wagen transportiert wurde, ins Rutschen kam, streckte Usa seine Hand aus, um sie festzuhalten, und berührte sie dabei. Wegen dieser Vermessenheit wurde er von Gott auf der Stelle niedergestreckt. David war darüber so erregt, daß er den Weitertransport um drei Monate verzögerte. Erst dann wurde die Bundeslade zu ihrem Bestimmungsort Jerusalem gebracht, wiederum unter Jubelgesängen und dem Klang des Widderhorns. David selbst »tanzte mit ganzer Hingabe vor dem Herrn her« (wobei ihn seine Frau Michal am Fenster beobachtete und wegen seiner Albernheit verachtete → Michal). David festigte das Reich durch Siege über die Philister*, Edomiter*, Moabiter* und Ammoniter* im Süden und gegen die Kanaaniter* im Norden, besetzte Damaskus und dehnte Israels Einflußgebiet bis zum Euphrat aus. Er erzwang Vergeltung von den Ammonitern, als sie seine Gesandten demütigten, indem sie ihnen die Hälfte des Bartes und die Hälfte der Kleider, bis zum Gesäß herauf, abschnitten (→ Hanun).

Während seiner langen Herrschaft stützte sich David auf eine Reihe starker Persönlichkeiten, die eine Hofhaltung ähnlich der Karls des Großen oder anderer Monarchen im Europa des Mittelalters bildeten. Dazu gehörten sein Heerführer Joab mit den Feldherrn Amasa* und Benaja*, die Priester Zadok* und Abjatar*, die obersten Beamten Joschafat und Seraja sowie seine eigenen Söhne als Offiziere und Statthalter. In Jerusalem erweiterte sich seine Familie um weitere elf (oder auch dreizehn) Söhne zusätzlich zu den sechs, die ihm von sechs verschiedenen Frauen während der siebenjährigen Auseinandersetzungen mit den Anhängern Sauls geboren wurden. Zu diesen später geborenen Söh-

nen gehörte auch Salomo*, dessen Mutter Batseba* war. David
hatte sie eines Tages vom Dach seines Hauses aus gesehen. Sie
war die Frau des Hetiters Urija*. Er verführte sie und schickte
Urija mit einem Brief zu Joab, in dem er angewiesen wurde, Urija
beim Kampf in die vorderste Reihe zu stellen. Urija wurde getötet und David heiratete Batseba. Doch Gott war darüber erzürnt
und ließ ihr erstes Kind sterben. Sie bekamen jedoch ein zweites
Kind, dies war immerhin Salomo.

Niedergang und Tod   Die gefährlichste Episode während Davids Herrschaft war die Rebellion seines Sohnes Abschalom*. Die
erste Auseinandersetzung zwischen Vater und Sohn kam, als Abschalom seinen Halbbruder Amnon* tötete, der Abschaloms
Schwester Tamar* vergewaltigt hatte. Dieses Zerwürfnis wurde
durch die Vermittlung Joabs beigelegt. Doch dann versuchte Abschalom, auf Kosten seines Vaters die Gunst des Volkes für sich
zu gewinnen, begann eine Verschwörung, um selbst auf den
Thron zu gelangen, und war damit so erfolgreich, daß sich David
gezwungen sah, aus Jerusalem nach Osten zu fliehen. Zadok und
Abjatar begleiteten ihn mit der Bundeslade, doch David befahl
ihnen, sie wieder nach Jerusalem zurückzubringen. Er sandte
auch seinen Freund Huschai* nach Jerusalem, um Abschaloms
Absichten zu ergründen und dem Einfluß Ahitofels*, einer trei-
benden Kraft bei der Rebellion, entgegenzuwirken.

Davids Glücksstern sank so tief, daß er von Schimi*, einem entfernten Verwandten von Saul, verflucht werden konnte. Schimi
warf ihm Steine, Kot und Beleidigungen an den Kopf. Dennoch
untersagte David seinem Feldherrn Abischai, Schimi zu töten. In
Jerusalem drängte Ahitofel Abschalom, sich die Nebenfrauen
Davids, die in der Stadt zurückgeblieben waren, zu nehmen, was
einer Herausforderung und einem Autoritätsanspruch gleichkam.
Abschalom befolgte den Rat. (Nach Davids Rückkehr wurden die
Frauen zwar weiterhin beherbergt, aber David schlief nicht mehr
mit ihnen.) Ahitofel wollte außerdem erreichen, daß Abschalom
ihn mit der Heeresführung beauftragte, während Huschai Abschalom drängte, dies selbst zu übernehmen. Huschais Rat wurde
vorgezogen, worauf sich Ahitofel erhängte. Insgeheim wurden
Jonatan* und Ahimaaz*, die Söhne der Priester Zadok und Abjatar, als Boten zu David gesandt, um ihn von Abschaloms Plänen
zu unterrichten. Sie erreichten David nach einer abenteuerlichen
Reise, bei der sie sich unter anderem in einem Brunnen verstek-
ken mußten. David zog sich mit seiner gesamten Streitmacht über
den Jordan zurück; als Abschalom ihm nachsetzte, wurde er von

Joab geschlagen und getötet (→ Abschalom). Zu Davids tiefem Kummer mißachtete Joab in eklatanter Weise seine Anordnung, Abschaloms Leben zu schonen.

Als David den Jordan im Triumph wieder überschritten hatte, wurde er von ganz Juda und halb Israel nach Jerusalem begleitet. Doch schon deutete sich eine neue Spaltung zwischen Juda und den anderen Stämmen Israels an – sie erinnerte an jene, zu der es nach dem Tod Sauls kam, und war Vorbote einer weiteren, die nach Salomos Tod eintreten sollte. Auf die Niederschlagung von Abschaloms Rebellion folgte eine dreijährige Hungersnot, mit der Israel – nach Gottes Begründung – geschlagen wurde, weil Saul vor langer Zeit viele Gibeoniter getötet und damit Blutschuld auf Israel geladen hatte. Die Gibeoniter verlangten als Vergeltung die Auslieferung von sieben der Söhne Sauls, die sie bekamen und aufhängten; darunter waren auch die zwei Söhne, die ihm Rizpa* geboren hatte. David ließ ihre Gebeine holen und sie zusammen mit den Gebeinen Sauls und Jonatans (die man am Tag ihres Todes unter einem Baum in Gilead begraben hatte) im Grab von Sauls Vater Kisch* bestatten. Dies war der letzte Akt in der Geschichte der mit Unglück geschlagenen Familie Sauls.

Offenbar vom Teufel verführt, beschloß David, eine Volkszählung abzuhalten. Die Erhebung dauerte neun Monate und zwanzig Tage und ergab eine Gesamtzahl von achthunderttausend erwachsenen Männern (»die mit dem Schwert kämpfen konnten«) in Israel und fünfhunderttausend in Juda. David erkannte jedoch, daß er durch die Zählung gesündigt hatte (da sie als Mißtrauen gegenüber Gott und seinem Versprechen, das Volk zu vermehren, ausgelegt werden konnte). Gott ließ ihm die Wahl zwischen drei Übeln: sieben Jahre Hungersnot, drei Monate Verfolgung durch seine Feinde oder drei Tage Pest. David entschied sich für die Pest, und der Todesengel tötete siebzigtausend Israeliten. Jerusalem blieb verschont, denn als David sah, daß der Todesengel an der Tenne des Jebusiters Arauna außerhalb Jerusalems einhielt, kaufte er sie für fünfzig Silberschekel, errichtete dort einen Altar und bannte so die Pest. Dies war fast schon Davids letzte Tat. Er war alt geworden, und man hatte ihm Abischag*, ein junges Mädchen aus Schunem, zur Seite gegeben, das ihn pflegen und im Bett wärmen sollte. Seine letzte Handlung war dann die Übergabe des Thrones an Salomo, dem er den Vorzug vor dessen älterem Bruder Adonija* gab.

Werk und Charakter Davids David ist die eindrucksvollste Gestalt im Alten Testament – nicht so fruchtbar wie Adam oder so ehrfurchtgebietend wie Mose, nicht so majestätisch wie Salomo oder so tiefgründig wie Jesaja, dafür aber menschlicher und facettenreicher als diese alle. Er war ein großer König und Feldherr, dem es als nahezu einzigem in Israels Geschichte gelang, alle Stämme zu vereinen und so ein Königreich zu schaffen, das zu seinen eigenen und zu seines Sohnes Lebzeiten die Nachbarvölker beherrschte und neben beträchtlicher Macht auch beträchtlichen Reichtum ansammelte. Beim Aufbau dieses Reiches mußte er sich nicht nur gegen die Könige der Nachbarvölker durchsetzen, sondern auch mit den Stammeszwistigkeiten im Volk und den Reibereien innerhalb seines eigenen polygamen und entsprechend kinderreichen Hauses fertig werden – insgesamt Faktoren, die einer Einheit Israels eher entgegenwirkten. Es war wohl unvermeidlich, daß sein Werk zugrunde ging, als im darauffolgenden Jahrhundert die großen Reiche an Euphrat, Tigris und Nil wieder erstanden.

Doch die Erinnerung an Davids Charakter überlebte seine weltlichen Leistungen: Er war ungewöhnlich großzügig, wie sein Verhalten gegenüber Saul und Merib-Baal*, Abner und Schimi zeigt. Er war zudem ein tief religiöser Mensch, der durch die Intensität seiner Gefühle seine Religion auch körperlich mit einer Leidenschaft und Überschwenglichkeit zum Ausdruck brachte, die an religiöse Erweckungsbewegungen oder tanzende Derwische erinnert. Und David war ein Künstler. Er galt als Autor der Psalmen, und selbst wenn man ihn heute nicht mehr für den Verfasser hält, so hatte er doch zu Lebzeiten einen solchen Ruf errungen, daß man sie ihm zutraute. Er sang, spielte, tanzte und stellte Chöre und Orchester zusammen. Seine Klagelieder für Saul, Jonatan, Abschalom und Abner zeugen von seiner Sprachmächtigkeit und von der Tiefe seiner Gefühle. Neben der Zither (oder Harfe) spielte er noch eine ganze Reihe weiterer Instrumente. Und wenn auch das Verhalten gegenüber Urija ein dunkler Fleck auf Davids Charakter ist, so läßt sich schließlich feststellen, daß die Charaktere vieler seiner Vorgänger und Nachfolger auf Königsthronen allzuoft fast nur solche Flecke aufwiesen. Die (biblische) Darstellung, nach der David auf dem Sterbebett Salomo riet, Joab und Schimi zu töten, erscheint fragwürdig und paßt nicht zu seinem Charakter – obwohl es kein schlechter Rat gewesen wäre. Wenn David sich nicht an die Sitten und Gebräuche seiner Zeit hielt, dann meist nur, um sie zu verbessern.

Wie bei anderen Gestalten des Alten Testaments wurde auch unser Bild von David vor allem durch Mittelalter und Renaissance geprägt. Die David-Statuen von Donatello und Verrocchio (beide Florenz, Nationalmuseum/Bargello) sowie von Michelangelo (Florenz, Accademia) und Bernini (Rom, Villa Borghese) zeigen ihn als jugendlichen Bezwinger des Riesen Goliat. Auf der Leinwand stellte ihn Tizian (Venedig, S. Maria della Salute), Caravaggio (Madrid, Prado) und dessen bedeutendster Schüler Gentileschi (Dublin, National Gallery) im Triumph des Sieges dar. Einen lässigeren David mit Goliats Kopf zwischen den Füßen malte Antonio Pollaiuolo (Berlin, Staatliche Museen/Gemäldegalerie), während Poussin ihn zeigt, wie er ausruht nach dem Sieg (Prado). Guido Renis Bild von David mit dem Kopf Goliats erzielte 1985 einen Verkaufspreis von sechseinhalb Millionen Mark. Rembrandt, der die friedlichere Seite von Davids Charakter bevorzugte, malte den vor Saul spielenden David (Den Haag, Mauritshuis) und die Versöhnung mit Abschalom, wobei er David seine eigenen Züge verlieh (Leningrad, Eremitage). David in der Höhle von Adullam ist das Motiv eines der grandiosen Landschaftsbilder von Claude Lorrain (London, National Gallery). Edward Burne-Jones schuf zwei Glasfenster mit dem trauernden und dem getrösteten David (Newcastle-upon-Tyne, Laing Art Gallery). Zu den modernen Werken gehören John Berrymans Gedicht ›König David tanzt‹, ein in Chagalls märchenhaftem Stil ausgeführter David mit der Königskrone, und Stanley Spencers Zeichnung zweier Davidfiguren auf einem Blatt, die sein besseres und sein – gerade im Banne der verführerischen Batseba stehendes – schlechteres Ich darstellen. Für Robert Schumann und seine »Davidsbündler«, einen Kreis von Musikern und Kunstfreunden, wurde David zur Leitfigur, zum Verfechter von Kunst und Kultur im Kampf gegen die Philister (im modernen Wortsinnn). David und Jonatan gelten immer noch als das Musterbeispiel einer unverbrüchlichen Männerfreundschaft.

(1 Sam 16–31; 2 Sam; 1 Kön 1–2; 1 Chr 10–29)

Debora

Prophetin und Richterin (→ Richter) der Israeliten, die ihren Sitz unter der Debora-Palme im Gebirge Efraim hatte. Sie war die Frau von Lappidot. Da bei den Israeliten die Moral gesunken war und sie taten, »was dem Herrn mißfiel«, lieferte Gott sie der Gewalt Jabins*, des Königs von Kanaan, aus, dessen Heerführer Sisera* war. Debora forderte Barak* auf, gegen die Kanaaniter zu kämpfen, um die Israeliten aus der Unterdrückung zu befreien. Er willigte ein, jedoch nur unter der Bedingung, daß Debora ihn und das Heer begleitete. So zogen sie gemeinsam mit zehntausend Mann auf den Berg Tabor, um gegen Siseras Armee zu kämpfen, die mit neunhundert eisernen Kampfwagen erheblich besser ausgerüstet war. Doch Sisera ließ sich in der Ebene in ein Gebiet locken, wo seine Kampfwagen nicht manövrieren konnten. Seine Truppen flüchteten, wurden aber von den Israeliten verfolgt und bis auf den letzten Mann niedergemacht. Sisera selbst war zu Fuß geflohen und hatte im Zelt von Jaël*, der Frau des Keniters Heber*, Zuflucht gesucht. Sie nahm ihn auf, gab ihm Milch zu trinken und schlug ihm, als er eingeschlafen war, mit einem Hammer einen Zeltpflock durch die Schläfe. Als Barak schließlich auf seiner Verfolgungsjagd bei Jaël eintraf, zeigte sie ihm den toten Heerführer. Barak und Debora sangen daraufhin das berühmte Debora-Lied, eines der ältesten Zeugnisse hebräischer Literatur:

. . .

Gepriesen sei Jaël unter den Frauen,
die Frau des Keniters Heber,

. . .

Er hatte Wasser verlangt, sie gab ihm Milch,
in einer prächtigen Schale reichte sie Sahne.

. . .

Zu ihren Füßen brach er zusammen, fiel nieder, lag da,
zu ihren Füßen brach er zusammen, fiel nieder.
Wo er zusammenbrach, da lag er vernichtet.
Aus ihrem Fenster blickt Siseras Mutter
und klagt durch das Gitter:
Warum säumt sein Wagen zu kommen . . .?

Für Georg Friedrich Händel hingegen erwies sich Debora als nicht allzu inspirierend, denn sein gleichnamiges Oratorium ist eines der weniger erfolgreichen Werke in der Reihe seiner biblischen Oratorien.

(Ri 4–5)

Delila

Simsons* Frau und sein Verderben. Sie entlockte ihm das Geheimnis seiner gewaltigen Kraft, das darin bestand, daß sein Haar niemals geschnitten worden war. Sie schnitt ihm im Schlaf die Locken ab und verriet ihn und sein Geheimnis an seine Feinde, die Philister*, die ihm die Augen ausstachen und ihn in die Gefangenschaft führten. Delila ist – wie Debora* und Judit* – eine der wenigen Frauen, die im Alten Testament eine Hauptrolle spielen und mehr sind als Ehefrau oder Mutter. Durchtrieben, aber doch von einer gewissen Großartigkeit, wurde sie zur Symbolgestalt für weibliche List und Tücke, die wackeren Männern zum Verhängnis werden.

(Ri 16)

Demas
Einer der Schüler und Gefährten von Paulus*, der ihn jedoch »aus Liebe zu dieser Welt« verließ und nach Thessalonich ging.

(Kol 4; Phlm; 2 Tim 4)

Demetrius
Silberschmied in Ephesus, der sich auf kleine, silberne Artemis-Tempel spezialisiert hatte. Mit dem Schlachtruf »Groß ist die Artemis von Ephesus!« wiegelte er die Menge gegen Paulus* auf, dessen Predigten dem Kult der Göttin und damit auch seinem Gewerbe abträglich waren.

(Apg 19)

Dina
Tochter von Jakob* und Lea*, die von Sichem*, dem Sohn des Landesfürsten Hamor, vergewaltigt wurde. Hamor, dem an guten Beziehungen zu Jakob sehr gelegen war, bat, Dina seinem Sohn zur Frau zu geben. Dinas Brüder Simeon* und Levi* gingen auf den Vorschlag ein, unter der Bedingung, daß sich die Männer der Stadt Sichem beschneiden ließen. Diese stimmten zu, doch während sie sich noch von den Nachwirkungen der Beschneidung erholten, machten Simeon und Levi sie alle mit dem Schwert nieder. Dina kommt in der Bibel später nicht mehr vor; nach anderen Überlieferungen heiratete sie Simeon, später einen anderen Mann und tauchte in Ägypten wieder auf.

(Gen 30, 34)

Dionysius
Griechischer Areopagit, der von Paulus* in Athen zum Christentum bekehrt wurde. Areopagit hießen die Mitglieder des Areopags, des höchsten Gerichtshofs im antiken Athen. Eine etwas seltsame Überlieferung hat ihn mit Denis, dem Nationalheiligen von Frankreich, gleichgesetzt, der im 3. Jahrhundert Bischof von Paris war, auf Montmartre den Märtyrertod starb und zum Namensgeber der Abtei wurde, in der sich die Grabdenkmäler vieler

französischer Könige befinden. Nach seiner Hinrichtung trug er der Legende zufolge sein abgeschlagenes Haupt selbst nach St. Denis, wo er begraben werden wollte. In der Überlieferung verschmolz mit diesen beiden Männern dann noch ein dritter Dionysius, ein Mystiker des 5. Jahrhunderts, so daß der originale Dionysius unberechtigterweise zu einem Platz in der Geschichte der Mystik und in der Geschichte Frankreichs gekommen ist.

(Apg 17)

Doëg
Edomiter aus Nob, wo der Priester Ahimelech* David* während seiner Flucht vor Saul* beistand. Doëg verriet Ahimelech an Saul, und auf Sauls Befehl hin tötete er Ahimelech und vierundachtzig weitere Priester.

(1 Sam 22)

Dorkas → Tabita

Drusilla
Tochter von Herodes Agrippa I.* und Frau von Antonius Felix*, dem Prokurator von Judäa.
→ Stammbaum F

(Apg 24)

E

Edomiter
Nachkommen von Edom alias Esau*. Von allen Stämmen und
Völkern, gegen die sich die Israeliten zu behaupten hatten, standen ihnen die Edomiter als »Brudervolk« der Abstammung nach
am nächsten, und ihre gegenseitige Haßliebe sorgte immer wieder
für prekäre Beziehungen. Bei den Römern hieß das Gebiet Edom
»Idumäa«.
→ auch Herodes der Große, → Stammbaum F

Efraim
Der jüngere, aber von seinem Großvater Jakob* bevorzugte Sohn
Josefs* und Asenats*. Als Josef seine beiden Söhne Efraim und
Manasse* zu seinem Vater brachte, um den Segen zu erhalten,
nahm er Efraim als den jüngeren an der rechten Hand, damit er
zur Linken Jakobs stand, und Manasse als den Erstgeborenen an
der linken Hand, damit er zur Rechten Jakobs stand. Doch Jakob
überkreuzte seine Hände und legte dem jüngeren Efraim die
Rechte, dem älteren Manasse die Linke auf den Kopf. Josef, dem
das nicht gefiel, wollte seinen Vater dazu bringen, Manasse als
dem Erstgeborenen die rechte Hand aufzulegen, doch Jakob
blieb bei seiner Wahl, da, wie er sagte, der Jüngere bedeutender
werden würde als der Ältere. Jeder der beiden Söhne Josefs wurde zum Ahnherrn eines Stammes innerhalb der zwölf Stämme
Israels. Im Mittelalter interpretierte man von christlicher Seite die
Vorliebe Jakobs für den jüngeren Bruder als Hinweis auf die
Überlegenheit des Christentums gegenüber der älteren jüdischen
Religion.
→ Stammbaum C
(Gen 41, 48, 50)

Efraimiter
Nachkommen von Efraim*. Das Siedlungsgebiet des Stammes lag
westlich des Jordan und nördlich der Gebiete der Stämme Benjamin und Juda, also mitten im verheißenen Land. Bei den anderen
Stämmen Israels genossen die Efraimiter einen eher zweifelhaften
Ruf. Sie stritten mit Jiftach* und wurden von ihm besiegt, sie
zogen sich den besonderen Zorn des Propheten Jesaja* wegen
ihres Götzendienstes zu; und sie wurden verdächtigt, insgeheim

mit dem syrischen Feind zu verhandeln. Die Efraimiter konnten zwar 734 v. Chr. der Vernichtung durch die Assyrer entgehen, waren jedoch zwölf Jahre später, als die Assyrer erneut einfielen, einer der zehn untergegangenen Nordstämme.

(Jos 14, 16, 21; Ri 12; Jes 28)

Efron

Hetiter, Sohn von Zohar. Von ihm kaufte Abraham* für vierhundert Silberstücke die Höhle von Machpela bei Hebron und das umliegende Gelände mit Feld und Bäumen als Grabstätte für seine Frau Sara*. Auch Abraham selbst wurde dort begraben, ebenso Isaak* und Rebekka* sowie Jakob* und Lea*.

(Gen 23, 25, 49–50)

Eglon

Äußerst beleibter König von Moab*, der zusammen mit den Ammonitern* und Amalekitern* die Israeliten besiegte. Nach achtzehn Jahren wurden sie durch Ehud*, der Eglon einen Dolch in den Bauch stieß, von der Fremdherrschaft befreit.

(Ri 3)

Ehud

Linkshänder aus dem Stamm Benjamin und einer der ersten Richter* Israels. Nachdem sich Eglon*, der König von Moab*, mit den Ammonitern* und Amalekitern* verbündet und die Israeliten geschlagen hatte, mußten sie ihm achtzehn Jahre lang dienen. Dann bestimmte Gott Ehud dazu, die Israeliten zu befreien. Als er die Tributgeschenke der Israeliten zu Eglon bringen wollte, bewaffnete er sich mit einem zweischneidigen Dolch, den er am Körper verbarg. So erschien er vor dem König, der ein sehr beleibter Mann war. Unter dem Vorwand, eine geheime Botschaft zu überbringen, erreichte er, daß Eglon alle Anwesenden hinausschickte. Als sie allein waren, stieß ihm Ehud den Dolch mit der linken Hand so tief in den Bauch, daß sich das Fett über Klinge und Griff schloß und er die Waffe nicht mehr herausziehen konnte. Es gelang ihm zu flüchten, da Eglons Diener – in der Annahme, Ehud würde sich gerade erleichtern – den Mord erst mit Verzögerung entdeckten.

Die Tat gab den Israeliten solchen Auftrieb, daß sie zum Jordan zogen, wo sie an den Übergängen nach Moab zehntausend Moabiter erschlugen. Danach hatten sie achtzig Jahre lang Ruhe vor Angriffen aus dem Osten. Wie jedoch aus einem einzigen, knap-

pen Bibelvers hervorgeht (Ri 3,31), wurden die Israeliten ungefähr zur gleichen Zeit im Westen von den Philistern* bedrängt.
Hier war Ehuds Nachfolger Schamgar, über den sonst nichts bekannt ist, der Retter: Er erschlug sechshundert Philister mit einem Ochsenstecken.

(Ri 3)

Eleasar

Sohn von Aaron* und dessen Nachfolger als Priester. Aarons
ältere Söhne Nadab und Abihu kamen in einem von Gott gesandten Feuer um, als sie ihm in der Wüste Sinai mit Räucherwerk ein
»unerlaubtes« Brandopfer (das heißt, eines, das er ihnen nicht
befohlen hatte) darbrachten. Eleasar und sein jüngerer Bruder
Itamar traten an ihre Stelle. Eleasar stand Josua* als ranghöchster
Priester zur Seite, als die Israeliten den Jordan überschritten und
als das verheißene Land in Schilo unter den zwölf Stämmen und
den Leviten* verteilt wurde. Sein Sohn Pinhas* – nicht zu verwechseln mit Elis* mißratenem Sohn gleichen Namens – wurde
ebenfalls Priester und führte die von Aaron begonnene Linie fort.

(Num 20; 27; 31–32; Jos 14; 24; Lev 10)

Eli

Prophet und Priester in Schilo und Musterbeispiel eines angesehenen Mannes mit mißratenem Nachwuchs. Seine Söhne Hofni*
und Pinhas*, die ebenfalls Priester waren, nahmen sich mehr als
den ihnen zustehenden Anteil an den Opfergaben im Tempel und
pflegten außerdem regen Verkehr mit Frauen. So verfluchte Gott
Elis Nachkommen und verdammte sie dazu, jung zu sterben. Samuel* war seit seiner Kindheit Elis Diener und von Gott dazu
ausersehen, Elis Nachfolge anzutreten. Eines Nachts sprach Gott
zu Samuel, der zuerst dachte, Eli habe ihn gerufen, bis Gott noch
ein zweites und drittes Mal zu ihm sprach. Im Gegensatz zu Samuel hatte Eli erkannt, wer gesprochen hatte, und er überredete
Samuel, ihm den Inhalt der Botschaft zu erzählen. So erfuhr er,
daß seine Nachkommen zugrunde gehen und Samuel Priester in
Schilo werden sollte. In jener Zeit wurden die Israeliten in einer
Reihe von Kämpfen von den Philistern* besiegt, die auch die
Bundeslade, die sich in Schilo befand, eroberten. Hofni und Pinhas kamen bei den Kämpfen ums Leben. Als der achtundneunzig-
jährige, blinde Eli von dem Unheil erfuhr, fiel er rückwärts von
seinem Stuhl, brach sich das Genick und starb, »denn er war ein
alter und schwerfälliger Mann«.

Die Bundeslade war ein reich verzierter Kasten aus Akazienholz, der nach Gottes Maßgabe angefertigt worden war. Darin wurden die Steintafeln mit den Gesetzen und den Zehn Geboten aufbewahrt, die »mit dem Gottesfinger beschrieben«, Mose* am Berg Sinai übergeben worden waren. Die Philister brachten die Lade, die rund 1,25 Meter lang und 75 Zentimeter breit und hoch war, zum Tempel ihres Gottes Dagon in Aschdod. Doch das Bild Dagons fiel vor der Bundeslade um und zerbrach. Die Bewohner von Aschdod wurden mit einer Beulenpest geschlagen und brachten die Lade, um sie loszuwerden, nach Gat. Die dortigen Bewohner wurden ebenfalls mit Pestbeulen geschlagen und trugen die Lade weiter nach Ekron. Aufgrund des Protestes der Leute von Ekron rieten die Priester der Philister, die Bundeslade den Israeliten mit angemessenen Sühnegeschenken und auf einem neuen Wagen zurückzugeben. Der Ratschlag wurde befolgt, die Lade blieb anschließend zwanzig Jahre lang im Haus Abinadabs* in Kirjat-Jearim, bis David* sie in seine Hauptstadt Jerusalem brachte.

Die Rückgabe der Bundeslade ist – einschließlich der Philister-Eskorte – auf einem Bild von Sébastien Bourdon dargestellt (London, National Gallery).

(1 Sam 1–7; Ex 25, 37)

Elia → Elija

Elieser

Der Knecht, den Abraham* aussandte, um in seiner Heimat eine Frau für seinen Sohn Isaak* zu suchen. Elieser fand Rebekka*, als er an einem Brunnen auf ein Mädchen wartete, das ihn auf seine Bitte hin aus ihrem Krug würde trinken lassen.

Der spanische Maler Murillo stellte die Begegnung auf einem Gemälde dar (Madrid, Prado).

(Gen 24)

Elifas

Mann aus Teman, einer der drei Freunde, die Ijob* trösten wollten.

(Ijob 2, 4, 5, 15, 22, 42)

Elihu

Er versuchte, Ijob davon zu überzeugen, daß es ungehörig sei, Gottes Wege zu erforschen.

(Ijob 32–37)

Elija
Prophet aus Tischbe, 9. Jahrhundert v. Chr. Er war der Verfechter der jüdischen Religion gegen die anderen Kulte und wurde so zur Plage für Ahab*, der mit seiner Frau Isebel* auch den heidnischen Baal*-Kult nach Israel gebracht hatte. Elija drohte nicht nur von König und Königin Gefahr, sondern es bedrängten ihn auch Trockenheit und Hungersnot, die damals im Land herrschten. Gott gab ihm jedoch Schutz und Nahrung. Auf sein Geheiß verbarg er sich am Bach Kerit (einem kleinen Nebenfluß östlich des Jordan, ungefähr auf halber Höhe zwischen dem See Gennesaret und dem Toten Meer), wo ihn Raben ernährten. Anschließend wurde er in die Nähe von Sidon zu einer Witwe geschickt; sie versorgte ihn mit Nahrung, die auf geheimnisvolle Art nicht versiegte.

Als der Sohn der Frau erkrankte und starb, rief Elija ihn durch sein Gebet ins Leben zurück. Seinen größten Auftritt hatte er, als er Ahab überredete, vierhundertfünfzig Baal-Priester auf dem Karmel zu einem Wettstreit zu versammeln. Es ging um die Frage, wessen Gott nach Anrufung einen Opferstier durch Feuer vom Himmel entzünden würde. Trotz vieler Luftsprünge und Selbstverstümmelungen war der Erfolg der Priester des Baal gleich Null, während es bei Elija gleich beim ersten Mal funktionierte. Ahab war niedergeschmettert, Elija dagegen in solch einer Hochstimmung, daß er den ganzen Weg bis Jesreel vor Ahabs Wagen herlief. (Der Karmel war möglicherweise umstrittenes Gebiet, das Ahab durch seine Heirat zugefallen, aber von den Baal-Priestern nicht übergeben worden war, bis Elija über sie triumphierte.)

Da Isebel Elija Rache geschworen hatte, flüchtete er nach Beerscheba und dann weiter in die Wüste. Dort trug ihm Gott, der als »sanftes, leises Säuseln« zu ihm kam, auf, Elischa* zu seinem Nachfolger, Hasaël* zum künftigen König von Aram (→ Syrien) und Jehu* zum künftigen König von Israel zu salben. Einer von ihnen würde Ahab, seine Nachkommen und alle Baal-Verehrer töten. Er führte die erste Aufgabe aus, überließ die anderen aber Elischa. Elija starb nicht, sondern fuhr im Wirbelsturm auf einem feurigen Wagen mit feurigen Pferden zum Himmel empor.

Nach ihm sind viele Berge benannt. In Mendelssohn-Bartholdys Elias-Oratorium sind die Chöre nicht der schlechteste Versuch, die glorreichen Augenblicke auf dem Karmel zum Ausdruck zu bringen. Ford Madox Brown malte die Szene, als Elija mit dem wiederbelebten Kind auf den Armen aus dem Obergemach der

Witwe kommt (Birmingham, City Art Gallery). Das Gemälde des italienischen Malers Palma Giovane mit der Entrückung Elijas befindet sich in Helsinki. ›Elijah and the Wheel‹ gehört zu den bekannteren Negro Spirituals. Wegen seiner Glanztaten auf dem Karmel wurde Elija einer der bevorzugten Gestalten des Karmeliter-Ordens, in dessen Kirchen und Klöstern er häufig zu sehen ist.

(1 Kön 17–19, 21; 2 Kön 1; 2 Chr 21)

Elimelech

In Betlehem geborener Ehemann von Noomi*. Er zog mit ihr und ihren beiden Söhnen ins Land der Moabiter*, wo er starb. Er ist der Schwiegervater von Rut*.

(Rut 1–2)

Elisabet

Frau des Zacharias* und Mutter von Johannes dem Täufer*. Während Zacharias im Tempel als Priester das Opfer darbrachte, erschien ihm der Erzengel Gabriel und verhieß ihm und seiner Frau, die beide schon im vorgerückten Alter waren, einen Sohn, einen neuen Elija*. Fünf Monate später erschien Gabriel bei Maria*, der Verwandten Elisabets, und kündigte ihr die Geburt ihres Kindes an, das sie Jesus* nennen sollte. Als Elisabet bei einem Besuch Marias deren Stimme hörte, hüpfte das Kind in ihrem Leib. Maria beantwortete Elisabets Gruß mit einem Lobgesang Gottes, dem Magnifikat. Bei der Beschneidung von Elisabets Sohn nahmen Freunde und Nachbarn an, man werde ihn nach seinem Vater Zacharias nennen, doch Elisabet erklärte, er solle den Namen Johannes erhalten; Zacharias, wegen seiner ungläubigen Reaktion auf die Botschaft des Engels mit Stummheit geschlagen, bestätigte dies durch Niederschreiben des Namens auf eine Tafel. Marias Besuch bei Elisabet, die Heimsuchung Mariä genannt, ist eine jener für das Neue Testament so charakteristischen Szenen, in denen sich große Ereignisse im häuslichen Rahmen abspielen.

Sie haben seit Jahrhunderten die Phantasie der Kinder wie der Künstler beflügelt. Die Heimsuchung war vor allem im Mittelalter ein beliebtes Thema der Bildhauer und Maler. Beispiele sind das Westportal der Kathedrale von Reims und ein rührendes Bild von Raffael (Madrid, Prado).

(Lk 1)

Elischa

Prophet und Sohn von Schafat. Er pflügte gerade mit seinen Ochsen auf dem Feld, als Elija* seinen Mantel über ihn warf und ihn damit zu seinem Nachfolger machte. Nach Elijas Entrückung übernahm Elischa dessen Auftrag, Hasaël* zum künftigen König von Aram (→ Syrien) und Jehu* zum künftigen König von Israel zu salben. Einer von ihnen sollte König Ahab* von Juda, seine Nachfolger und alle Baal*-Verehrer töten. Elischa heilte Naaman* vom Aussatz, vermehrte auf wunderbare Art das Öl einer Witwe, belohnte eine Frau aus Schunem, die ihn beherbergt hatte, mit einem Sohn, obwohl ihr Mann bereits alt war, und rief das Kind, als es gestorben war, wieder ins Leben zurück. Als er von übermütigen jungen Leuten wegen seiner Kahlköpfigkeit verspottet wurde, verfluchte er sie und sah zu seiner Genugtuung, wie zweiundvierzig von ihnen von Bären zerrissen wurden.

(1 Kön 19; 2 Kön 2–9, 13)

Elymas → Barjesus

En-Dor

Die Totenbeschwörerin von En-Dor (»Hexe von Endor«) wurde von Saul* aufgesucht, den sie zuerst nicht erkannte, da er nicht nur verkleidet, sondern auch verzweifelt war. Auf seinen dringenden Wunsch beschwor sie den Geist des toten Samuel* herauf, der Saul vorhersagte, er werde am nächsten Tag von den Philistern* besiegt werden und sterben. Überwältigt vom prophezeiten Schicksal und vom Hunger geschwächt, fiel Saul zu Boden. Die Totenbeschwörerin drängte ihn, etwas zu essen, und konnte ihn mit Unterstützung seiner Diener dazu überreden.

In den beiden kurzen Gedichten ›Saul unter den Propheten‹ und ›Samuels Erscheinung vor Saul‹ erzählt Rilke zuerst von Saul, wie er noch voller Selbstvertrauen ist, und dann von Samuels geisterhafter Erscheinung und Sauls letztem Mahl.

(1 Sam 28)

Epaphras

Gefährte von Paulus*, als dieser im Gefängnis war, und offenbar ein wichtiger Mann bei den Christen in Kolossä und in anderen Gemeinden im Lykostal in Kleinasien.

(Kol 1, 4; Phlm)

Epaphroditus
»Mitstreiter« von Paulus und sein Verbindungsmann zur Christengemeinde in Philippi.
(Phil 2, 4)

Esau
Zwillingsbruder von Jakob* und Sohn von Isaak* und Rebekka*.
Der Konflikt zwischen den Brüdern, die Isaaks und Rebekkas einzige Kinder waren, bildete die Keimzelle einer langen Kette späterer Auseinandersetzungen. Denn Esau und Jakob, oder Edom und Israel, wie sie später genannt wurden, waren Urheber und Personifizierung der Fehde zwischen Edomitern* und Israeliten, die erst über ein Jahrtausend später beigelegt wurde, als die Edomiter-(Idumäer-)Familie des Herodes* von den Makkabäern* veranlaßt wurde, zum Judentum überzutreten. Esau war das Opfer eines Täuschungsmanövers, das in der Bibel – wie andere derartige Vorfälle – zwar mit Mißbilligung vermerkt, aber weder verurteilt noch bestraft wird.
Der Kampf zwischen den Zwillingsbrüdern begann bereits im Mutterleib. Auf ihre besorgte Frage erhielt Rebekka von Gott die Antwort, sie trage zwei Volksstämme in ihrem Leib, von denen der ältere dem jüngeren dienen müsse. Als erster kam Esau auf die Welt, dann Jakob, der mit der Hand Esaus Ferse festhielt. Esau war der Liebling des Vaters und wurde umherschweifender Jäger, während Jakob, Liebling der Mutter, die Herden weidete und bei den Zelten lebte. Als Esau einmal erschöpft vom Feld zurückkehrte und vor Hunger fast umkam, bat er Jakob, ihm etwas von seinem vorbereiteten Linsengericht zu geben. Jakob war einverstanden, unter der Bedingung, dafür das Erstgeburtsrecht übertragen zu bekommen. Da Esau vor Hunger zu sterben glaubte, gab er es leicht dahin und stimmte zu.
Als Isaak alt und blind geworden war und sich dem Tod nahe fühlte, gab er Esau den Auftrag, Wild für ein wohlschmeckendes Mahl zu erlegen, bei dem er ihm den väterlichen Segen geben wollte. Rebekka belauschte das Gespräch und wies Jakob an, zwei junge Ziegenböcke zu schlachten, mit denen sie ein gutes Mahl für Isaak bereiten wollte. Damit sollte Jakob zu seinem Vater gehen und dann an Esaus Stelle den Segen erhalten. Da Esau behaart war, er selbst aber glatte Haut hatte, fürchtete Jakob, daß Isaak trotz seiner Blindheit den Betrug entdecken und ihn verfluchen statt segnen könnte. Doch Rebekka blieb bei ihrem Vorhaben, ließ Jakob Esaus Kleider anziehen und legte ihm

die Ziegenfelle um Hals und Hände. Alles verlief nach Plan, und Jakob erhielt den Segen, der unwiderruflich war.

Als Esau von der Jagd zurückkam, stand er vor vollendeten Tatsachen. So haßte er seinen Bruder und war entschlossen, Jakob zu töten, sobald Isaak gestorben war. Rebekka wollte Jakob deshalb in Sicherheit bringen und schickte ihn für eine Zeitlang zu ihrem Bruder Laban*. Dort blieb Jakob zwanzig Jahre lang und kehrte erst zurück, als Isaak bereits dem Tode nahe war. Durch die Nachricht, daß Esau ihm mit einigen hundert Leuten entgegenziehe, beunruhigt, sandte Jakob ihm eine Herde von fünfhundertfünfzig Tieren aller Art als Geschenk voraus. Esau begrüßte ihn jedoch freundlich, lehnte das Geschenk ab und zog dann friedlich nach Edom zurück. Jakob und Esau trafen sich wieder, als sie gemeinsam ihren Vater Isaak begruben.

Zum Kummer seiner Eltern hatte sich Esau Kanaaniterinnen* als Frauen genommen und außerdem eine Tochter Ismaels* geheiratet. Nach außerbiblischen Überlieferungen kam Esau ums Leben, als er gegen Jakob in den Krieg zog und dieser ihn tötete.
→ Stammbaum B
(Gen 25–28, 32–33, 35–36; Hebr 12)

Esra

Priester, Schriftgelehrter und einer der herausragenden Bewahrer der jüdischen Religion und Identität. Die Rückführung der Juden von Babylonien nach Jerusalem, die vom persischen König Kyrus* eingeleitet und von Serubbabel* im späten 6. Jahrhundert v. Chr. durchgeführt wurde, war nur zögernd und sporadisch vonstatten gegangen. Um 458 v. Chr. wurde Esra zum Anführer einer zweiten, von größerem Engagement getragenen Heimkehrer-Welle. Esra glaubte nahezu fanatisch an die Buchstaben des Mosaischen Gesetzes und an Mose* höchste Autorität, er gab damit der Rückkehr der Juden einen besonderen religiösen Charakter. In Jerusalem, der Stadt Davids* und Salomos*, führte er anstelle der Monarchie das Amt des Hohenpriesters ein und verlieh dem Mosaischen Gesetz praktisch den Rang einer Verfassung. Spätere Generationen sahen Esra denn auch als zweiten Mose.

Neben dem Buch Esra (oder 1. Esra-Buch) und dem Buch Nehemia (oder 2. Esra-Buch) enthalten lateinische und griechische Bibeln noch ein 3. Esra-Buch, das zu den nichtkanonischen Büchern gezählt wird. Es handelt sich um ein vorwiegend historisches Werk, dessen Wortlaut mit dem zweiten Buch der Chronik, dem Buch Esra und dem Buch Nehemia weitgehend parallel läuft und die älteste griechische Version dieser Abschnitte darstellt. Unter anderem enthält es die hübsche Geschichte von den drei Soldaten, die auf die Frage, welche die stärkste Macht der Welt sei, den Wein, den König und die Frauen priesen. Der Mann mit der letzten Antwort (bei dem es sich einer späteren Einfügung zufolge um Serubbabel handelte) wurde zum Sieger bestimmt. Ein in der lateinischen Bibel enthaltenes 4. Esra-Buch, das erheblich später zusammengestellt wurde, besteht aus einer Reihe nächtlicher Diskussionen mit dem Erzengel Uriel, der dem Autor fantastische Träume auslegt. Es ist eine futuristische Schrift über die Apokalypse oder Offenbarung, insbesondere über die Eschata, das heißt die vier letzten Dinge der Endzeit: Tod, Jüngstes Gericht, Himmel und Hölle.

→ auch Kyrus, Serubbabel, Nehemia

(Esra 7–10; Neh 8)

Essener → Pharisäer

Ester
Auch Hadassa. Frau des Perserkönigs Artaxerxes* sowie Adoptivtochter und Nichte des Juden Mordechai*. Nachdem Artaxerxes seine Ehefrau Waschti* wegen Ungehorsam verstoßen hatte, waren Boten beauftragt worden, aus allen Teilen des Reiches schöne Jungfrauen zum Palast zu bringen. Unter ihnen war auch Ester, die der König zur Frau und Königin wählte. Ihr Onkel Mordechai löste durch seine Weigerung, vor Haman*, dem Günstling des Königs, niederzuknien, um ein Haar die Ausrottung aller Juden im Perserreich aus, da sich Haman so für die Kränkung rächen wollte, wozu er vom König auch noch die unbedacht erteilte Erlaubnis erhielt. Angesichts der Bedrohung nahm Ester all ihren Mut zusammen und ging zum König, obwohl es jedem, selbst ihr als Königin, streng verboten war, sich ungerufen vor ihm zu zeigen.
Als sie jedoch nach einer Ohnmacht wieder zu sich kam, streckte ihr Artaxerxes sein Zepter entgegen zum Zeichen, daß ihr das eigenmächtige Erscheinen verziehen war. Sie lud ihn zu einem Festmahl und enthüllte dort in Anwesenheit Hamans, was dieser wirklich plante. Als der König zornerfüllt hinausgegangen war, flehte Haman Ester um Erbarmen an und warf sich über ihr Sitzkissen – eine Stellung, die der zurückkehrende König falsch interpretierte und die Hamans Situation noch verschlimmerte. Er wur-

de schließlich an dem Galgen aufgehängt, den er für Mordechai
hatte errichten lassen.

Dank der Vortrefflichkeit der königlich-persischen Postreiter, die
auf Pferden, Maultieren, Kamelen und Dromedaren in alle Provinzen des Reiches ausschwärmten, konnte die Zustimmung des
Königs zum Judenmord noch rechtzeitig widerrufen werden. Die
Juden erhielten nun ihrerseits die Erlaubnis, sich an ihren Feinden zu rächen, was eine Bilanz von fünfundsiebzigtausend getöte-
ten Nichtjuden ergab – kein besonders glückliches Ende dieser
ansonsten so exemplarischen Moralgeschichte, auf die der Ursprung des jüdischen Purimfestes zurückgeführt wird.

Ester selbst wurde zu einer der berühmtesten Heldinnen antiker
Überlieferung. Als man den Palazzo Vecchio in Florenz für den
Einzug Cosimo de Medicis als erstem Herzog der Toskana reno-
vierte, wurde eine für die Herzogin vorgesehene Zimmerflucht
mit der Darstellung von Taten berühmter Frauen ausgeschmückt.
Noch heute ist dort im einstigen Speisesaal der Herzogin die Figur
der Ester zu sehen, außerdem Penelope und die als sagenhafte
Raubopfer bekannten Sabinerinnen sowie ein Mädchen, das
Ruhm und in Dantes ›Göttlicher Komödie‹ einen Platz im Paradies errang, weil sie im Mittelalter einem Kaiser den gewünschten
Kuß verweigerte. Rilke unterstreicht in seinem Gedicht ›Esther‹
das ungeheure Maß an Kühnheit, das sie für ihren Gang zum
König aufbringen mußte. Ähnlich auch Tintoretto, der jenen Augenblick dargestellt hat, da Ester im Gefühl ihres Wagemuts ohnmächtig wird (Gemäldesammlung in Hampton Court, England;
eine zweite Version des Bildes ist im Prado in Madrid zu sehen).
Rembrandts Bild ›Esther‹ befindet sich heute in Raleigh in North
Carolina. In seinem ursprünglich ›Haman und Mordechai‹ be-
nannten Oratorium interpretiert Händel die Esther-Erzählung
vor allem als Kampf zwischen den guten und den bösen Mächten.
(Est)

Eutychus

Junger Mann aus Troas, der während einer langen Predigt von
Paulus* einnickte und aus dem Fenster fiel. Durch den Sturz aus
dem dritten Stock zu Tode gekommen, wurde er von Paulus wieder ins Leben zurückgerufen.

(Apg 20)

Eva

Die erste Frau. Gott erschuf sie, indem er Adam* in einen tiefen

Schlaf fallen ließ, ihm eine Rippe entnahm und daraus eine Frau formte. Den Namen Eva (nach hebräisch: »chawwah« für »leben«) erhielt sie von Adam, »denn sie wurde die Mutter aller Lebendigen«. Im Garten Eden verspottete die Schlange Eva wegen ihres Glaubens, daß sie sterben werde, wenn sie von den Früchten des verbotenen Baumes äße. Die Schlange redete ihr ein, das Gegenteil werde eintreffen: Eva würde wie Gott werden und Gut und Böse erkennen. Da die Früchte noch dazu recht verlockend aussahen, nahm Eva davon und aß. Sie gab auch Adam davon, der ebenfalls aß. Nun gingen ihnen zwar die Augen auf, doch sie hatten auch ihre Unschuld verloren und damit ihr Aufenthaltsrecht im Paradies. Auf Anfrage gab Eva der Schlange die Schuld, doch nach Gottes Spruch sollte sie und ihr Geschlecht von nun an unter Schmerzen Kinder gebären und dem Manne untertan sein. Nach der Vertreibung aus dem Paradies brachte Eva drei Söhne zur Welt: Kain*, Abel* und Set*.

Unter den unzähligen Darstellungen der Eva muß man einfach jene am Säulenkapitell in der Kathedrale von Autun besonders hervorheben: Eva hält sich seitlich im Unterholz versteckt, während im Vordergrund auf Adam Gottes Strafpredigt niedergeht. Rodins Bronzeplastik ›Eva‹ befindet sich im Kunstmuseum von Toledo im amerikanischen Bundesstaat Ohio. Eva im Stande der unschuldigen Nacktheit hat zahllose Künstler zur Darstellung weiblicher Schönheit inspiriert, wobei vor allem die deutschen Maler die schlanke Form den üppigen Proportionen vorzogen. Beispiele sind Werke von Dürer (Madrid, Prado), Cranach (Florenz, Uffizien) und Altdorfer (Washington, National Gallery). In seinem Epos ›Das Verlorene Paradies‹, einer der einflußreichsten Schilderungen der Geschichte vom Sündenfall, wies Milton die Schuld am Verhängnis weitgehend Eva zu und verschaffte so der Frauenverachtung des Mannes eine vorsintflutliche Grundlage.

(Gen 2–4)

Ezechiel

Prophet, und überdies der eigenartigste von allen. Er war der Sohn eines Priesters, der während der Zeit des babylonischen Exils* vermutlich unter jenen Juden lebte, die Nebukadnezzar* 597 v. Chr. und 587 v. Chr. aus Jerusalem hatte verschleppen lassen. Dem Buch Ezechiel zufolge schwebte der Prophet durch die Luft, und das nicht nur einmal. Er erlebte Perioden, in denen er weder sprechen noch sich bewegen konnte. Das Buch enthält Bilder, die so originell wie seltsam sind, zum Beispiel die Vision

vom Tal der ausgetrockneten Gebeine, die wieder zusammenge-
fügt und mit Fleisch umgeben werden – was vielleicht als Symbol
für die Errettung Judas und Israels und ihrer Wiedervereinigung
gemeint war. Ezechiel war nicht so sehr eine treibende Kraft für
die Rückkehr der Juden von Babylon nach Jerusalem, sondern
vielmehr eine Art Kristallisationspunkt der Ideen in dieser
schwierigen Zeit. Für die Israeliten sah er weitere Prüfungen und
Leiden voraus, ließ aber in der für ihn typischen pedantischen Art
auch Raum für vorsichtigen Optimismus.

Obgleich Ezechiel auf den ersten Blick ein eher ungeeignetes
Objekt für die volkstümliche Musik ist, geht auf seine Geschichte
das amerikanische Negro Spiritual ›Dem Bones‹ zurück, in dem –
nach dem Muster der Auferstehungsvision des Propheten – das
menschliche Skelett Knochen um Knochen beschwingt zusam-
mengesetzt wird. Der englische Dichter und Orientalist Laurence
Binyon versuchte eine tiefere Deutung: Für ihn sieht Ezechiel die
Wiederbelebung der Überreste einer materiellen Zivilisation voraus, die zwar sichtbarer Beweis menschlicher Kreativität sei, doch
zugleich auch eine Bedrohung der Vielfalt der göttlichen Schöpfung darstelle. Auf seinem Gemälde zur Vision des Propheten
malte Raffael Ezechiel auf eigentümliche Art über der Welt
schwebend (Florenz, Palazzo Pitti). Mit Ezechiels Name beginnt
außerdem jene päpstliche Bulle, mit der Pius II. 1463 den letzten
verzweifelten und erfolglosen Versuch von päpstlicher Seite
machte, dem Kreuzzuggedanken neuen Schwung zu verleihen
und Jerusalem aus den Händen der Ungläubigen zu befreien –
jenes Jerusalem, für das Ezechiel härtere Worte gefunden hatte
als für Sodom und Gomorra.

→ auch Propheten

(Ez)

F

Felix

Antonius, Prokurator (Statthalter) in Judäa von 52 bis 60 n. Chr.
Er war ein freigelassener Sklave und als Herrscher verhaßt; sein
einflußreicher Bruder Pallas war unter anderem der Liebhaber
von Neros Frau Agrippina. Felix heiratete Drusilla*, die Tochter
von Herodes Agrippa I.* Während seiner Amtszeit nahmen Unruhen, Verbrechen und Korruption erheblich zu. Zwischen 58
und 60 n. Chr. hielt er Paulus* in Cäsarea gefangen, weil er sich
nicht entscheiden konnte, ob er für Paulus oder für dessen Gegner in Jerusalem Partei ergreifen sollte.

(Apg 24)

Festus

Porcius Festus, Prokurator (Statthalter) in Judäa von 60 bis 62
n. Chr. Er starb im Amt, nachdem er Paulus* als Gefangenen
nach Rom geschickt hatte.

(Apg 24–26)

G

Gad

Einer der zwölf Söhne Jakobs* und damit Ahnherr einer der zwölf Stämme Israels. Er und sein Bruder Ascher* waren Söhne von Silpa*, der Dienerin von Jakobs Frau Lea*. Sein Stammesgebiet lag östlich des Jordan.

→ Stammbaum C

(Gen 30, 35, 42–50; Jos 4, 13, 22)

Gallio

L. Junius Gallio, römischer Prokonsul von Achaia von 51 bis 52 n. Chr. (oder ein Jahr früher). Gallio, dessen Familie aus Spanien kam, war ein Freund Ovids und Bruder des stoischen Philosophen und Schriftstellers Seneca sowie Onkel des Dichters Lukan. Als gebildete und hochgestellte Persönlichkeit war er in eine Stadt versetzt worden, die ihm zugesagt hätte, wenn sich die Einwohner nicht gegen ihn gestellt hätten. Er weigerte sich, in die Auseinandersetzungen zwischen Paulus* und seinen jüdischen Widersachern in Korinth hineingezogen zu werden, weil er darüber »nicht Richter sein« wollte. Seinem Bruder zufolge war es sein Ehrgeiz, mit einer Abhandlung über Naturgeschichte Ruhm zu erringen.

(Apg 18)

Gamaliël

Angesehener Pharisäer*, der sich gegen die rauhe Behandlung der Apostel aussprach, mit der Begründung, daß ihr Werk, wenn es Menschenwerk sei, wieder vergehen würde, wenn es aber Gottes Werk sei, Gegenmaßnahmen nichts nützten. Die Legende hat ihm später zugeschrieben, den Leichnam des Stephanus* nach der Steinigung geborgen zu haben.

(Apg 5)

Gedalja

Aus Juda stammender Statthalter Nebukadnezzars* in Jerusalem, der nach der ersten Einnahme der Stadt im Jahr 597 v. Chr. eingesetzt und kurz darauf ermordet wurde. Aus Angst vor Strafaktionen der Babylonier setzte daraufhin eine Massenflucht der Judäer nach Ägypten ein. Einer der Flüchtlinge war Jeremia*.

(2 Kön 25)

Gehasi

Diener des Propheten Elischa*. Er schwatzte Naaman*, den Elischa vom Aussatz geheilt hatte, nachträglich als Gegenleistung Silber und Festkleider ab. Elischa bestrafte ihn dafür mit Naamans Aussatz. Gehasi wurde zum Musterbeispiel moralisch verwerflichen Handelns.

(2 Kön 5)

Gideon

Sohn von Joasch und einer der Richter* Israels. Er befreite Israel von der Herrschaft der Midianiter*, die zusammen mit den Amalekitern* das Land verwüsteten. Die Midianiter waren entlang des Toten Meeres allmählich nach Norden vorgedrungen und hatten dabei auch den Jordan überquert. Vor allem in Zeiten der Dürre, wenn sie auf der Suche nach Weideland nach Westen zogen, waren sie für die Israeliten und andere dort lebende Stämme und Völker zu einer wahren Landplage geworden. Sie waren bis ins fruchtbare Jesreel-Tal in Galiläa vorgedrungen, wo sich viele Israeliten vor ihnen in Bergschluchten und Höhlen zurückzogen. Als Gideon eines Tages in Ofra beim Dreschen von Getreide war, das er vor den Midianitern in Sicherheit bringen wollte, erschien ihm unter einer Eiche, die seinem Vater gehörte, ein Engel. Von ihm erfuhr er, daß er die Midianiter besiegen und Israel nach sieben Jahren der Unterdrückung befreien würde. Um sicher zu sein, daß wirklich Gottes Stimme zu ihm sprach, wollte Gideon ein Zeichen, worauf der Engel Feuer aus einem Felsblock aufsteigen ließ.

Auf Gottes Anweisung riß Gideon in der Nacht einen Altar des Götzen Baal* nieder, hieb den Kultpfahl um und errichtete Gott einen Altar, auf dem er mit dem gefällten Holz ein Rind als Brandopfer darbrachte. Als die Einwohner der Stadt von seinem Vater Joasch die Herausgabe Gideons forderten, um ihn zur Strafe für diesen Frevel zu töten, wies Joasch sie mit dem Argument zurück, Baal werde, wenn er Gott sei, schon für sich selber streiten, wenn man seinen Altar niederreiße.

Mit Widderhorn und Boten ließ Gideon dann unter den Israeliten ein Heer zusammenrufen. Um sich der Unterstützung Gottes gewiß zu sein, wollte er jedoch nochmals zwei Zeichen. Gott willigte in die beiden von Gideon vorgeschlagenen Wunder ein: Am Morgen war die, von ihm am Abend zuvor ausgebreitete Schafwolle vom Tau durchnäßt, während der ganze übrige Boden trocken war; am Morgen darauf war es dann genau umgekehrt – nur die Wolle blieb trocken, während der Boden feucht vom Tau war.

Daraufhin stellte Gideon das Fragen ein. Da Gott nicht wollte, daß der Sieg über die Midianiter durch zahlenmäßige Überlegenheit der Israeliten zustande käme (und diese sich ihn dann eventuell selbst zuschreiben könnten), ließ er Gideon das Heer verkleinern: Zuerst sollten diejenigen, die Angst hatten, heraustreten; damit waren zweiundzwanzigtausend Mann ausgemustert. Doch auch die übriggebliebenen zehntausend waren noch zu viele. Durch einen Trinktest am Fluß wurden sie in zwei Gruppen geteilt: Diejenigen, die sich hinknieten und das Wasser mit der Hand zum Mund führten, wurden zurückgeschickt. Die Minderheit, die das Wasser wie ein Hund aufleckte, konnte bleiben. Damit hatte Gideon nun eine Schar von dreihundert Kämpfern, denen ein Heer von Midianitern und Amalekitern, »zahlreich wie die Heuschrecken«, gegenüberstand.

Doch Gideon und seine Gefährten inszenierten einen Überraschungsangriff bei Nacht. Mit lautem Schall der Widderhörner und dem Schlachtruf »Das Schwert für den Herrn und für Gideon!« fielen sie ins gegnerische Lager ein, wo sie Angst und Schrecken verbreiteten. Die zwei Midianiterfürsten Oreb und Seeb wurden getötet; Sebach und Zalmunna, die Könige von Midian, konnten zwar fliehen, doch Gideon jagte ihnen mit seinen Männern nach, holte sie ein und tötete sie mit eigener Hand. Dann wandte er sich wieder rückwärts, um sich an den Bewohnern von Sukkot und Penuel zu rächen, die sich geweigert hatten, ihm und dem Heer Nahrungsmittel zu geben, als sie die Könige von Midian verfolgten.

Als Dank für die Errettung boten die Israeliten Gideon die erbliche Königswürde an, die er jedoch mit den Worten »Der Herr soll über euch herrschen« ablehnte. Abimelech*, einer seiner Söhne, sah das später anders und ließ sich nach dem Tod seines Vaters zum König ausrufen, was unheilvolle Folgen haben sollte.

Als einer der relativ wenigen modernen Maler, die sich biblischen (und vor allem alttestamentarischen) Themen zuwandten, hat Stanley Spencer auf seinem Bild ›Das Schwert des Herrn und Gideons‹ die überraschten Midianiter dargestellt, wie sie von Gideons Hörnerschall aus dem Schlaf gerissen werden (London, Tate Gallery). Die »Gideons International« sind eine – vorwiegend im anglo-amerikanischen Raum tätige – protestantische Organisation, die sich durch Auslegen von Bibeln in

Hotel- und Krankenzimmern um die Verbreitung des Glaubens bemüht.

(Ri 6–9)

Gog und Magog

Unbestimmte Wesen eher teuflischen Charakters, die irgendwo im Norden beheimatet sind. Möglicherweise sind sie verwandt mit jenen Riesen, die von Brutus ausgerottet wurden, der als Nachkomme des Äneas und als Ahnherr und Namensgeber der Briten von Geoffrey of Monmouth in seiner ›Geschichte der Könige Britanniens‹, von Edmund Spenser in dem Epos ›Die Feenkönigin‹ und von Michael Drayton in dem Werk ›Polyolbion‹ gepriesen wurde. Mehrmals erneuerte, hölzerne Darstellungen von Gog und Magog befinden sich seit der Herrschaft Heinrichs V. am Rathaus der City von London.

(Gen 10, Ez 38–39, Offb 20)

Goliat

Berühmter Riese aus Gat, der »sechs Ellen und eine Spanne« lang war, also über drei Meter. Ausgerüstet war er mit Bronzehelm, Schuppenpanzer, bronzenen Beinschienen, einem zwischen den Schultern hängenden Sichelschwert aus Bronze und einem riesigen Speer. Als Vertreter der Philister* forderte er den stärksten der Israeliten zum Zweikampf heraus, aber keiner wollte sich darauf einlassen – bis David kam, bewaffnet mit fünf glatten Steinen, einer Schleuder und seinem Glauben an den Gott Israels. Mit nur einem Stein war die Sache erledigt. David traf den Riesen am Kopf, der Stein drang in die Stirn ein, Goliat stürzte zu Boden und David schlug ihm den Kopf ab. In Davids letzten Kämpfen mit den Philistern tauchten später noch einmal ein Bruder und vier Söhne Goliats – einer davon mit zwölf Fingern und zwölf Zehen – auf, die aber keine große Rolle mehr spielten.

Für viele ist Goliat lediglich ein plumper Kraftprotz, doch bis zum Zusammentreffen mit David galt er als tüchtiger Krieger. Ein anspruchsvolleres Urteil läßt ihn als verknöcherten Konservativen erscheinen, dem Ignoranz gegenüber dem technischen Fortschritt und hochmütige Selbstgefälligkeit zum Verhängnis werden. Arnold Toynbee bietet eine gelehrte Abhandlung dieser Art in seinem Werk ›Der Gang der Weltgeschichte‹. Der schottische Dramatiker James Matthew Barrie erzählt in seinem Stück ›David‹ die Goliat-Geschichte.

(1 Sam 17; 2 Sam 21)

Gomer
Frau des Propheten Hosea*, die zuvor eine Prostituierte war und als Symbolfigur für die unlösbare Verknüpfung von Leidenschaft und Enttäuschung gilt.
→ Hosea

(Hos)

H

Habakuk
Prophet, der wie Obadja* während der Zeit der Eroberungen der
Herrscher des Neubabylonischen Reiches lebte. Die im Buch Habakuk enthaltenen Reden sind Ausbrüche der Empörung über
die sozialen Mißstände und ein leidenschaftlicher Appell an Gott,
die Unterdrücker zu bestrafen, die das Volk quälen. Habakuk ist
pessimistisch, was die Befreiung vom babylonischen Joch angeht,
aber er läßt doch einen Schimmer von Hoffnung zu. Ein vermutlich aus dem 1. Jahrhundert v. Chr. stammender Kommentar zum
Buch Habakuk gehörte zu den wertvollsten Funden unter den
Schriftrollen vom Toten Meer, die 1947 bei Qumran entdeckt
wurden.
→ auch Propheten
(Hab)

Hadad
Edomiter*, der in seiner Jugend Davids* Heerführer Joab* entkommen konnte. Joab hatte sich sechs Monate lang mit dem Heer
in Edom aufgehalten, um dort alle männlichen Bewohner auszurotten. Hadad floh nach Ägypten, wo er am Hof des Pharao
empfangen wurde und die Schwester der Königin heiratete. Als er
hörte, daß David und Joab tot waren, kehrte er nach Edom zurück. Hadad war von Gott ausersehen, als Widersacher Salomos*
aufzutreten, als sich Gott von Salomo abwandte.
(1 Kön 11)

Hadassa → Ester

Hagar
Die ägyptische Magd von Sara*, der Frau Abrahams. Als Sara
keine Kinder bekam, schickte sie ihren Mann Abraham* zu Hagar, damit sie ihm Kinder gebäre. Dies führte zu Konflikten zwischen den beiden Frauen, und Sara behandelte Hagar so hart, daß
sie davonlief. Ein Engel tröstete sie in der Wüste, worauf sie
zurückging und ihren Sohn Ismael* zur Welt brachte. Als Sara
später doch noch einen Sohn, nämlich Isaak*, bekam, überredete
sie Abraham, Hagar und Ismael zu verstoßen.
Claude Lorrain malte mindestens zwei Bilder von Hagar. Seine

Darstellung der Szene, als Hagar auf Saras Verlangen verstoßen wird, läßt den Vorgang freundlicher erscheinen, als er gewesen sein kann (München, Alte Pinakothek). Auf einem anderen Gemälde (in der Londoner National Gallery) ist Hagar mit dem Engel in einer weiten und lieblichen Landschaft zu sehen.
→ Stammbaum B

(Gen 16, 21)

Haggai

Prophet des späten 6. Jahrhunderts v. Chr., der in Babylon lebte und möglicherweise dort geboren war. Zusammen mit Sacharja* war er die treibende Kraft bei der Rückkehr jener Gruppe von Juden aus dem babylonischen Exil*, die von Serubbabel* und dem Priester Jeschua angeführt wurde. Sein Hauptanliegen war der Wiederaufbau des Tempels in Jerusalem. Er betrachtete dies als wesentliches Element im Prozeß der Neuordnung des Volkes der Israeliten, bei dem er, anders als die meisten Propheten, der Priesterschaft einen ebenso wichtigen Platz einräumte wie dem königlichen Haus Davids*. Die große Wirkung seiner Botschaft resultierte nicht zuletzt aus der Begrenztheit seines Anliegens.
→ auch Propheten

(Hag; Esra 5)

Ham

Noachs* zweiter Sohn. Er sah seinen Vater betrunken und nackt im Zelt liegen. Für dieses Vergehen strafte ihn Noach, indem er seinen Sohn Kanaan* verfluchte; er und seine Nachkommen sollten Knechte der Nachkommen von Hams Brüdern Sem* und Jafet* werden. Ham ist Stammvater und Namensgeber der Hamiter, die sich in Nordafrika von Marokko bis Äthiopien ausbreiteten. Ein Hamit war schon dem Namen nach kein Semit und galt so als Feind der Israeliten, die ihre Abstammung auf Sem zurückführten. Der tapferste Hamiter im Alten Testament ist Nimrod*.
→ Stammbaum B

(Gen 5–11)

Haman

Günstling des Perserkönigs Artaxerxes*. Aus Rache für eine Kränkung durch den Juden Mordechai* wollte er alle Juden töten lassen. Ester* durchkreuzte seinen Plan, und er wurde selbst an jenem Galgen aufgehängt, den er für Mordechai hatte errichten lassen. Für die Juden wurde Haman zum Inbegriff einer verhaßten Person, dessen Name nie ohne Verwünschung ausgesprochen wird. Hängt jemand – nach einem sprichwörtlichen Ausdruck – »so hoch wie Haman«, dann ist er wirklich erledigt, weil er, um ein anderes Bild zu gebrauchen, in die Grube, die er einem anderen gegraben hat, selbst hineingefallen ist.

(Est)

Hamiter → Ham

Hananias
–, betrügerischer Anhänger der Apostel (S. 97)
–, Jünger (S. 97)
–, Hoherpriester (S. 97)

Hananias
Verkaufte zusammen mit seiner Frau Saphira zugunsten der Apostel den gemeinsamen Besitz, machte aber gegenüber den Aposteln falsche Angaben über den Erlös und gab ihnen nur einen Teil davon. Nach einem scharfen Tadel von Petrus* fiel er tot um. Als Saphira drei Stunden später ahnungslos die gleichen falschen Angaben machte wie ihr Mann und ebenfalls entlarvt wurde, fiel auch sie tot um.

(Apg 5)

Hananias
Jünger in Damaskus, der dort in die sogenannte Gerade Straße zu Paulus* gesandt wurde. Er sollte Paulus die Hände auflegen, damit er wieder sehen konnte, nachdem er im Augenblick der Bekehrung das Augenlicht verloren hatte.

(Apg 9)

Hananias
Hoherpriester in Jerusalem, der die Umstehenden anwies, Paulus* auf den Mund zu schlagen, was dieser ihm mit den Worten »Dich wird Gott schlagen, du übertünchte Wand!« zurückzahlte.

(Apg 23)

Hanna
–, Prophetin (S. 98)
–, Mutter von Samuel* (S. 98)
–, → Tobit (Tobits Frau) (S. 265)

Hanna

Prophetin, die ihr Leben damit verbrachte, Tag und Nacht Gott mit Fasten und Beten zu dienen. Sie kam dazu, als Simeon* im Tempel Gott pries und ihm für die Ankunft Jesu* in der Welt dankte. Auch Hanna dankte Gott und übernahm als erste die Aufgabe, in ganz Jerusalem die gute Nachricht von der Erlösung der Menschen zu verbreiten.

(Lk 2)

Hanna

Mutter von Samuel*. Ihr Mann Elkana hatte Kinder von einer zweiten Frau, während sie lange Zeit kinderlos blieb und darüber sehr unglücklich war. Als sie in Schilo im Tempel betete, wurde sie von dem Priester Eli* beobachtet. Da sie zwar die Lippen bewegte, ihre Stimme aber nicht zu hören war, meinte er zuerst, sie sei betrunken. Als er zu ihr sprach und seinen Irrtum bemerkte, segnete er sie. Nachdem Hanna nach Hause zurückgekehrt war, wurde sie schwanger; aus Dankbarkeit weihte sie das Kind Gott und übergab es Eli als Diener. Sie besuchte Samuel regelmäßig und brachte ihm jedes Jahr ein neues Gewand.

(1 Sam 1–2)

Hannas

Hoherpriester in Jerusalem und Oberhaupt einer Familie, die dieses Amt praktisch als Monopol innehatte. Er wurde im Jahr 15 n. Chr. vom römischen Statthalter Valerius Gratus des Amtes enthoben. Schon nach kurzer Zeit wurden jedoch sein Sohn Eleasar, sein Schwiegersohn Kajaphas* und drei weitere Söhne Hohepriester. Das Amt und die Familie standen – in der Tradition der Makkabäer* – im Brennpunkt des jüdischen Nationalismus. Im Johannes-Evangelium spielt Hannas hinter den Kulissen eine Rolle bei der Verfolgung Jesu*, der nach seiner Gefangennahme erst Hannas vorgeführt wurde, bevor man ihn zum amtierenden Hohenpriester Kajaphas brachte.

(Lk 3; Joh 18; Apg 4)

Hanun

König der Ammoniter*, dem seine miserablen Manieren und sein eigenwilliger Sinn für Humor zum Verhängnis wurden. Sein Vater Nahasch* pflegte gute Beziehungen zu David*, und als Hanun ihm auf dem Thron folgte, sandte David eine Delegation, um ihm sein Wohlwollen zu bekunden. Doch Hanun meinte, dies sei der

Augenblick, um sich aufzuspielen. Er gab Anweisung, Davids Gesandten die Hälfte ihrer Bärte und die Hälfte ihrer Kleider bis zum Gesäß herauf abzuschneiden. Als sie derart geschändet zurückkehrten, schickte David seine Heerführer los, um Hanun den Kopf zu waschen, was sie ausgiebig taten.

(2 Sam 10; 1 Chr 19)

Haran

Sohn von Terach* und Bruder von Abraham*, der starb, bevor Terach und Abraham aus Ur wegzogen. Er hatte zwei Kinder: Lot*, der bei Abraham blieb, und die Tochter Milka*, die ihren Onkel Nahor* heiratete.

→ Stammbaum B

(Gen 11)

Hasaël

Ranghoher Beamter am Hof Ben-Hadads*, des Königs von Aram (→ Syrien). Als er von Elischa* erfuhr, daß er Nachfolger des kranken Königs werden sollte, half er dem Schicksal nach und erstickte Ben-Hadad. Hasaël errang zahlreiche Siege über Israel, Juda und die Philister, mußte jedoch in den Jahren 842 und 839 v. Chr. verheerende Einfälle der Assyrer hinnehmen, die ein Vorgeschmack auf die Vernichtung der Aramäer durch die Assyrer ein Jahrhundert später waren.

(2 Kön 8, 10–13; 2 Chr 22)

Heber

Mann von Jaël*, die Sisera*, den Heerführer des Königs von Kanaan, tötete. Sie schlug ihm, als er auf der Flucht in ihr Zelt kam und dort einschlief, mit einem Hammer einen Zeltpflock durch die Schläfe. Der biblischen Darstellung zufolge verriet der Keniter Heber die Kampfvorbereitungen der Israeliten an die Kanaaniter. Doch angesichts der oben geschilderten Tat seiner Frau kann vermutet werden, daß er – wissentlich oder unwissentlich – Informationen weitergab, die die Israeliten Sisera zuspielen wollten, um ihn zu täuschen.

→ Debora

(Ri 4)

Hebräer

Eigenbezeichnung der Juden*. Die hebräische Sprache gehört zur semitischen Sprachengruppe (→ Semiten). Die Adressaten des Briefes an die Hebräer im Neuen Testament waren vermutlich Judenchristen. Die seit frühester Zeit umstrittene Annahme, der Brief stamme von Paulus*, wird heute zurückgewiesen.

Henoch
–, Vater von Metuschelach* (S. 100)
–, → Kain (Sohn Kains) (S. 157)

Henoch
Vater von Metuschelach*. Er »ging seinen Weg mit Gott«, ohne, wie es scheint, jemals sterben zu müssen.
→ Stammbaum A
(Gen 5)

Herodes der Große
Prokurator in Galiläa ab 47 v.Chr. und König von Judäa von 40 bis 4 v.Chr. Sein Vater Antipater, ein Edomiter oder Idumäer, war von Julius Caesar als Prokurator in Judäa eingesetzt worden, und Herodes wußte, daß auch für ihn Erfolg und Macht von den Römern abhingen. Er wurde in den Kreisen der höheren Gesellschaft Roms eine vertraute Erscheinung, verkehrte mit Marcus Antonius und schloß eine enge und lange Freundschaft mit Augustus. Die Römer ernannten ihn zum König von Judäa. Über eine seiner Ehefrauen war er mit den Makkabäern* verschwägert und hatte so einen Familienanspruch auf die Königswürde in Jerusalem. Dieser Anspruch wurde noch gestärkt durch die Versöhnung zwischen Edomitern und Israeliten (den Nachkommen Esaus* und Jakobs*) zu Lebzeiten seines Vaters und durch den Übertritt der Familie zum Judentum. Herodes war nicht nur praktizierender, sondern stark engagierter Jude: Er hielt die jüdischen Speisevorschriften ein und spendete große Summen für den Tempel. Im Gegensatz zu den Makkabäern war er jedoch auch Kosmopolit. Seine zehn Ehefrauen waren verschiedener Rasse und Religion. Er hatte mehrere Söhne, von denen er einige ermorden ließ.
Er ist jener Herodes, der die Sterndeuter (die »Weisen aus dem Morgenland«) ausschickte, um den neugeborenen Jesus* zu suchen, und der, als sie ihm keine Meldung brachten, den Kindermord in Betlehem, also die Tötung aller männlichen Kinder bis zum Alter von zwei Jahren, befahl. Der Grund für diese Anordnung, zu der Matthäus* die einzige Quelle darstellt, war seine Furcht, unter diesen Kindern könnte eines sein, das ihn einmal

mit dem Anspruch, König der Juden zu sein, von seinem Platz verdrängen würde. Nach Herodes' Tod hob Augustus den Königstitel auf und teilte das Reich unter drei der Herodes-Söhne auf: Archelaus* erhielt den Titel Ethnarch, Herodes Antipas* und Herodes Philippus* wurden zu Tetrarchen ernannt. Ein anderer Sohn, ebenfalls Philippus genannt, war der Vater Salomes*. Die Herodes-Dynastie wurde wiederum von einem anderen Sohn, nämlich Aristobul, fortgesetzt. Er war der Vater von Herodes Agrippa I., dem letzten König von Judäa. Mit dessen Kindern Agrippa II*, Berenike* und Drusilla* endete der Glanz, wenn auch nicht die Laster der Dynastie. Die meisten Bibelhinweise auf Herodes beziehen sich auf Herodes Antipas, den Tetrarchen von Galiläa. Auf die sprichwörtlichen Ausschweifungen von Herodes dem Großen (die in den mittelalterlichen Mysterienspielen häufig dargestellt wurden) bezieht sich der von Shakespeares Hamlet geprägte Ausdruck »to out-Herod Herod«, mit dem er die Schauspieler davor warnte, beim Spielen ihrer Rollen allzu sehr zu übertreiben. Im Alter verstärkte sich Herodes' Hang zu Gewalttätigkeit und exzentrischem Verhalten, und als er im Alter von achtundsechzig Jahren starb, war er praktisch verrückt.

Berühmte Gemälde vom Kindermord in Betlehem – seit jeher als bewegende, wenn auch schauerliche Episode geschätzt – stammen von Pieter Bruegel d. Ä. (Wien, Kunsthistorisches Museum) und Guido Reni (Bologna, Pinacoteca).

→ Stammbaum F

(Mt 2, 14; Mk 6; Lk 1)

Herodias
Mutter von Salome*, Frau von Herodes Antipas*, ihrem Schwager, weshalb Johannes der Täufer* die Ehe kritiziert und sich damit Herodias zur Todfeindin machte.
→ Antipas

Hetiter
In biblischer Zeit sah man in ihnen versprengte Reste des alten, untergegangenen Hetiterreiches.
→ Urija

Hilkija
Priester in Jerusalem zur Zeit des Königs Joschija*. Bei Reparaturarbeiten am Tempel (um 621 v. Chr.) fand er ein Gesetzbuch,

bei dem es sich vermutlich um das Deuteronomium handelte. Vom König begeistert unterstützt, begann er eine Reform, die zum einen eine Bekräftigung traditioneller Glaubenssätze und Verhaltensweisen, zum anderen ein Vorgeschmack auf die streng durch Ritus und Priesterherrschaft bestimmte Struktur war, die Israel in späteren Jahrhunderten prägen sollten.

(2 Kön 22; 2 Chr 34)

Hiob → Ijob

Hiram

König der Phönizier-Stadt Tyrus, Freund Davids* sowie Verbündeter und Handelspartner Salomos*. Er lieferte Salomo Zedern- und Zypressenholz für den Bau des Tempels in Jerusalem und erhielt im Austausch dafür Nahrungsmittel und Öl. Hiram trug auch zum Bau und zur Ausschmückung der Paläste bei, die Salomo für sich und seine Frau errichten ließ. Salomo und er schickten eine gemeinsame Schiffsmannschaft nach Ofir am äußersten Ende des Roten Meeres, um Gold, Edelsteine und Holz zu holen. Beide Könige verband der Hang zum Luxus.

Tyrus lag ursprünglich auf einer Insel vor der Küste, die durch einen möglicherweise von Hiram erbauten Damm mit dem Festland verbunden war. Aufgrund seines ausgezeichneten Hafens war es eines der wichtigsten Handelszentren des Mittelmeerraumes, das bis ins 12. Jahrhundert bestand. Dann wurde es von den Moslems bei der Zurückschlagung der Kreuzfahrer zerstört. Der Purpur, ein von den Purpurschnecken abgesonderter Farbstoff, wurde zum Symbol des erfolgreichen Handels, den Tyrus mit Luxusgütern betrieb.

(1 Kön 5, 7, 9; 1 Chr 14; 2 Chr 2, 4, 8–9)

Hiskija

König von Juda von ungefähr 715 bis 687 v.Chr. Er erbte ein Reich, das sich in einem hoffnungslosen Dilemma befand und dem er nur eine Gnadenfrist verschaffen konnte. Der Aufschwung Judas unter König Usija* hatte sich als Strohfeuer erwiesen; Hiskijas Vater Ahas hinterließ ihm ein Königreich, das nur noch ein Vasallenstaat Assyriens* war. Hiskija lehnte sich vergeblich gegen diese Abhängigkeit auf und wandte sich, als der Druck immer stärker wurde, in seiner Verzweiflung an den Propheten Jesaja*. Dieser versprach ihm, Gott werde nicht zulassen, daß der assyrische König Sanherib Jerusalem erobere. Das Versprechen erfüllte sich, als einhundertfünfundachtzigtausend Assyrer, die vor der Stadt gelagert hatten, in einer einzigen Nacht starben. »Der Assyrer kam«, so heißt es in Byrons Gedicht ›Senheribs Untergang‹, »wie der Wolf in der Nacht.« Als Hiskija mit dem Gesicht zur Wand im Sterben lag, teilte ihm Jesaja mit, Gott habe ihm noch fünfzehn Lebensjahre geschenkt. Der zweifelnde Hiskija wollte dafür ein Zeichen, was ihm gewährt wurde: Wie gewünscht, bewegte sich der Schatten auf der Sonnenuhr um zehn Striche zurück.

Doch Sanheribs Abzug war nur eine Atempause gewesen; Hiskijas Sohn Manasse, der von etwa 687 bis 642 v. Chr. regierte, wurde von den Assyrern gefangengenommen. In der Gefangenschaft schrieb er das (in der Luther-Bibel zu den Apokryphen gerechnete) ›Gebet Manasses‹, ein Schuldbekenntnis mit der Bitte um Vergebung vor dem Tod, das Einblick in die Gedankenwelt der Menschen im Juda des 7. vorchristlichen Jahrhunderts bietet.

→ auch Schebna, → Joschija

(2 Kön 18–21; 2 Chr 29–33; Jer 15, 26; Hos 1)

Hofni

Einer von Elis* mißratenen Söhnen.

→ Eli

(1 Sam 1–2; 4)

Holofernes

Feldherr des babylonischen Königs Nebukadnezzar*, dem von Judit* der Kopf abgeschlagen wurde.

(Jdt 2–7, 10–15)

Hosea

Prophet, der zu Zeiten der Bedrohung durch Assyrien* lebte und dessen Niedergang vorhersagte. Hosea schlug als Prophet einen vergleichsweise einfühlsamen Ton an, obwohl er mit deutlichen Worten gegen Götzendienst, Luxusleben, Ausschweifungen und auch gegen das mangelnde Pflichtgefühl von Herrschern wetterte, die das ihnen anvertraute Erbe veruntreuten. Er forderte Israel auf, seine dilettantischen Einmischungen in die große Politik (einmal hofierte es die Assyrer, dann wieder die Ägypter*) zu unterlassen und sich statt dessen auf eine religiöse und moralische Erneuerung zu konzentrieren. Hosea glaubte, daß es Gottes Sache sei zu strafen, aber auch barmherzig zu sein, und daß ihn Israels

Sünden gegen, Israels Leiden aber für sein Volk einnähmen. Hosea selbst war kein glücklicher Mensch und sein Privatleben auf eine für einen jüdischen Propheten völlig untypische Weise mit seinen Prophezeiungen verknüpft.

Ihm wurde befohlen, die Prostituierte Gomer* zu heiraten (mit der er drei Kinder hatte); später sollte er eine untreue Frau retten, wobei unklar bleibt, ob es sich dabei um die wieder vom rechten Weg abgekommene Gomer oder um eine andere Ehebrecherin handelte. Ob Hosea, als er Gomer heiratete, nun von ihrer Vergangenheit wußte oder nicht, offensichtlich ist, daß er eine äußerst heftige Abneigung gegen sexuelle Vergehen entwickkelte und bildlich eine Parallele zwischen der irdischen Ehe und der – aus Leidenschaft und Enttäuschung gemischten – Beziehung zwischen Gott und seinem auserwählten Volk zog.

→ auch Propheten

(Hos)

Hur

Einer der wichtigsten Assistenten von Mose* nach dem Auszug aus Ägypten. In der Schlacht gegen die Amalekiter* waren die Israeliten siegreich, solange Mose seine Arme hochhielt. Als sie ihm schwer wurden, stützten ihn Hur und Aaron* bis zum Ende des Kampfes.

(Ex 17, 24)

Huschai

Ein Arkiter. Als Freund Davids* spielte er eine Schlüsselrolle, als es galt, dessen Herrschaft in Jerusalem angesichts der Rebellion seines Sohnes Abschalom* wiederherzustellen. David hatte sich gezwungen gesehen, aus Jerusalem in Richtung Osten zum Jordan zu fliehen, womit die Initiative nun bei Abschalom lag. Deshalb wurde Huschai nach Jerusalem zurückgeschickt, um seine weiteren Pläne auszuspionieren und ihn, wenn möglich, in eine Falle zu locken. Vor allem aber sollte er versuchen, dem Einfluß Ahitofels* entgegenzuwirken, der zu Abschalom übergelaufen war. Ahitofel riet Abschalom, ihm den Oberbefehl über das Heer zu übertragen, während Huschai ihn drängte, selbst die Führung zu übernehmen. Huschais Rat wurde angenommen, und Ahitofel erhängte sich; Abschalom jedoch marschierte mit seiner Armee über den Jordan und damit direkt in die Niederlage und den Tod.

(2 Sam 15–17; 1 Chr 27)

I

Ijob

Wohlhabender und untadeliger Mann, der das Pech hatte, Gegenstand einer Wette zwischen Gott und dem Satan zu werden. Der gottesfürchtige Ijob wurde von grausamen Schicksalsschlägen heimgesucht und wollte wissen, warum er so viel erleiden mußte und warum sich Gott so offenkundig ungerecht verhielt. Er sollte nie erfahren, daß er Objekt einer Wette war, erhielt aber schließlich mehr als sein Hab und Gut zurück, so daß er am Ende der Geschichte wohlhabender war als am Anfang.

Die äußerst irritierende Ijob-Geschichte beginnt damit, daß eine Abordnung, zu der auch der Satan gehört, vor Gott erscheint. Im Laufe des Gesprächs provoziert der Satan Gott zu einer Wette, indem er behauptet, Ijob könne durch Unglück dazu gebracht werden, Gott zu schmähen. Der Satan erhält freie Hand mit der einzigen Auflage, Ijobs Leben zu schonen. So werden dessen Herden vernichtet, seine Söhne und Töchter kommen ums Leben, und schließlich wird Ijob selbst mit schrecklichen Geschwüren und Schmerzen geschlagen. Aber er verflucht Gott nicht ein einziges Mal.

Drei Freunde erscheinen, um ihn zu trösten, und geben zwar verschiedene, doch gleichermaßen schlichte Antworten auf die Frage, warum Gott einen rechtschaffenen Mann so quält. Für Elifas* aus Teman ist der Gedanke, daß Gott einen Gerechten schlägt, unvorstellbar – also muß Ijob etwas Unrechtes getan haben. Der zweite, Bildad* aus Schuach, versucht Ijob davon zu überzeugen, daß ihm sein Leid, ob verdient oder unverdient, am Ende zum Guten gereichen wird. Und als ebenso frommer, doch noch etwas schlichter denkender Dritter führt schließlich Zofar* aus Naama an, daß alles ein Geheimnis sei und eines Tages seinen Sinn enthüllen werde. Ijob ist nicht getröstet durch diese Tröster. Er ist sich seiner untadeligen Lebensführung immer noch gewiß, und die Argumente seiner Freunde lassen ihn, da ihm sein Geschick so rätselhaft wie zuvor erscheint, nur immer mehr an einem Gott zweifeln, der ihm solche Rätsel und Schmerzen schickt und der sich weigert, ihm zu sagen, warum.

An diesem Punkt der Geschichte kommen zwei weitere Spannungselemente ins Spiel: Zwei neue Redner treten auf. Im Gegensatz zu den um Trost bemühten Freunden gehen sie gar nicht erst auf Ijobs Argumente ein. Der erste, Elihu*, preist die Erhabenheit Gottes und wirft Ijob damit indirekt vor, seine Nase in Gottes Angelegenheiten zu stecken. Der zweite Redner ist Gott selbst. In einem Wettersturm heranbrausend, hält er eine kolossale Rede über die von seiner Allmacht zeugende Schöpfung. Ijob wird förmlich niedergemäht von einem Hagel rhetorischer Fragen, die ihm die Kluft zwischen Gott und ihm selbst klarmachen sollen. Niemals könnte sich schließlich er oder irgendein anderer Mensch solche schillernden Wunderwesen wie die Behemot oder den Leviatan (mythische Formen von Nilpferd und Krokodil) ausdenken, geschweige denn sie erschaffen: Was Gott dabei gar nicht erst versucht, ist, Ijobs Frage zu beantworten. Zwei Erklärungen sind möglich: Zum einen könnte Gott dadurch, daß er nicht auf Ijobs Frage eingeht und die Wette mit dem Satan mit keinem Wort erwähnt, indirekt einräumen, daß diese Sache nicht gerade besonders schön war. Oder man nimmt die Zurschaustellung der göttlichen Machtfülle als Hinweis darauf, daß Gott über Fragen (und Antworten) erhaben ist und blinden Gehorsam fordert. Nach dieser Interpretation hätten Ijobs Freunde unrecht: Gott ist nicht gerecht und Ijob hat nicht gesündigt. Gott ist vielmehr jenseits der Gerechtigkeit, weder gerecht noch ungerecht. Und Ijob darf keine Fragen stellen, er muß bedingungslos glauben.

Nach Gottes Monolog endet die Geschichte damit, daß Ijob Gesundheit und Wohlstand zurückerhält. Er hat schließlich mehr Kamele und mehr Schafe, mehr Rinder und mehr Esel als vorher, bekommt eine neue Familie mit Söhnen und Töchtern und lebt bis ins hohe Alter – vielleicht als eine Art Wiedergutmachung dafür, daß er als Versuchskaninchen hatte herhalten müssen.

Das Buch Ijob ist eines der tiefsinnigsten und zugleich unbefriedigendsten Bücher des Alten Testaments. Ijobs Passivität ist alles andere als heroisch, während Gott – sozusagen als Partei im Prozeß gegen Ijob – seine Argumente nicht überzeugend vertritt, worauf auch immer es ihm bei diesem Prozeß überhaupt angekommen sein mag.

Eine 1825 veröffentlichte englische Ausgabe des Buches Ijob enthält achtzehn Stiche von William Blake, der in seiner bizarren Genialität auch die Hoffnungslosigkeit des Versuchs zeigt, die Geschichte plausibel zu machen. Blakes Kupferstiche inspirierten den Komponisten Vaughan Williams zu seinem Maskenspiel ›Job‹, in dem er Volksweisen mit Elementen zeitgenössischer Musik verband und so Paradoxien anklingen ließ, die zwar nicht immer jenen im Buch Ijob entsprechen, aber doch davon zeugen, wie sehr die Erzählung stets aufs neue zu irritieren und zu beunruhigen vermag. Mit barocker Ausdruckskraft schuf der italienische Maler Andrea Sacchi ein Gemälde, das den fast nackten und nahezu verzweifelnden Ijob mit seiner Frau und – eigenartigerweise – nur zweien seiner drei Freunde zeigt (Wilton, Gemäldesammlung Wilton House). Auf dem Bild ›Ijob beim Besuch seiner Frau‹ zeigt Georges de La Tour Ijobs Ehefrau als wahre Trösterin in dunklen Zeiten (Epinay, Museé Departementale des Vosges).

→ auch Jemima

(Ijob)

Ikabod

Der Name bedeutet »Fort ist die Herrlichkeit aus Israel«. Die Mutter Ikabods gab ihm diesen Namen, weil die Philister zur Zeit seiner Geburt die Bundeslade aus Schilo raubten. Ikabod war der Enkel Elis*, seine Mutter die Frau von dessen mißratenem Sohn Pinhas*. Als ihr Kind zur Welt kam und man ihr sagte, daß es ein Sohn sei, gab sie keine Antwort und wollte ihn nicht einmal ansehen. Ikabod wird später nie wieder erwähnt.

(1 Sam 4)

Isaak

Sohn von Abraham* und Sara*, der ihnen noch im hohen Alter durch wundersame Fügung von oben geschenkt wurde. Als Gott Abraham prüfen wollte und von ihm verlangte, seinen Sohn zu opfern, war Abraham bereit zu gehorchen; er traf die nötigen Vorbereitungen und ging mit Isaak auf einen Berggipfel. Isaak wunderte sich, daß sie kein Opfertier mitnahmen, doch Abraham sagte ihm, Gott werde dafür sorgen. Nachdem er einen Altar errichtet hatte, legte er Isaak gefesselt darauf und erhob gerade seine Hand mit dem Messer, als ein Engel ihm zurief, er solle seinem Sohn kein Leid antun, sondern statt seiner einen Widder opfern, der sich in der Nähe mit seinen Hörnern im Gestrüpp verfangen hatte.

Da Abraham nicht wollte, daß Isaak eine Kanaaniterin zur Frau nahm, sondern eine Frau aus seinem eigenen Stamm für ihn haben wollte, sandte er Elieser*, einen bewährten Knecht, in seine Heimat, wo Abrahams Bruder Nahor* noch immer lebte. Als sich Elieser eines Abends an einem Brunnen außerhalb der Stadt aufhielt, entschied er bei sich, daß das Mädchen für Isaak die Richtige sei, das ihn aus seinem Krug trinken ließe und dann anböte, auch seine Kamele zu tränken. So fand er Rebekka*, der er einen goldenen Nasenring und zwei goldene Armreife schenkte. Dann ließ er sich zum Haus ihres Bruders Laban* führen, enthüllte dort seinen Auftrag, und am nächsten Tag zog Rebekka mit ihm zu Isaak. Sie brachte Zwillingssöhne zur Welt, von denen Esau* der Liebling des Vaters, Jakob* der Liebling der Mutter wurde. Durch eine List brachte Rebekka Isaak im hohen Alter dazu, nicht dem Erstgeborenen Esau, sondern Jakob den väterlichen Segen zu geben und ihn damit zum Erben einzusetzen. Als Isaak starb, wurde er von Esau und Jakob neben seinen Eltern in der Höhle von Machpela bei Hebron begraben.

Die eindrucksvollsten Darstellungen von Abrahams Opfer stammen von den bedeutendsten (wenn auch zum Teil anonymen) Künstlern: ein Mosaik aus dem 6. Jahrhundert in der Kirche S. Vitale in Ravenna, ein Gemälde von Tizian in Venedig (Santa Maria della Salute) und ein Bild von Rembrandt, das Abraham zeigt, wie er gerade sein Messer fallen läßt (München, Alte Pinakothek). Der italienische Maler Sodoma zeigt Isaak nackt und zitternd, setzt ihm jedoch einen um so bestimmteren Engel und einen scharf lauernden Widder entgegen (Pisa, Dom). Auf Darstellungen von Girolamo da Treviso (Rouen, Museé des Beaux Arts) und von Govaert Flinck (Amsterdam, Rijksmuseum) ist der überlistete Isaak zu sehen, wie er Jakob den Segen gibt, wobei sich Flincks Jakob dabei offensichtlich recht unwohl fühlt und Rebekka im Hintergrund zu erkennen ist.

→ Stammbaum B

(Gen 21–22, 24–28)

Isai

(Griechische Form: Jesse.) Vater Davids*, der über Sem* und Boas* von Set* und Adam* abstammte und zum Stammvater des Königshauses von Juda wurde.

Darstellungen des Stammbaumes Christi als »Wurzel Jesse« waren im Mittelalter ein bevorzugtes Thema der Künstler, vor allem in der Glasmalerei. Vieles davon wurde über die Jahrhunderte zerstört, doch haben die Fenster der Kathedralen von Chartres und Wells sowie der Kirche St. Etienne in Beauvais als herrliche Beispiele überlebt.

(1 Sam 16)

Ischbaal

Auch Isch-Boschet. Sohn von Saul* und nach dessen Tod Mittelpunkt jener Kräfte, die sich gegen David* als Nachfolger auf dem Thron wandten. Während des sieben Jahre dauernden Krieges waren Abner* und Joab* die Heerführer der Streitkräfte beider Parteien. Doch Ischbaal und Abner gerieten über Rizpa*, eine Nebenfrau Sauls, in Streit und schlossen beide Frieden mit David. Dieser bestand darauf, daß Ischbaal ihm Michal*, die Tochter Sauls, zurückgab, die ihm Saul erst zur Frau gegeben, dann aber wieder weggenommen und einem anderen Mann überlassen hatte. Ischbaal wurde von zwei seiner eigenen Männer ermordet, als er gerade Siesta hielt. Da die Mörder hofften, sich bei David einschmeicheln zu können, gingen sie mit Ischbaals Kopf in der Hand zu ihm. Doch David schalt sie erst heftig und ließ sie dann hinrichten.

(2 Sam 2–4)

Isch-Boschet → Ischbaal

Isebel

Frau Ahabs*, des Königs von Israel, und Tochter Etbaals, des Königs von Tyrus. Ihre Ehe mit Ahab diente der dynastischen Politik und war eine Katastrophe. Durch ihre rassische und religiöse Fremdartigkeit war Isebel für die Orthodoxen in Israel, die sie als Götzendienerin und Hure brandmarkten, ein gewaltiges Ärgernis. Als Ahab im Krieg fiel, schloß sich sein Heerführer Jehu* dieser von Elija* geführten Opposition an. Isebel versuchte, Jehu zu verführen, und setzte sich geschminkt an ihr Fenster in Jesreel. Doch Jehu befahl, sie aus dem Fenster zu stürzen. Als später seine Diener ihre Leiche für die Bestattung holen wollten, fanden sie lediglich Schädel, Füße und Hände, womit sich die Prophezeiung Elijas erfüllte, daß Hunde das Fleisch Isebels fressen würden. Isebel wurde zum Sinnbild weiblicher Verderbtheit, als die offensichtlich schon ein geschminktes Gesicht galt.
→ auch Nabot

(1 Kön 16, 18–19, 21; 2 Kön 9)

Ismael

Sohn von Abraham* und Hagar*, der ägyptischen Magd seiner Frau Sara*. Nach der Geburt ihres eigenen Sohnes Isaak* überredete Sara ihren Mann Abraham, Hagar und Ismael zu verstoßen.

Abraham zögerte, doch Gott versprach ihm, er werde zwar Isaak und seine Nachkommen zu Abrahams Erben einsetzen, doch auch Ismael und seine zwölf Söhne zu einem großen Volk machen. Da die Ismaeliter wie Ismael selbst (im Alter von dreizehn Jahren) beschnitten wurden, standen sie den Israeliten näher als die Kanaaniter*. Als Abraham starb, kehrte Ismael zurück und vollzog mit Isaak die Begräbnisriten.

Ismael ist das Urbild des Ausgestoßenen. Wenn der Erzähler in Melvilles Roman ›Moby Dick‹ seine Geschichte mit den Worten beginnt: »Nennen Sie mich Ismael«, dann ruft er damit die Beschreibung des biblischen Ismael in Erinnerung, eines Menschen »wie ein Wildesel. Seine Hand gegen alle, die Hände aller gegen ihn.« Im Islam werden Ismael (Ismail) und Abraham (Ibrahim) als Gründer der Kaaba in Mekka verehrt.

→ Stammbaum B

(Gen 16–17, 21, 25, 28)

Ismaeliter
Nachkommen von Ismael*, Ausgestoßene.

Israel
Name eines Mannes und eines Königreiches. Der Mann war Jakob*, alias Israel; seine Söhne wurden zu Ahnherrn der zwölf Stämme Israels, die mehrere hundert Jahre später ins verheißene Land zogen und sich dort niederließen (→ Mose, Josua und Stammbaum C). Schließlich schlossen sich die Stämme zusammen und wurden von Saul*, David* und Salomo* als geeinigtes Königreich Israel regiert. Nach Salomos Tod spaltete sich das Reich auf: Während der größere Teil als Königreich Israel weiterbestand, existierte daneben nun auch ein – kleineres – Königreich Juda. Nach der Teilung war Rehabeam* der erste König Israels; das Reich überdauerte zweihundert Jahre, bis es 722 v. Chr. von den Assyrern ausgelöscht wurde. Die Bewohner wurden zu den zehn verlorenen Stämmen Israels. Im Gegensatz zum benachbarten Königreich Juda hatte Israel keine etablierte Dynastie hervorgebracht.

→ auch Jerobeam, → Omri, → Ahab, → Isebel, → Jehu

Israeliten
Nachkommen von Israel*, alias Jakob*. Hauptfiguren des Alten Testaments.

→ auch Richter

Issachar

Einer der zwölf Söhne Jakobs* und damit Ahnherr einer der zwölf Stämme Israels. Issachar, ein Sohn von Jakobs Frau Lea*, war berühmt für seine gewaltige Kraft. Die Siedlungsgebiete seines Stammes und des Stammes seines Bruders Sebulon* lagen im Norden des verheißenen Landes westlich des Sees Gennesaret.

→ Stammbaum C

(Gen 30, 35, 42–50; Jos 17, 19)

J

Jabal
Sohn von Lamech* und dessen erster Frau Ada. Er war Hirte und
wurde zum Stammvater aller nomadischen Hirtenvölker. Jubal*
war sein Bruder, Tubal-Kajin* sein Halbbruder.
→ Stammbaum A
(Gen 4)

Jabin
König von Hazor, unter dem sich mehrere Könige im Norden
zusammenschlossen, um gemeinsam gegen Josua* und die Israeliten zu kämpfen, die bereits Jericho und andere Städte und Völker
im Süden besiegt hatten. Die verbündete Streitmacht wurde völlig
vernichtet und alle Könige getötet. Mit Ausnahme von Hazor
wurden jedoch ihre Städte ebenso wie ihre Herden verschont.
Auch Debora* und Barak* besiegten einen König namens Jabin
(von Kanaan), wobei es sich vermutlich um eine andere Version
desselben Ereignisses handelt.
(Jos 11; Ri 4–5)

Jaël
Frau des Keniters Heber*, die Sisera*, den Heerführer des Kö-
nigs von Kanaan, tötete. Als dieser auf der Flucht vor den Israeli-
ten in ihr Zelt kam und dort einschlief, schlug sie ihm mit einem
Hammer einen Zeltpflock durch die Schläfe.
→ Debora
(Ri 4–5)

Jafet
Noachs* dritter Sohn. Ihm und seinem Bruder Sem* gelang das
Kunststück, sich ihrem betrunken und nackt im Zelt schlafenden
Vater so zu nähern und seine Blöße mit einem Überwurf zu be-
decken, daß sie ihn nicht sehen konnten – indem sie rückwärts
gingen.
→ Stammbaum A
(Gen 5–11)

Jaïrus
Ein Synagogenvorsteher, der Jesus* bat, seine zwölfjährige Toch-

ter zu retten, die im Sterben lag. Als Jesus zu dem Haus kam, berichtete man ihm, das Mädchen sei schon gestorben. Zusammen mit Petrus*, Johannes* und Jakobus* ging er hinein und sagte, das Mädchen sei nicht tot, sondern schlafe nur. Die Leute lachten ihn aus, doch Jesus schickte sie hinaus, brachte das Mädchen ins Leben zurück und wies die Eltern und seine drei Jünger an, niemandem etwas davon zu erzählen.

Stanley Spencer malte ein Triptychon, dessen Mittelteil Jesus zeigt, wie er dem Mädchen in ihrem Zimmer das Leben wiedergibt. Auf den beiden Seitenflügeln sind andere Beispiele von Wiederbelebungen auf einer Straße und einem Friedhof zu sehen (Southampton, Art Gallery).

(Mk 5; Lk 8)

Jakob

Sohn von Isaak* und Rebekka*. Der Kampf zwischen Jakob und seinem Zwillingsbruder Esau* begann bereits im Mutterleib, und bei der Geburt hielt Jakob mit der Hand die Ferse Esaus fest, der trotzdem zuerst zur Welt kam. Jakob war der Liebling der Mutter und weidete die Herden, während Esau, der Liebling des Vaters, Jäger wurde. Als Isaak alt und blind geworden war und sich dem Tod nahe fühlte, gab er Esau den Auftrag, Wild für ein Mahl zu erlegen, bei dem er ihm dann den väterlichen Segen geben wollte. Rebekka belauschte das Gespräch und wies Jakob an, seinem Bruder zuvorzukommen. Er sollte zwei junge Ziegenböcke schlachten, mit denen sie ein Mahl bereiten wollte, wie es sich Isaak wünschte. Damit sollte Jakob zu seinem Vater gehen und an Esaus Stelle den Segen erhalten. Jakob fürchtete, daß Isaak den Betrug entdecken könnte, da Esau behaart war und er selbst glatte Haut hatte, aber Rebekka legte ihm die Ziegenfelle um die Hände und Hals, und Isaak ließ sich davon täuschen. Als Esau von der Jagd zurückkam, stand er vor vollendeten Tatsachen: Unwiderruflich hatte Isaak Jakob den Segen erteilt.

Da Esau entschlossen war, Jakob zu töten, sobald sein Vater gestorben war, wollte Rebekka Jakob in Sicherheit bringen. Mit dem Argument, sie könne den Gedanken, Jakob könnte eine Kanaaniterin* heiraten, nicht ertragen, brachte sie Isaak dazu, Jakob fortzuschicken. Er sollte zu seinem Onkel Laban* ziehen und eine von dessen Töchtern zur Frau nehmen. Auf dem Weg nach Haran am oberen Euphrat, wo Laban lebte, unterbrach Jakob seine Reise für die Nacht, legte einen Stein unter seinen Kopf und schlief ein. Im Traum sah er eine von der Erde bis zum

Himmel reichende Treppe, auf der Engel auf- und niederstiegen. Als er erwachte, stellte er den Stein auf, goß Öl darüber und nannte den Ort Bet-El (Gotteshaus).

Die Jahre in der Fremde   Jakob wurde von Laban überschwenglich begrüßt, verliebte sich prompt in dessen jüngere Tochter Rahel* und verpflichtete sich, Laban sieben Jahre zu dienen, um Rahel heiraten zu können. Nach Ablauf dieser Zeit schmuggelte Laban seine ältere, weniger attraktive Tochter Lea* in Jakobs Bett, worauf Jakob nochmals sieben Jahre dienen mußte, um auch Rahel zur Frau zu bekommen. Alles in allem blieb er zwanzig Jahre bei Laban. Während dieser Zeit brachte Lea sechs Söhne und eine Tochter (Dina*) zur Welt, Rahel einen Sohn (Josef*) und Silpa* und Bilha*, die Dienerinnen der beiden Schwestern, jeweils zwei Söhne (→ Stammbaum C). Der Jakob zustehende Lohn wurde von Laban einbehalten, obwohl Jakob ausgezeichnet für die Herden sorgte und sie beträchtlich vermehrte. Schließlich schlug Jakob vor, ihm den Lohn nicht in Geld, sondern in Naturalien auszubezahlen: Alle dunklen Lämmer und alle weißgesprenkelten Ziegen aus Labans Herden sollten ihm gehören.

Laban stimmte zu, sonderte aber heimlich alle weißgestreiften Ziegenböcke und alle weißgesprenkelten Ziegen sowie alle dunklen Lämmer aus. Dann ging er auf eine Reise und ließ seine Herden in Jakobs Obhut zurück. Weit davon entfernt, sich geschlagen zu geben, ruhte Jakobs Phantasie nicht, sich Methoden auszudenken, um seinen Anteil an den Tieren zu vergrößern. So schnitt er sich Ruten von Bäumen mit heller Rinde, die er so schälte, daß sie weiße Streifen zeigten. Diese legte er dann an den Wasserstellen aus, wo die Tiere sich begatteten. Die Ruten sollten bewirken, daß die weiblichen Tiere nur gestreifte oder gesprenkelte Junge warfen. Außerdem sorgte Jakob dafür, daß die Schafe nur mit gestreiften oder dunklen Böcken zusammenkamen, und stellte so sicher, daß die neugeborenen Lämmer nicht zu Labans, sondern zu seiner Herde gehörten. Und er kam auch noch auf den Gedanken, die kräftigen Ziegen von den schwächeren zu trennen und die geschälten Ruten nur bei den kräftigen auszulegen. Damit wurde seine Herde um die gesprenkelten, kräftigen Tiere vermehrt, Labans Herde jedoch um schwächlicheren Nachwuchs. Laban und seine Söhne kamen schließlich zu dem Schluß, daß sie betrogen wurden, worauf Jakob entschied, daß es Zeit sei, das Weite zu suchen.

Als er mit Frauen, Kindern und auch sonst noch allerhand in aller

Heimlichkeit aufbrach, ging Rahel sogar so weit, die Familiengötter ihres Vaters zu stehlen und mitzunehmen. Laban setzte ihnen nach und machte Jakob Vorwürfe, weil er sich nach so langer Zeit bei ihm nun bei Nacht und Nebel davongemacht habe. Außerdem wollte er seine Familiengötter wiederhaben. Der nichtsahnende Jakob versprach, daß er, falls Laban bei seinen Leuten gestohlenes Gut finden würde, den Dieb mit dem Tod bestrafen wollte. Doch Rahel verhinderte die Durchsuchung ihrer Sachen, indem sie die Götterbilder in eine Satteltasche steckte, sich daraufsetzte und vorgab, wegen ihrer Monatsblutung nicht aufstehen zu können. Jakob und Laban versöhnten sich schließlich, und Jakob setzte seine Heimreise fort.

Jakobs Rückkehr Bei der Nachricht, Esau komme ihm mit vielen Leuten entgegen, geriet Jakob verständlicherweise in Unruhe und sandte zur Sicherheit wertvolle Geschenke für seinen Bruder voraus. Während der Nacht vor dem Zusammentreffen rang Jakob am Fluß Jabbok allein mit einem Mann, der ihn nicht bezwingen konnte und ihm seinen Namen nicht nennen wollte. Der Mann sagte ihm, er werde von nun an Israel heißen, und Jakob erkannte, daß er mit Gott gerungen hatte. Durch einen Schlag auf die Hüfte trug er eine Verletzung davon, die ihn hinken ließ. Nach Tagesanbruch zog er Esau entgegen, der ihn freundlich empfing und die angebotenen Geschenke zurückwies. So kehrte Jakob in das Land Kanaan zurück und ließ sich in Sichem, später in Bet-El nieder. Rahel brachte ihren zweiten Sohn Benjamin* zur Welt, bei dessen Geburt sie in Betlehem starb. Im Alter hatte Jakob noch den Verlust seines Sohnes Josef und eine Hungersnot zu ertragen, die ihn und seine Leute zwang, nach Ägypten zu ziehen. Dort lebte er noch siebzehn Jahre, bis er starb (→ Josef). Seine in Ägypten einbalsamierte Leiche wurde von seinen Söhnen, deren Familien und ägyptischen Hofbeamten zur Begräbnisstätte seiner Vorfahren, der Höhle von Machpela bei Hebron, gebracht.

Durch seine zwölf Söhne wurde Jakob alias Israel zum Stammvater aller Israeliten*, also der zwölf Stämme und der Leviten*. Zu Jakobs Lebzeiten war Josef, der in der völlig anders gearteten ägyptischen Gesellschaft zu hohen Würden kam, bei weitem der erfolgreichste der zwölf Brüder. Im historischen Rückblick jedoch erwies sich Juda* als der erfolgreichste Sohn Jakobs.

›Jakobs Traum‹ ist der Titel eines Bildes des spanischen Malers Ribera (Madrid, Prado); der Italiener Bassano malte Jakobs Treck in die Heimat als buntes Durcheinander von Männern,

Frauen und Tieren. Jakobs Zusammentreffen mit Rahel am Brunnen gehört zu den Szenen, die Raffael für den Vatikan entwarf und die nach seinem Tod von seinen Schülern ausgeführt wurden. In Stanley Spencers Version sind Jakob und Rahel in eine englische Landschaft versetzt und tragen moderne Kleider (London, Tate Gallery). Jacob Epsteins Skulptur, die Jakobs Ringen mit Gott in Form zweier wuchtiger, ineinander verschlungener Alabasterfiguren zeigt, stieß bei der ersten Aufstellung auf erhebliche Mißbilligung. Die Jakobsleiter mit den auf- und absteigenden Engeln ist an der Westseite der Abteikirche in Bath zu sehen. Schönbergs ›Jakob‹-Oratorium blieb (wie seine Oper ‹Moses und Aron›) unvollendet.

(Gen 25–37, 42–50)

Jakobus
–, der Ältere, Sohn von Zebedäus* (S. 116)
–, Sohn von Alphäus (S. 117)
–, der Kleine (S. 117)

Jakobus
Sohn von Zebedäus*, Fischer und einer der zwölf Apostel. Zur Unterscheidung von Jakobus dem Kleinen* wird er auch Jakobus der Ältere genannt. Zusammen mit seinem Bruder Johannes* und mit Petrus gehörte Jakobus, der im Jahr 43 auf Befehl des Königs Agrippa I.* hingerichtet wurde, zum inneren Kreis der zwölf Apostel. Jesus gab den beiden Söhnen von Zebedäus den Beinamen Boanerges, das heißt Donnersöhne, weil sie anboten, auf die Samariter Feuer vom Himmel herabzurufen.
Im 7. Jahrhundert verbreitete sich die Legende, daß Jakobus nach Spanien gegangen sei – oder auch, daß sein Leichnam irgendwie dahin gelangt sei –, und sein Grabmal in der Kathedrale von Santiago de Compostela wurde zu einer der populärsten und bedeutendsten Pilgerstätten des Mittelalters. Jakobus soll auch bei der Befreiung Spaniens von den Moslems mitgewirkt haben, vor allem in der Schlacht von Clavijo im 9. Jahrhundert (wobei Historiker allerdings heute daran zweifeln, daß sie überhaupt stattgefunden hat). Sein Zeichen ist die Muschel, die die Pilger im Mittelalter als Talisman in ihre Kleider nähten. George Bernard Shaw gab in seinem Stück ›Der Kaiser von Amerika‹ dem ehrgeizigen Handelsminister den Namen Boanerges.

(Mt 4, 10, 17; Mk 1, 3, 5, 9–10, 13–14; Lk 5, 8; Apg 1, 12; 1 Kor 15)

Jakobus
Sohn von Alphäus, einer der zwölf Apostel. Im Johannes-Evangelium wird er nicht genannt.

(Mt 10; Mk 3; Lk 6; Apg 1)

Jakobus der Kleine
Häufig, aber ohne schlüssigen Nachweis gleichgesetzt mit jenem Jakobus, der Bruder Jesu* oder Bruder des Herrn genannt wird. Was die Bezeichnung Bruder dabei genau bedeutet, ist unklar. Ein Vorschlag dazu – mehr sinnreich erdacht als solide belegt – lautet, Jakobus und seine Brüder (Joses*, Judas*, Simon*) sowie mehrere Schwestern seien Kinder Josefs* aus einer früheren Ehe gewesen. Einer anderen Version zufolge waren sie Kinder einer gewissen Maria, einer Tochter von Anna (der Mutter der Jungfrau Maria*) aus späterer Ehe, und damit entfernte Vettern Jesu. Ob nun mit Jesus verwandt oder nicht, Jakobus wurde ein angesehenes Mitglied der christlichen Gemeinde in Jerusalem.
In der Auseinandersetzung um die Frage der Beschneidung von Christen, um die es vor allem bei einer Zusammenkunft mit Paulus* im Jahr 46 in Jerusalem ging, war Jakobus der Anführer der engstirnigen, antipaulinischen Gruppe. Er trat aber auch für Mäßigung und Anpassung ein und bestand lediglich auf der Einhaltung der Speise- und Ehegesetze. Der vermutlich in dieser Zeit abgefaßte Jakobusbrief könnte zu den von ihm verfaßten Briefen gehören. In ihm wird in gemäßigtem Ton dargelegt, daß das Christentum ein Sproß des Judentums sei und auf seine jüdischen Wurzeln beschränkt bleiben sollte. Als rund zehn Jahre später Paulus erneut nach Jerusalem kam, gelang es Jakobus, den Apostel der Heiden, der ja selbst Jude war, dazu zu bringen, öffentlich jüdische Riten zu vollziehen und sich zu seinem Judentum zu bekennen. Es gelang Jakobus allerdings nicht, orthodoxe Juden davon abzuhalten, gegen Paulus vorzugehen, der daraufhin von den römischen Behörden in Sicherheit gebracht werden mußte (→ Paulus). Einige Jahre später wurde Jakobus selbst wegen seiner Weigerung, sich von Jesus loszusagen, angegriffen und auf Veranlassung des Hohenpriesters Hananias* erschlagen.

(Mt 13; Mk 6, 15–16; Lk 24; Apg 15, 21; Gal 1–2)

Jason
Christ, der Paulus* und Silas* in Thessalonich aufnahm. Sein Haus wurde von einer christenfeindlichen Menge gestürmt.

(Apg 17)

Jebusiter
Ein semitisches Volk, das in losem Kontakt mit den Kanaanitern*
und anderen Stämmen stand, mit denen sich die Israeliten bei
ihrem Einzug ins verheißene Land auseinandersetzen mußten.
Das Gebiet der Jebusiter umfaßte auch Jerusalem.

Jehu
–, König von Israel (S. 118)
–, Prophet (S. 119)

Jehu
König von Israel von etwa 842 bis 815 v. Chr. Er war Oberst im
Heer Ahabs* und als wilder Wagenlenker berüchtigt. Nach
Ahabs Tod schloß er sich der nationalistisch-religiösen Opposi-
tionsgruppe um Elija* an, führte einen Aufstand gegen die Kö-
nigsfamilie und brachte Ahabs Witwe Isebel*, Ahabs Söhne und
alle Anhänger des Baal*-Kultes um. Er sühnte so die Verfehlungen Ahabs, ohne jedoch bis zu den Wurzeln des Übels vorzudrin-
gen, nämlich zur Aufspaltung von Salomos* Königreich durch
Jerobeam* und zur Errichtung von Altären in Bet-El und Dan als
(heidnische) Gegenstücke zu Jerusalem. Die von Jehu begründete Dynastie, die einhundert Jahre herrschte, war die bei weitem
dauerhafteste in Israels wechselvoller Geschichte. Durch vier Generationen ging die Krone vom Vater auf den Sohn über. Der
letzte dieser Herrscherreihe wurde etwa 745 v. Chr. getötet, womit sich die Prophezeiung erfüllte, Nachkommen Jehus würden
bis in die vierte Generation auf dem Thron Israels sitzen. Jehus
Nachfolger führten die Kriege gegen Juda und die Aramäer
(→ Syrien) in einer Zeit fort, da die Macht Assyriens* bereits
bedrohlich anwuchs. Als die Dynastie zu Ende ging, stand Israel
bereits unter Assyriens Einfluß. Einundzwanzig Jahre und fünf
Könige später hörte das von Jerobeam begründete Königreich
nach zweihundertjähriger Dauer auf zu existieren. Im Jahr 722
v. Chr. wurde Hoschea, der letzte König Israels, gefangengenommen, seine Hauptstadt Samaria zerstört und das Volk nach Ninive
verschleppt. Es verschwand aus der Geschichte und wurde zu den
sogenannten zehn verlorenen Stämmen Israels.
Die »Compagnons de Jéhu«, der überaus fruchtbaren Phantasie
von Alexandre Dumas (père) entsprungene Gestalten, waren edle Banditen, die Geld für die Restauration des Königtums in
Frankreich raubten; Jehu stand dabei für den Bourbonen-König
im Exil, Ahab für das schauerliche und treulose Regime der Re-

volution. Im 19. Jahrhundert bezeichnete man im englischsprachigen Raum besonders schnell dahinrasende Kutscher als »Jehus«.

(2 Kön 9–11, 17)

Jehu
Sohn von Hanani und einer der kleineren Propheten. Er war Gottes Sprachrohr, durch das König Bascha von Israel (→ Jerobeam) das über ihn verhängte Strafgericht verkündet wurde.

(1 Kön 16; 2 Chr 19)

Jemima
Älteste der drei Töchter, die Ijob* nach seinen Schicksalsschlägen geboren wurden. Die anderen beiden waren Kezia* und Keren-Happuch*. Ijob setzte sie wie ihre sieben Brüder als Erben ein.

(Ijob 42)

Jeremia
Prophet, der während der unruhigen Zeit des Niedergangs des Königreiches Juda im 7. Jahrhundert v. Chr. lebte. Er wurde in der Nähe von Jerusalem geboren und verbrachte die meisten Jahre seines Lebens in dieser Stadt. Seinem Wesen nach war er jedoch ein Landbewohner und hatte ein waches und liebevolles Auge für die Vorgänge in der Natur. Er stammte aus einer angesehenen Priesterfamilie; sein Vater Hilkija* war ein Nachfahre von Abjatar*, dem obersten Priester Salomos*. In ruhigeren Zeiten hätte Jeremia vermutlich ein stilles und zufriedenes Leben auf dem Lande geführt, doch die Zeitumstände und sein Temperament erlegten ihm ein anderes Leben auf: Selbst war er oft unglücklich, und bei seinen Mitmenschen war er über die Maßen unbeliebt. Sogar Angehörige seines eigenen Volkes griffen ihn häufig – auch körperlich – an, und er verbrachte mehrere Jahre in abgelegenen Verstecken.
In wachsendem Maß sensibel für die Gefahren, die Juda von innen und außen – also sowohl von äußeren Feinden als auch durch Vergeltung für die eigenen Sünden – drohten, nahm seine Haltung gegenüber Babylonien Züge an, die für den Durchschnittsbewohner in Jerusalem kaum mehr zu verstehen waren. Für Jeremia war Nebukadnezzar* von Gott gesandt, um Juda zu züchtigen. Er sagte deshalb die kommende Zerstörung Jerusalems nicht nur voraus, sondern begrüßte sie sogar. Den Zorn der

eigenen Priesterschicht zog er sich zu, als er verkündete, anständiges Verhalten sei wichtiger als korrektes Befolgen der religiösen Riten, da sie seiner Meinung nach ohne die entsprechende Haltung geistig und moralisch hohl blieben. Er erlebte die religiöse und moralische Erneuerung unter König Joschija*, aber auch die Inkompetenz seiner unbedeutenden Nachfolger und deren Rückfall in die alten (Un-)Sitten. Jeremia prophezeite, daß nach siebzig Jahren ein geläutertes Juda seine Unabhängigkeit und seinen früheren Glanz wiedererlangen würde. Doch seine Zeitgenossen sorgten sich mehr um die Gegenwart als um die Zukunft und nannten ihn einen Verräter. Er wurde in einen leeren Brunnen geworfen, wo er im Schlamm versank und beinahe umgekommen wäre; nur die Einnahme Jerusalems durch Nebukadnezzar rettete ihm das Leben. Er verbrachte die nächsten zehn Jahre in Jerusalem. Als dann Gedalja*, Nebukadnezzars Statthalter in Jerusalem, ermordet wurde, floh er aus Furcht vor Vergeltungsschlägen mit anderen Judäern nach Ägypten, wo er starb.

Da sein Pessimismus und die Verfolgungen, die er zu erleiden hatte, durch seine persönlichen Gespräche mit Gott nur zum Teil aufgewogen wurden, geriet Jeremia immer wieder in äußerste Verzweiflung, die er mit ergreifenden Worten schilderte – hier ist der Ursprung des Begriffs »Jeremiade«. Auch das biblische Buch der Klagelieder wurde ihm zugeschrieben, wenn auch zu Unrecht, wie man heute annimmt. Diese Klagelieder sind eine Folge von komplex aufgebauten eindrucksvollen Gedichten zum Schicksal Judas und Jerusalems.

Sie werden von der Kirche in der Liturgie der Karwoche verwendet und haben die bedeutendsten Komponisten der Kirchenmusik, darunter Okeghem, Tallis, Byrd und Palestrina, zu ein- und mehrstimmigen Choralwerken inspiriert. Haydns Sinfonie Nr. 26 erhielt ihren Namen ›Lamentatione‹ wegen der Anklänge an den einstimmigen Gesang. In neuerer Zeit hat Strawinsky den entsprechenden griechischen Ausdruck »Threni« zum Titel seiner eigenen Bearbeitung des Themas gemacht. Als der tragischste der alttestamentarischen Propheten regte Jeremia Rilke zu einem Gedicht über die traurige Bestimmung dessen an, der immer klagen muß. Der Ausdruck dunklen Schmerzes findet sich auch auf Rembrandts Darstellung der Trauer Jeremias über die Zerstörung Jerusalems (Amsterdam, Rijksmuseum).

→ auch Propheten

(Jer; Klgl; Bar; 2 Chron 36)

Jerobeam

Sohn von Nebat und erster König von Israel nach der Teilung des Reiches; er regierte von etwa 922 bis 901 v. Chr. Jerobeam war ein Beamter Salomos*, der im Alter als Herrscher hart und unpopulär geworden war. Eines Tages traf Jerobeam auf den Propheten Ahija* aus Schilo, der seinen neuen Mantel in zwölf Stücke riß und ihm vorhersagte, Gott werde ihn zum König über zehn der zwölf Stämme Israels machen. Jerobeam, der in eine Verschwörung gegen das Königshaus verwickelt war, flüchtete vor Salomos Verfolgung nach Ägypten. Nach dessen Tod kam er zurück und war dabei, als die Israeliten Salomos Sohn Rehabeam* fragten, wie er zu regieren gedenke. Seine schroffe und undiplomatische Antwort verursachte einen Aufstand, und Jerobeam wurde zum König über alle Nordstämme ausgerufen. Nur Juda und Benjamin blieben bei Rehabeam.

Von den beiden Königreichen war Israel das größere und fruchtbarere, doch die heilige Stadt Jerusalem lag in Juda. Jerobeam bestimmte Bet-El und Dan im äußersten Norden und Süden seines Reiches zu neuen Stätten der Anbetung. Dies deutete auf eine Rückkehr zur Verehrung des Goldenen Kalbes oder Stieres hin, über die sich Mose* in der Wüste Sinai so erregt hatte. Die Bewahrer des orthodoxen jüdischen Glaubens verziehen Jerobeam und seinen Nachfolgern weder diese Anbetungsstätten in Konkurrenz zu Jerusalem noch die Teilung des Reiches Davids* und Salomos.

Die Geschichte Israels und Judas wurde von Chronisten aufgezeichnet, die auf seiten Judas standen. Sie schrieben alle Probleme Israels der Sündhaftigkeit seiner Könige zu, wobei Jerobeam gleich den Anfang gemacht hatte. Israel war ein Reich von gewisser strategischer Bedeutung, da die Küstenstraße von Ägypten nach Syrien und weiter zum Euphrat auf seinem Gebiet oder in der Nähe davon verlief. Juda dagegen war ein kleines Binnenland, durch die Philisterstädte von der Küste abgeschnitten und politisch nur sporadisch als Zünglein an der Waage von Bedeutung. Ob nun wegen der Sündhaftigkeit seiner Könige oder aus anderen Gründen – Tatsache ist, daß die Geschichte Israels chaotisch verlief. Im Gegensatz zu Rehabeam begründete Jerobeam keine dauerhafte Dynastie. Sein Sohn Nadab regierte nur zwei Jahre; dann wurden er und seine Familie von Bascha (König von etwa 900 bis 877 v. Chr.) ermordet. Baschas Sohn wiederum wurde mit seiner Familie von Simri getötet, der eine Woche regierte, bis er durch Omri* umkam.

In der angelsächsischen Welt steht heute die englische Namensform »Jeroboam« (ähnlich wie → Rehabeam) für eine besonders große Wein- oder Champagnerflasche. (Jeroboam II., der von etwa 786 bis 746 v. Chr. als König von Israel regierte, war kein Verwandter von Jerobeam I., sondern ein Urenkel von Jehu*.)

(1 Kön 11–15; 2 Chr 10, 13)

Jesaja

Prophet, Politiker und Ratgeber der Könige von Juda. Zwar ist seine angebliche Abstammung aus königlichem Geschlecht nicht nachweisbar, doch scheint er sich einer beachtlichen Freiheit erfreut zu haben, was die Äußerung unpopulärer Meinungen und die Durchführung unpopulärer Maßnahmen betrifft. Er erlebte die Regentschaft von vier Königen, wies auf die Notwendigkeit von Reformen hin und gab auch politische Ratschläge. Zudem verfügte er über außergewöhnliche poetische Ausdrucksfähigkeit und Phantasie. Obwohl nicht weniger leidenschaftlich als andere Propheten, hatte Jesaja doch auch etwas von einem edlen Römer an sich – fest in seinen Grundsätzen, unerschütterlich auch angesichts bestehenden oder sich abzeichnenden Unglücks, gehalten von der Überzeugung, daß Rechtschaffenheit letztendlich den Sieg davontragen würde (was er selbst allerdings nicht mehr erleben sollte).

Jesajas pessimistischer Patriotismus und seine Selbstbeherrschung weisen durchaus einen heldenhaften Zug auf. Selten zeigte er sich rachsüchtig, auch wenn er gewisse Schwierigkeiten hatte, bei Äußerungen über die traditionellen Feinde, die Edomiter*, seine Worte zu zügeln. Er prophezeite die Zerstörung des Nachbarkönigreichs Israel* durch Assyrien* und sagte für Juda schreckliche Dinge voraus wie etwa, daß mehr Frauen als Männer übrigbleiben und sieben Frauen auf einen Mann kommen würden. Jesajas Hauptsorge war die Sündhaftigkeit des eigenen Volkes – der Götzendienst, die moralische Verderbtheit (Alkohol und Sex), der unmäßige Reichtum der Besitzer von Grund und Boden. Die grausame Herrschaft Assyriens betrachtete er als etwas, das man ertragen müsse: Es sei zwecklos, dagegen zu rebellieren, da dessen Grausamkeit wegen des eigenen sündigen Lebenswandels über die Juden gekommen sei und weil die Unterdrückung sowieso in absehbarer Zeit ein Ende finden würde. Nach dem Niedergang Assyriens würde Gott für allgemeinen Frieden sorgen und einen neuen Anfang in der Welt, fast eine zweite Schöpfung, einleiten; und der Gott Israels würde von Jerusalem aus ein die ganze Welt umspannendes Reich regieren. In dieser Zukunftsvision kam auch ein Abkömmling des königlichen Hauses Davids* vor, den man später als den Messias interpretierte. So wurden dann Bezüge zwischen dem Buch Jesaja und dem Auftreten Jesu* hergestellt, obwohl Jesaja seinen Messias weder als göttlich noch als unsterblich bezeichnet hatte.

In der Politik wandte sich Jesaja – trotz Judas immanenter Schwäche und dem daraus folgenden Bedarf an Bündnispartnern – entschieden gegen außenpolitische Verwicklungen. Er war zum Beispiel ein Gegner des Bündnisses mit Syrien*, das dazu dienen sollte, sich gegen die Macht Assyriens zu behaupten. Syrien war nach Jesajas Auffassung wegen seiner Verderbtheit kein passender Verbündeter, und außerdem würde Assyrien sowieso vom Schicksal ereilt werden. Setzt auf Gott, nicht auf Assyrien, war Jesajas Losung. Später riet er Hiskija* vom Beitritt zu einem großen Bündnis gegen Assyrien ab, das von der Philisterstadt Aschdod angeregt und von Ägypten unterstützt wurde. Wie gut Jesajas Rat gewesen war, zeigte sich, als Assyrien erneut alle seine Feinde besiegte. Jesajas Gottvertrauen war so groß, daß er Hiskija sogar versprach, der assyrische König Sanherib werde Jerusalem nicht einnehmen. Und wieder behielt er recht: Sanheribs Armee, die die Stadt belagerte, verschwand über Nacht, ob nun vom Engel des Todes vernichtet oder – wie der griechische Geschichtsschreiber Herodot annahm – von einer Mäuseplage vertrieben oder schlicht durch Tributzahlungen zum Abzug bewogen.

Im Buch Jesaja sind auch Aussprüche von mindestens zwei anderen Propheten enthalten. Da ihre Namen unbekannt sind, werden sie Deuterojesaja (Zweiter Jesaja) und Tritojesaja (Dritter Jesaja) genannt. Deuterojesaja (Kapitel 40 bis 55) lebte um 550 v. Chr. im babylonischen Exil*. Seine Botschaft, die seinen Glaubensbrüdern und -schwestern im Exil Hoffnung geben sollte, enthält einige der aufmunterndsten Stellen des Alten Testaments (und des ›Messias‹ von Händel). Er begann mit Trost: »Tröstet, tröstet mein Volk« lauten die Eingangssätze. Er versprach, daß einer kommen und für die Rückkehr aus Babylon nach Jerusalem eine breite Straße bahnen werde. Ja, mehr noch: Jerusalem sollte prächtig wiedererstehen und Gott selbst dort König sein, die Kinder Israels würden in der Welt eine Schlüsselposition innehaben und für immer behalten, alle anderen Religionen würden dahinschwinden. In Deuterojesaja wird einer jener Träume geträumt, die zu schön sind, um wahr zu sein. Es gibt darin aber auch vier

Texte, die eine nachhaltigere Wirkung hatten: Dort ist die Rede von einem geheimnisvollen Gottesknecht, dem Erwählten Gottes, der die ganze Welt erleuchten, dann getötet, begraben und wieder erscheinen würde – Worte, die sich nur zu leicht auf Jesus hin ausdeuten ließen.

Tritojesaja (Kapitel 56 bis 66) schlägt einen nüchterneren Ton an. Auch er trat im 6. Jahrhundert v. Chr., allerdings etwas später, auf und könnte zur ersten Gruppe von Juden gehört haben, die aus dem babylonischen Exil nach Jerusalem zurückkehrten. In der Tradition der Propheten rügte er den Verfall der Sitten und beklagte den aufwendigen Wiederaufbau des Tempels mit der Begründung, Gott habe es nicht so gewollt.

→ auch Propheten

(Jes; 2 Kön 19–20)

Jesse → Isai

Jesus
–, Christus (S. 124)
–, Sohn von Sirach (S. 131)

Jesus
Genannt Christus, davon abgeleitet die Bezeichnung Christen. Die Daten seiner Geburt und seines Todes sind unsicher. Er wurde in Betlehem in Judäa geboren, und zwar während der Herrschaft von Herodes dem Goßen* (der allerdings 4 v. Chr. starb) und in einem Jahr, in dem im ganzen römischen Reich eine Zählung durchgeführt wurde. Jüngste Forschungen deuten auf das Jahr 12 v. Chr. als tatsächliches Geburtsjahr hin, was auch recht gut mit einem anderen historischen Datum zusammenpassen würde, nämlich dem Erscheinen des Halleyschen Kometen. Auch andere Daten können als relativ gesichert gelten. So wurde er in Jerusalem zum Tod durch Kreuzigung verurteilt, als Pontius Pilatus* Statthalter war (27 bis 36 n. Chr.); der Zeitpunkt seiner Kreuzigung liegt zwischen 30 und 35 n. Chr.

Die Anfänge   Maria*, die Mutter Jesu und jungfräuliche Verlobte Josefs* von Nazaret in Galiläa, erfuhr vom Erzengel Gabriel, sie werde ein Kind vom Heiligen Geist empfangen, das sie Jesus nennen solle. Für die im römischen Reich durchgeführte Zählung mußte Josef, der aus dem königlichen Haus Davids* stammte, nach Betlehem gehen, wo das Kind in einem Stall zur Welt kam, da in der Herberge kein Platz war. Von Betlehem aus flohen Josef und seine Familie nach Ägypten, um dem Mordplan von Herodes zu entkommen, der alle Neugeborenen töten lassen wollte. Sie blieben in Ägypten, bis sie nach Herodes' Tod sicher nach Galiläa zurückkehren konnten.

Die Berichte über Kindheit und Jugend Jesu sind spärlich und werden von vielen Forschern als Legenden betrachtet, wenn auch manche Überlieferungen wie jene vom Besuch im Tempel wahr klingen. Danach war Jesus, den man zum Tempel in Jerusalem mitgenommen hatte, dort so versunken, daß er nur mit Mühe wieder heimgebracht werden konnte. Dieser Hang zum Religiösen war erstes Anzeichen einer Laufbahn, die ganz der religiösen Lehre gewidmet sein sollte und die sich vor allem in Galiläa, aber auch in benachbarten Gebieten und im südlich gelegenen Judäa abspielte, wo sie schließlich endete. Getauft wurde Jesus von seinem Vetter Johannes dem Täufer*, der, obwohl nur wenige Monate älter als er, bereits für sein ungewöhnlich leidenschaftliches Auftreten bekannt war. Nach der Taufe zog sich Jesus in die Wüste zurück, wo er vierzig Tage blieb; während dieser Zeit wurde er dreimal vom Teufel versucht, der ihm Zauberkräfte und die Herrschaft über die Welt versprach.

In Galiläa wurde Jesus rasch als Wanderprediger bekannt und zog große Menschenmengen an. Er wählte sich eine Gruppe von Jüngern aus, die später zu den zwölf Aposteln und damit zum Stoßkeil der sich ausdehnenden Missionstätigkeit wurden. Seine natürliche Rednergabe wurde durch die vollbrachten Heilungen und Wunder noch verstärkt. Von Galiläa aus zog er westlich in Richtung der Phönizierstädte an der Küste und östlich bis zur Dekapolis (dem Gebiet rechts und links des Jordan südlich des Sees Gennesaret). Entweder wollte er damit seine Missionstätigkeit über Galiläa hinaus ausdehnen oder aber er befürchtete, das Schicksal Johannes' des Täufers zu erleiden, der auf Befehl des Tetrarchen von Galiläa enthauptet worden war. Seine engsten Jünger, vor allem Petrus*, erkannten in Jesus den Messias, den verheißenen Erlöser, der im Namen ihres einen Gottes Macht und Wohlergehen der Juden wiederherstellen würde. Jesus bekannte sich dazu, der Sohn Gottes zu sein, wies sie jedoch an, darüber zu schweigen. Die Bestätigung – falls sie noch nötig war – erhielten sie, als Jesus sich mit drei der zwölf Apostel an einen abgelegenen Ort zurückzog, wo sie Zeuge seiner Verklärung wurden, bei der er als blendend weiße Gestalt erschien und mit Mose* und Elija* redete.

Die Lehrtätigkeit   Durch sein öffentliches Auftreten erzielte

Jesus in kurzer Zeit eine große Wirkung; sie resultierte aus dem, was er sagte und was er tat. Seine bevorzugte Art zu predigen war, in Gleichnissen zu sprechen, von denen mehr als dreißig überliefert sind. Das Gleichnis ist eine kurze, aus dem Alltag gegriffene Geschichte, die nur von einer oder zwei Personen handelt. Sie dient der Verdeutlichung eines Gedankens, indem zu einem vertrauten Geschehen eine unerwartete Parallele gezogen wird. Das Gleichnis wirkt zuerst verwirrend oder beunruhigend und ruft damit Aufmerksamkeit und das Verlangen nach Erklärung hervor. Jesus verwendete das Gleichnis als kurze moralische Erzählung: Der Inhalt ist zwar alltäglich, enthält aber eine moralische Botschaft. Jesus wurde in der jüdischen Tradition erzogen (und kannte vermutlich keine andere); er respektierte das Gesetz und die Propheten*, wies jedoch immer wieder in fast subversiver Weise darauf hin, daß das Gesetz und die Propheten nicht alles seien.

Wie einige der Propheten selbst, verlangte er mehr als die peinlich genaue Kenntnis des Gesetzes und die Einhaltung der Vorschriften, die er einem übergeordneten moralischen Verhaltenskodex unterwarf. Er war damit in den Augen der Hohenpriester und der Schriftgelehrten ein gefährlicher Mann, und je mehr Anklang er beim Volk fand, desto gewisser wurde es für die Hüter des Gesetzes, daß er beiseite geschafft werden mußte. Während seine Popularität sich vor allem auf seine Taten (und hier vor allem auf seine Wunder) gründete, waren es doch seine Reden, an denen die Behörden– jüdische wie römische – am meisten Anstoß nahmen. Indem er das Gesetz eher als Ansatzpunkt oder Sprungbrett betrachtete denn als statisches, in sich geschlossenes Regelwerk, stellte er nicht nur die traditionellen Überzeugungen selbst in Frage, sondern auch die Autorität der Vermittler und Bewahrer dieser Überzeugungen, also der Pharisäer* und Sadduzäer*. Zudem störte er damit die Kreise der römischen Behörden, denen vor allem an der Aufrechterhaltung der öffentlichen Ordnung gelegen war.

Auch auf andere Art rüttelte Jesus an den zeitlich und örtlich vorherrschenden Konventionen. Mehr als einmal äußerte er sich positiv über Außenseiter wie Huren, Aussätzige, Zöllner oder Samariter*. Sowohl sein Umgang wie seine Worte riefen bei seinen Gegnern Stirnrunzeln hervor. Jesus verharmloste die im herkömmlichen Sinne als Sünden verstandenen Vergehen nicht, wies aber darauf hin, daß der einzelne Sünder möglicherweise über Tugenden verfüge, die seine Sünden aufwiegen könnten. Zu dieser ganz und gar nicht der gängigen Meinung entsprechenden Auffassung kam noch sein Eintreten für die kleinen Leute, denen er Hoffnung zusprach, wobei er so weit ging zu sagen, daß bei jenen, die mehr Reichtum und Macht hätten als sie, die Liebe zu den irdischen Gütern ein Hindernis auf dem Weg zum Heil sein könnte.

Nicht weniger ungewöhnlich war seine Ablehnung von Gewalt. Er wies Petrus scharf zurecht, als dieser bei der Gefangennahme Malchus* das Ohr abschlug, und er verurteilte rückhaltlos jeglichen Griff zum Schwert. Jesus war kein Eremit und verbrachte sein Leben nicht wie Johannes der Täufer in der Wüste; und doch stand er jenem Teil der jüdischen Tradition erstaunlich fern, der die Kriegstaten der Richter*, der Könige von Israel* und Juda* sowie der Makkabäer* glorifizierte. Sein radikaler Idealismus – der auch nach zweitausend Jahren noch als nicht praktizierbar betrachtet wird und doch immer noch lebendig ist und diskutiert wird – läßt sich am besten anhand der Bergpredigt studieren. In der Form, in der sie im Evangelium nach Matthäus* erscheint, ist diese Predigt möglicherweise niemals gehalten worden. Vermutlich hat Matthäus verschiedene Aussprüche Jesu gesammelt und bearbeitet.

Doch für die Echtheit der Aussage spricht, daß sie sowohl von der herkömmlichen Lehre als auch von den üblichen Formen der Mahnreden der Propheten abweicht. Frieden und Liebe, Gerechtigkeit und Gebet sollten die charakteristischen Merkmale des kommenden Reiches Gottes sein. Obwohl Jesus Vorbote dieses Reiches war, äußerte er sich nicht dazu, wann es kommen würde – er sagte, er wisse es nicht. Es ergab sich also die Dringlichkeit seiner Botschaft nicht daraus, daß diese vage beschriebene Umwandlung der Gesellschaft unmittelbar bevorstand, sondern daraus, daß sie jeden Moment erfolgen konnte. Daß sie aber erfolgen werde, das war das Kernstück seiner Lehre.

Die Wunder   Die Gefolgschaft, die Jesus beim Volk fand, gründete sich mehr auf seine Taten als auf seine Worte. Die Menschen strömten ihm zu, weil sie davon gehört hatten, was er tat und was er den Erzählungen nach zu tun imstande war. Wenn auch zur damaligen Zeit Wunder als gar nichts so Besonderes galten, waren doch die Wunder Jesu erstaunlich zahlreich und einige Male auch spektakulär. Oft waren es Heilungen: Behandlung von Krankheiten, Wiedererlangung des Augenlichts und die – in der Sprache der damaligen Welt – Austreibung von Teufeln, die sowohl als Ursache der Krankheit galten als auch im äußeren

Erscheinungsbild zutage traten. In einigen Fällen glaubte man, diese Kraft zu heilen erstrecke sich sogar bis auf den Tod. Solche Beispiele für die Wiedererweckung bereits Verstorbener sind die Tochter von Jaïrus*, der Sohn der Witwe in Naïn und Lazarus*. Außerdem gab es wundersame Geschichten, die nichts mit Krankheiten oder Tod zu tun hatten: Auf dem Wasser gehen, einen Sturm zum Abflauen bringen, Tausende von Menschen mit einer läppischen Anzahl von Brotlaiben und Fischen speisen, auf einer Hochzeit in Kana Wasser in Wein verwandeln.

Alle vier Evangelisten berichten detailliert von einer ganzen Reihe von Wundern und von vielen weiteren in allgemeinerer Form. Dabei ging es ihnen darum, deutlich zu machen, daß Jesus nicht nur kein gewöhnlicher Mensch, auch nicht nur ein gewöhnlicher Prophet, sondern daß er der Messias war. Alle vier Berichte der Evangelisten gipfeln im Prozeß und im Tod Jesu, und die Autoren führen auf diese gewaltigen Ereignisse hin, indem sie immer und immer wieder von Wundern berichten, die neben ihrer Magnetwirkung auf die Menschen die Einzigartigkeit des Lebens – und damit auch des Todes – Jesu demonstrierten. Die Wunder waren somit nicht einfach nur seltsame Geschichten, sondern wesentlicher Bestandteil des messianischen Anspruchs und, nach der Auferstehung, des christlichen Anspruchs. Beides machte es schwierig für Judenchristen, in gutem Einvernehmen mit den anderen Mitgliedern der jüdischen Gemeinde zu leben, deren Führer von den Christen des Gottesmordes beschuldigt wurden. (Dieser Vorwurf, der ursprünglich nur den Hohenpriestern galt, die zur Zeit der Kreuzigung in Jerusalem im Amt waren, wurde von der christlichen Kirche später auf die Juden im allgemeinen ausgedehnt und damit zu einem Hauptelement des christlichen Antisemitismus.)

Die Passion   Jerusalem war Schauplatz des letzten Abschnitts im Leben Jesu. Zwar machen die Evangelisten unterschiedliche Angaben über die Zahl seiner Besuche in Jerusalem insgesamt, doch alle betonen diesen letzten Aufenthalt als den wichtigsten. Und das mit Recht und nicht nur wegen der dramatischen Ereignisse, die sich dabei abspielten, sondern auch, weil der Tod Jesu an jedem anderen Ort ein Ereignis von erheblich geringerer Bedeutung gewesen wäre. Judäa und die Hauptstadt Jerusalem waren Mittelpunkt einer Gesellschaft, für die Galiläa, wo Jesus den größten Teil seines Lebens verbrachte, nicht mehr als eine entlegene Provinzgegend darstellte. Zwar war Galiläa vor allem dank des Fischfangs und der Olivenhaine eine recht wohlhabende Re-

gion, doch war es weder ein religiöses Zentrum noch Sitz der
römischen Behörden. Jesus ging mit Vorahnungen nach Jerusalem und begab sich gefaßt in die Höhle des Löwen.

Sein Einzug in die Stadt glich einem Triumphzug und stellte damit
auch eine Herausforderung dar, die noch durch sein ganz unty-
pisch heftiges Auftreten im Tempel verstärkt wurde, wo er gegen
jene vorging, die normale, wenn auch unfromme Geldgeschäfte
abwickelten. In den Gesprächen mit seinen Jüngern bemühte er
sich, sie auf ein Leben ohne ihn vorzubereiten, ihnen ihre zukünftigen Aufgaben klarzumachen und – vor allem beim letzten gemeinsamen Mahl – feierlich den Bund zu bekräftigen, der zwischen ihm und ihnen als Jünger wie auch mit der zukünftigen
christlichen Gemeinde bestand. Eine Zeitlang hielten sich die Hohenpriester und die römischen Behörden zurück, bis dann Judas
Iskariot*, einer der zwölf Apostel, zu den Hohenpriestern ging,
und Jesus im Garten Getsemani, den er in offenkundiger banger
Unruhe aufgesucht hatte, mit einem Kuß verriet. Das alles geschah in der Nacht, vielleicht, weil sich die Hohenpriester nicht
getrauten, am hellichten Tag gegen Jesus vorzugehen.

Jesus wurde von einem, durch die Hohenpriester ausgesandten
Trupp bewaffneter Soldaten gefangengenommen; seine Hinrichtung erfolgte jedoch auf Befehl des römischen Statthalters. In den
Evangelien und in der christlichen Überlieferung wird Pontius
Pilatus so dargestellt, als habe er unter dem Druck der Hohenpriester gehandelt, die mehr als er daran interessiert waren, Jesus
aus dem Weg zu räumen. Doch auch die Römer hatten Gründe,
Jesus gegenüber mißtrauisch zu sein, da es ihnen, wie gleichgültig
sie auch immer seinen Lehren oder seinen Auseinandersetzungen
mit den Pharisäern und Sadduzäern gegenüberstanden, nicht ent-
gangen war, daß er irgendwie den Anspruch erhob, König einer
Provinz zu sein, die sie erst vor kurzem annektiert hatten und die
ihnen immer noch Scherereien bereitete. Zuerst wurde Jesus vor
den Hohen Rat, den Sanhedrin, geführt, bei dem der Hohepriester Kajaphas* den Vorsitz innehatte. Im Johannes-Evangelium
wird Jesus zuvor noch zu Hannas*, dem Amtsvorgänger und
Schwiegersohn von Kajaphas, zum Verhör gebracht.

Die Hohenpriester versuchten, Jesus zu gotteslästerlichen Äußerungen zu verleiten, doch bleibt unklar, ob ihr Vorwurf, er habe
solche Äußerungen getan, zutreffend war. Auf jeden Fall stand es
nicht in ihrer Macht, einen Beschuldigten zum Tode zu verurteilen, weshalb sie Jesus dem Statthalter übergaben. Pilatus versuchte, sich herauszuwinden, vielleicht, weil er sich durch den Druck

der Hohenpriester einerseits und die Unterstützung des Volkes für Jesus andererseits in der Zwickmühle sah. Er bot an, dem Brauch entsprechend, zum Paschafest auf Verlangen der Menge einen Gefangenen zu begnadigen, Jesus freizulassen. Als er aber zwischen Jesus und dem verurteilten Verbrecher Barabbas* wählen ließ, forderte die Menge unter dem Einfluß der Hohenpriester oder einer Gruppe von Barabbas-Anhängern die Freilassung von Barabbas, worauf Pilatus seine Hände in Unschuld wusch und der Sache ihren Lauf ließ.

Es folgte das schauerliche und ausgedehnte Verfahren einer römischen Hinrichtung: Geißelung, Verspottung, Kreuzigung bei lebendigem Leib. Die Kreuzigungsstätte war ein Ort nahe Jerusalem mit dem Namen Golgota, was »Schädelhöhle« bedeutet. Simon von Zyrene*, der zufällig vorbeikam, wurde gezwungen, das Kreuz mitzutragen, auf dem Jesus zum Spott als König der Juden bezeichnet wurde. Rechts und links von ihm wurden gleichzeitig zwei Verbrecher gekreuzigt. Als Jesus starb, ereigneten sich ungewöhnliche und übernatürliche Dinge, die nur dadurch erklärbar schienen, daß Jesus Gottes Sohn gewesen war. Viele Menschen waren anwesend, die dann die Jünger benachrichtigten. Unter ihnen befand sich Josef aus Arimathäa*, der sich von Pilatus den Leichnam Jesu erbat, um ihn in einem Grab in einem nahegelegenen Garten zu bestatten. Das Grab wurde zur Sicherheit mit einem großen Stein am Eingang verschlossen. Einem Bericht zufolge war dies die Idee der Hohenpriester, die befürchteten, man könnte den Leichnam stehlen und dann behaupten, der Tote sei wunderbarerweise auferstanden.

An diesem Grab machten einige Frauen (die in den Evangelien unterschiedliche Namen tragen, → Maria) am Sabbatabend eine folgenschwere Entdeckung. Sie waren Jesus zur Hinrichtung gefolgt und am Fuß des Kreuzes geblieben, bis er starb, während seine männlichen Jünger offenbar alle geflohen waren. Als sie dann zwei Tage nach der Kreuzigung zum Grab kamen, fanden sie den Stein weggerollt und das Grab leer. Nach der anschaulichsten Schilderung (von Johannes) war es Maria aus Magdala*, die die Entdeckung machte, zwei Apostel herbeiholte und dann Jesus selbst sah, den sie zuerst für einen Gärtner hielt. Später erschien Jesus auch anderen, so auf dem Weg nach Emmaus (→ Kleopas) und in Galiläa; nachdem er ihnen gezeigt hatte, daß er von den Toten auferstanden war, wurde er in den Himmel aufgenommen.

Die meisten Menschen, die Jesus während seines Lebens auf Erden begegneten, hielten ihn entweder für den Messias, und damit für eine in der jüdischen Tradition festverwurzelte Gestalt, oder aber für einen Betrüger. Doch die beiden Pole seines Lebens – die Inkarnation am Anfang und die Auferstehung am Ende – kamen in dieser Tradition nicht vor. Weder sollte der Messias des Judentums menschgewordener Gott sein, noch sollte er von den Toten auferstehen. Als diese beiden Elemente sich kurz nach dem Tod Jesu als feste Glaubenssätze durchsetzten, war dies der Anfang einer neuen Religion.

Jesus
Sohn von Sirach und Verfasser des Buches Jesus Sirach, einer im 2. Jahrhundert v. Chr. entstandenen Schrift mit Tugendregeln, deren Schlußteil das berühmte »Lob der Väter« enthält: »Die ehrwürdigen Männer will ich preisen, unsere Väter, wie sie aufeinander folgten.«
(Sir)

Jiftach
Sohn von Gilead und einer Dirne, der einer der bedeutendsten Richter* Israels wurde. Nachdem die beiden weniger bekannten Richter Tola und Jaïr Israel ein halbes Jahrhundert lang regiert hatten, verfielen die Israeliten mehr denn je dem Götzendienst. Sie beteten Baal* und Astarte an, dienten den Göttern Arams, Sidons und Moabs wie auch den Göttern der Ammoniter* und Philister*. Jiftach war von seinen Halbbrüdern aus der Familie verstoßen worden; doch als Israel von den Ammonitern Krieg drohte, zogen die Ältesten aus, um ihn zu suchen und zu bitten, Anführer und Oberhaupt der Bewohner Gileads zu werden. Nach längerem Zureden willigte Jiftach ein und legte dann ein Gelübde ab, wonach er im Falle eines Sieges das erste, was ihm bei der Heimkehr aus seinem Haus entgegenkomme, Gott als Opfer darbringen wolle. Er brachte den Ammonitern eine verheerende Niederlage bei. Als er danach zurückkehrte, war es seine Tochter, die ihm, zur Pauke tanzend, als erste entgegenkam. Nach einem Aufschub von zwei Monaten, die sie sich erbeten hatte, um in den Bergen ihre Jugend zu beweinen, wurde sie geopfert, obwohl sie Jiftachs einziges Kind war. Daraus entstand der Brauch, daß die Töchter Israels jedes Jahr in den Bergen vier Tage lang die Tochter Jiftachs beklagten.
Aus Zorn darüber, daß man sie nicht zur Teilnahme am Krieg gegen die Ammoniter aufgefordert hatte, fingen die Efraimiter*

mit Jiftach Streit an. Es kam zum Kampf, den Jiftach mit seinen Männern gewann. Er ließ alle nach Efraim führenden Übergänge über den Jordan besetzen. Um die Efraimiter unter den Leuten, die über den Fluß wollten, herauszufinden, mußten alle das Wort »Schibbolet« hersagen, das die Efraimiter nur als »Sibbolet« aussprechen konnten. Die durch diesen Sprachtest identifizierten Männer wurden niedergemacht; insgesamt kamen zweiundvierzigtausend ums Leben.

Auf Jiftach folgten die drei weniger bedeutenden Richter Ibzan, Elon und Abdon, bis schließlich Simson* Richter von Israel wurde.

Händel hat mit seinem Oratorium ›Jephta‹ nicht nur sein letztes, sondern auch sein längstes und düsterstes Werk zu biblischen Themen geschaffen. Der englische Dichter Lord Byron verleiht in seinem Gedicht ›Jephtas Tochter‹ dem Mädchen den edlen Sinn einer Heldin und Patriotin, die ihr letztes Lied an den Vater mit den Worten schließt: »Vergiß nicht, ich starb mit einem Lächeln.« Auf die Jiftach-Geschichte geht auch die Verwendung des Wortes »Schibbolet(h)« (hebräisch für »Ähre« oder »Strom«) als Erkennungszeichen oder Losungswort zurück.

(Ri 11–12)

Jitro

Midianiter-Priester und Schwiegervater von Mose*. Manchmal auch Reguël genannt.

(Ex 2–4, 18)

Joab

Sohn von Davids* Schwester Zeruja*. Er war sowohl vor als auch nach Sauls* Tod Davids erfolgreichster Heerführer und treuester (wenn auch nicht immer gehorsamer) Gefolgsmann. Seine Karriere begann, als er Jerusalem für David einnahm, und er festigte seine Position mit Siegen über den Ammoniterkönig Hanun* und über eine vereinigte syrische Streitmacht. Diese Erfolge dehnten Davids Machtbereich im Norden bis nach Damaskus und zum Euphrat aus, wodurch er den Rücken freibekam und sich gegen die Edomiter* und Philister* im Süden wenden konnte.

Joab war für David, was Abner* für Saul war; ihre Rivalität beeinflußte das Schicksal einer ganzen Generation. Diese Rivalität war sowohl militärischer als auch persönlicher Natur, da Joab mit Abner in Fehde lag, weil der seinen Bruder Asaël* getötet hatte. Als David dann mit Sauls Anhängern Frieden schloß, lockte Joab

– gegen die großmütigeren Absichten Davids – Abner in Davids Hauptquartier und ermordete ihn. Joab leitete unter anderem auch die Versöhnung zwischen David und seinem Sohn Abschalom* in die Wege, nachdem Abschalom Amnon* wegen Vergewaltigung seiner Schwester Tamar* getötet hatte. Er kämpfte in der schwersten Zeit von Davids Herrschaft, als sich Abschalom gegen seinen Vater erhob, auf seiner Seite und tötete Abschalom mit eigenen Händen, als er sich in einem Baum verfangen hatte und wehrlos war – ein klarer Verstoß gegen Davids Anordnung, Abschaloms Leben zu schonen. Außerdem tötete Joab seinen Vetter Amasa*, der zu Abschalom übergelaufen war. Als David im Sterben lag, stellte sich Joab auf die Seite Adonijas*, der seinen Thronanspruch gegen Salomo* durchsetzen wollte. Nach seiner Ausrufung zum König ließ Salomo Joab deshalb töten, obwohl er im Zelt des Herrn beim Altar Zuflucht gesucht hatte. Joab war einer der herausragendsten Krieger des Alten Testaments und auch einer der kaltblütigsten – ebenso starrsinnig in seinen Fehden wie gewandt auf dem Schlachtfeld.

(2 Sam 2–3, 10–11, 14, 17–21, 23; 1 Kön 1–2; 1 Chr 11, 18–21, 27)

Joël

Prophet, der sich zeitlich ungewöhnlich schwer einordnen läßt. Er war möglicherweise einer der bedeutenderen Nachfolger Jesajas* im späten 7. Jahrhundert v. Chr., trat aber vermutlich doch erst nach dem babylonischen Exil* (Mitte des 4. Jahrhunderts v. Chr.) auf. Wenn das letztere zutrifft, dann stand Joël in ungewöhnlicher Weise über dem lautstark tönenden Nationalismus der Juden jener Zeit. Er erscheint als kultivierter, rationaler Mensch, mehr Utopist als Reformer. Und obwohl er vom Unglück sprach, das Gottlose und Ungerechte treffen würde, tat er es doch ohne hämischen Unterton. Seine Botschaft war gedämpft optimistisch, da seiner Ansicht nach die Menschen durch Unglück zu Umkehr und Reue gelangten und sich Gottes Erbarmen erweisen würde.
→ auch Propheten

(Joël)

Johannes

Fünf Personen dieses Namens sind nachfolgend angeführt. Der Name Johannes ist seit Jahrhunderten der beliebteste Jungenname in christlichen Familien und auch der am häufigsten gewählte Papstname.
– der Täufer (S. 134)

Johannes der Täufer

Sohn von Zacharias* und Elisabet*, der ihnen im hohen Alter geboren wurde. Er kam sechs Monate vor Jesus*, seinem Vetter, zur Welt. Als Prophet in Judäa lebte er von Heuschrecken und wildem Honig und kleidete sich in ein Gewand aus Kamelhaaren; er kündigte das nahe Kommen des Messias an und rief zur Umkehr auf, als deren Zeichen er die Taufe mit Wasser vornahm. Jesus kam aus Galiläa zu ihm, um sich taufen zu lassen, was Johannes zuerst mit der Begründung ablehnte, daß nicht er Jesus, sondern Jesus ihn taufen solle. Nachdem er Judäa verlassen hatte, um östlich des Jordan zu predigen, wurde er von Herodes Antipas*, dem Tetrarchen von Galiläa, ins Gefängnis geworfen; Johannes hatte ihn später öffentlich wegen seiner Ehe mit seiner Schwägerin Herodias* kritisiert. Auf Wunsch seiner Stieftochter Salome* ließ Herodes ihn später hinrichten.

Johannes war sowohl ein typischer Vertreter seiner Epoche als auch ein eigenständiger Charakter. Die damalige Zeit brachte viele umherziehende Prediger mit den abstrusesten Lehren hervor. Johannes sprach jedoch mit einer besonderen Dringlichkeit und hatte ein besonderes Angebot: Er betonte die unmittelbar bevorstehende Ankunft des Messias und führte die Taufe mit Wasser ein, als einen Schritt auf dem Weg zum Heil, das der Messias durch die Taufe mit dem Heiligen Geist vollenden würde. Bei den Priestern und Pharisäern* handelte er sich durch sein Auftreten den Vorwurf der religiösen, bei Herodes den der politischen Subversion ein. Als er dann von Judäa nach Galiläa zog, kam er vom Regen in die Traufe.

Die Legende hat sein abgeschlagenes Haupt im 4. Jahrhundert nach Konstantinopel gelangen lassen und von dort aus weiter zu König Pippin III. nach Franken – ein frühes Beispiel des Transfers von Prestige-Gütern in den Westen. In der Orthodoxen Kirche wird Johannes nicht »Täufer«, sondern »Vorläufer« (Jesu) genannt. (Taufe bedeutet Weihe oder Aufnahme durch Übergießen mit Wasser oder Untertauchen.)

Kindheit, Auftreten und Tod von Johannes sind unzählige Male dargestellt worden. Er erscheint auf Bildern der Heiligen Familie, zusammen mit Jesus glücklich zu Füßen der Erwachsenen spielend. Er erscheint als Prediger, der zottig und oft allein die Wüste durchstreift (zum Beispiel auf einem Bild von Domenico Veneziano in der National Gallery in Washington). Aber er erscheint auch in einer ganz anderen Art von Milieu, Kleidung und Landschaft: Pieter Bruegel d. Ä. hat ihn mitten in eine Versammlung gesetzter niederländischer Protestanten hineingemalt (Budapest, Museum der Bildenden Künste). Das abgeschlagene Haupt des Johannes wurde zum populären, wenn auch schauerlichen Sujet: Die Darstellung von Giovanni Bellini verbindet wohl am besten Würde und Schrecken seines Todes (Pesaro, Städtisches Museum). Caravaggio malte die Enthauptung selbst – eine düstere Szene, durchschnitten von einzelnen Lichtstrahlen, mit zwei Zuschauern, die das Geschehen verstohlen durch ein Gitter beobachten (Valletta, Kathedrale). Als Skulptur ist Johannes überall in der christlichen Welt zu finden, am berühmtesten sind die Arbeiten von Donatello (Siena, Dom, und Florenz, Bargello, wo ein herrliches Flachrelief von Kopf und Schultern sowie zwei ergreifende Statuen zu sehen sind) und von Rodin (New York, Museum of Modern Art).

(Mt 3–4, 9, 11, 14, 21; Mk 1–2, 6, 11; Lk 1, 3, 5, 7, 9, 20; Joh 1, 3, 5, 10; Apg 1, 13)

Johannes

Sohn von Zebedäus*, Fischer und einer der zwölf Apostel. Er wurde mit dem Evangelisten Johannes gleichgesetzt, doch ist dies höchst unsicher. Zusammen mit seinem Bruder Jakobus* und mit Petrus* gehörte er zum inneren Kreis der Jünger Jesu*. Er war der »Jünger, den Jesus liebte«, der nach der Kreuzigung mit der Betreuung Marias*, der Mutter Jesu, beauftragt wurde. Zur besonderen Bedeutung von Johannes und Petrus → Petrus.

(Mt 4, 10, 17, 26; Mk 1, 9–14; Lk 5–6; Joh 20–21; Apg 1)

Johannes

Verfasser des vierten Evangeliums und vermutlich auch der drei Johannes-Briefe, nicht aber – entgegen einer schon früh einsetzenden und daher langen Tradition – der Offenbarung. Johannes' Beitrag zur Entstehung der christlichen Gemeinde war kaum geringer als der von Paulus*, seine Persönlichkeit hingegen ist um einiges dunkler, was für die Aussagen in seinem Evangelium gilt. Er lebte vermutlich in Ephesus, wo er der Überlieferung nach in hohem Alter starb.

Das Johannes-Evangelium ist den anderen drei ähnlich und unähnlich zugleich. Gemeinsam ist ihnen der Aufbau: Ein erzählender Bericht von der Verurteilung, vom Tod und von der Auferstehung Jesu*, wobei diesen Höhepunkten ausgewählte Beispiele seiner Handlungen, Reden und Lehren vorangestellt sind. Unterschiede sind in den Einzelheiten, in der geistigen Tiefe und im Stil erkennbar. Auffallend sind gewisse Abweichungen im Detail: So beschränkt sich das Wirken Jesu nicht, wie in den drei anderen Evangelien, nahezu ausschließlich auf Galiläa; Johannes berichtet von Besuchen in Jerusalem bereits vor der Passion. Er erwähnt weder die Verklärung noch die Qualen im Garten Getsemani, noch das Abendmahl. Dagegen spricht nur er vom Verhör Jesu vor dem ehemaligen Hohenpriester Hannas*, und die Kreuzigung findet bei ihm einen Tag früher als bei den anderen drei Evangelisten statt. Diese Unterschiede im Detail sind deshalb so auffallend, weil es ja nur vier kanonische Evangelien gibt – Johannes ist eindeutig der Exot unter ihnen. Viel bedeutungsvoller aber als diese Abweichungen ist sein völlig andersartiger und weiträumigerer Bezugsrahmen.

Bei Matthäus*, Markus* und Lukas* steht die Leidensgeschichte Jesu im Zusammenhang mit seinem irdischen Leben und (vor allem bei Matthäus) mit seiner Einordnung in die messianischen Genealogien, Prophezeiungen und Erwartungen der Juden. Bei Johannes ist das Bezugsfeld weitreichender, die Sprache anspruchsvoller. Wie Paulus die christliche Botschaft von den Juden auf die Heiden ausdehnte, so erweiterte sie Johannes (und das in noch stärkerem Maße), als er den göttlichen Plan als Ausgangspunkt nahm: »Im Anfang war das Wort ...« Das Wort, oder Logos, ist Gottes Plan, der schon vor der Schöpfung bestand, und Johannes setzte in seinem Bericht das Wirken und Leiden Jesu in Beziehung zu dessen Rolle in diesem Plan, der die Zeit vor der Schöpfung bis hin zum Ende der Welt umfaßt. Weitaus mehr als seine Evangelisten-Kollegen befaßte sich Johannes sowohl inhaltlich als auch stilistisch mit der zutiefst ehrfurchtgebietenden Geschichte Jesu *sub specie aeternitatis,* wobei er sich philosophischer Ideen des Judentums wie der griechischen Welt bediente, die den Gebildeten der damaligen Zeit geläufig und bis zu einem gewissen Grad auch in die allgemeine Vorstellungswelt eingedrungen waren.

Johannes unterscheidet sich von den anderen Evangelisten nicht nur durch seine Ansichten über die Rolle Jesu im göttlichen Plan, sondern auch durch seine Auffassung von der Natur Jesu. So finden sich alle Belegstellen für die Annahme, daß Jesus sich selbst als göttlich verstand, im vierten Evangelium, alle Stellen, die dagegen sprechen, in den anderen drei.

Der Evangelist Johannes, dessen Emblem der Adler ist, war nie ein leicht verständlicher Autor, und es war, wie der englische Dichter Robert Browning zu Recht darlegte, einige Zeit unsicher genug, ob seine Ausführungen und seine Sichtweise, die der Gedankenwelt gewöhnlicher Menschen um so vieles fremder waren als die der anderen Evangelisten, ihn überleben würden. In seinem Gedicht ›Ein Tod in der Wüste‹ stellt Browning die bittere Frage, wie die Lehre Jesu würde überleben können nach dem Tod von Johannes, des letzten jener Menschen, die Jesus »sahen, hörten, kannten«. In dem Gedicht ging es Browning darum, zeitgenössischen Angriffen auf christliches Glaubensgut entgegenzutreten. Was sich jedoch am tiefsten einprägt, ist das Bild des Letzten einer Generation, welcher unvergleichliche Seligkeit zuteil wurde und deren Dahinscheiden er mit dem Tod seiner Gefährten erleben mußte.

(Joh)

Johannes

Verfasser der Apokalypse, die ihm durch einen Engel offenbart wurde. Diese »Offenbarung des Johannes« ist das letzte Buch des Neuen Testaments. Nach einer Überlieferung, die fast so alt ist wie das Christentum selbst, sollte er identisch sein mit dem Apostel Johannes* und dem Evangelisten Johannes*, was von Bibelforschern jedoch mittlerweile nachdrücklich bezweifelt wird. Seinem eigenen Bericht zufolge wurde Johannes auf die griechische Insel Patmos verbannt.

In einer seiner boshaftesten Äußerungen bemerkt der französische Schriftsteller André Gide zu den Visionen des Johannes, sie seien wohl darauf zurückzuführen, daß Johannes auf Patmos ein Buch gegessen habe – auch Ratten bekämen von Büchern Verdauungsprobleme.

(Offb)

Johannes Markus

Jude aus Jerusalem und Vetter des Barnabas*. Er schloß sich Paulus* und Barnabas in Jerusalem an, ging mit ihnen zurück nach Antiochia und begleitete sie auch auf einem Teil ihrer gemeinsamen Missionsreise nach Zypern. Paulus und Barnabas gerieten über ihn in heftigen Streit, da Barnabas ihn auch auf die nächste Reise mitnehmen wollte. Paulus war dagegen, weil Johannes Markus sie beim ersten Mal im Stich gelassen hatte und nicht mit ihnen weitergezogen war. Paulus und Barnabas trennten sich; der erste reiste weiter mit Silas*, der zweite mit Johannes Markus. Später versöhnten sich Paulus und Johannes Markus wieder. Es ist möglich, daß Johannes Markus der Autor des Markus-Evangeliums war (→ Markus).

(Apg 4, 12–13, 15; Kol 4; Phlm; 2 Tim 4)

Jojada

Priester in Jerusalem zur Zeit der heidnischen Königin Atalja*, die nach dem Tod ihres Sohnes Ahasja selbst den Thron bestiegen hatte. Jojada haßte Atalja nicht allein aus religiösen, sondern auch aus familiären Gründen, da er mit Ahasjas Schwester verheiratet war. Er führte einen Aufstand gegen sie an, zerstörte die Altäre und Bilder des Baal* und setzte Ahasjas siebenjährigen Sohn Joasch als König ein. Bis zu Jojadas Tod lief alles wie gewünscht, doch dann fielen König und Hof wieder ins Heidentum zurück. Jojadas Sohn Secharja, der öffentlich dagegen auftrat, wurde auf Befehl des Königs gesteinigt. Als Strafgericht sandte Gott die Aramäer (→ Syrien) ins Land Juda.

(2 Kön 11–12; 2 Chr 22–24)

Jona

Prophet wider Willen und Held der vielleicht ersten Kurzgeschichte der Weltliteratur. Jona erhält von Gott den Befehl, nach Ninive zu gehen und dort die Laster der Bewohner anzuprangern. Verständlicherweise wenig erbaut von der Aussicht, wie man ihn dort wohl empfangen wird, nimmt er lieber ein Schiff in die entgegengesetzte Richtung, nach Tarschisch. Doch so leicht läßt sich Gott nicht täuschen, er schickt einen großen Sturm. Jona schläft seelenruhig, während seine Schiffsgenossen in Angst und Schrecken verfallen. Als sie per Losentscheid feststellen wollen, wer an ihrem Unglück schuld ist, trifft es Jona. Sie werfen ihn über Bord, und der Sturm legt sich. Ein riesiger Fisch verschlingt Jona, behält ihn drei Tage und drei Nächte in seinem Bauch und spuckt ihn dann aufs Land, was Jona offenbar alles tadellos übersteht. Gott wiederholt daraufhin seinen Befehl, und dieses Mal gehorcht Jona. Die Bewohner von Ninive zeigen Reue, worauf Gott sie verschont. Jona ärgert das zutiefst, denn er hat sich extra eine Hütte am Stadtrand gebaut, damit ihm von Gottes Strafgericht über Ninive nichts entgeht. Gott läßt einen Rizinusstrauch wachsen, der Jona vor Sonne und Wind schützt, schickt aber tags darauf einen Wurm, der den Strauch anknabbert und verdorren läßt, worauf dann die Sonne wiederum Jona so ausdörrt, daß er am liebsten sterben will. Er denkt über die Ereignisse nach, verspürt Mitleid mit den Bewohnern von Ninive und versöhnt sich mit Gottes Ratschluß, sie vom Strafgericht zu verschonen.

Die Lehrerzählung von Jona ist eine Mischung aus Parabel und Wundermärchen, in erster Linie aber einfach eine sehr gute Geschichte. Im englischsprachigen Raum bezeichnet man als »Jonah« einen Menschen, der durch seine bloße Anwesenheit bereits Unglück über andere bringt.

(Jona)

Jonadab

Freund, Vetter und übler Ratgeber von Amnon*, einem Sohn Davids*. Jonadab dachte sich jenen Plan aus, der es Amnon ermöglichte, seine Halbschwester Tamar* zu vergewaltigen. Amnon wurde zwei Jahre später von Tamars Bruder Abschalom* ermordet.

Die Verwicklungen dieses Familiendramas haben Schriftsteller bis auf den heutigen Tag inspiriert. Jüngstes Beispiel ist das Stück ›Yonadab‹ von Peter Shaffer.

(2 Sam 13)

Jonatan

–, Sohn von Saul* (S. 139)
–, Sohn des Priesters Abjatar*, der David* diente (S. 140)
–, Makkabäer (S. 140)

Jonatan

Ältester der drei Söhne Sauls*. Nachdem Saul König über alle Stämme Israels geworden war, führten er und Jonatan Krieg gegen die Philister*. Jonatan, der mit einer Heldentat auftrumpfen wollte, schlich sich heimlich mit seinem Waffenträger davon. So hörte er nichts von Sauls Anordnung an die Israeliten, einen Tag zu fasten, um dann Angriff und Verfolgung des Feindes um so entschlossener fortzusetzen. Jonatan aß wilden Honig, den er gefunden hatte, wurde von seinem Vater zum Tode verurteilt, auf den lautstarken Einspruch des Volkes hin jedoch begnadigt. Er wurde zum ergebenen Freund von David* und stellte sich auf dessen Seite, als Saul sich gegen ihn wandte. Er setzte sich für ihn ein und warnte ihn vor Anschlägen auf sein Leben – all das in offenem Widerstand zu seinem Vater, dem König, und trotz der Tatsache, daß David, so lange er am Leben war, seine eigenen

Aussichten auf Sauls Nachfolge gefährdete. Jonatan und seine beiden Brüder wurden in Sauls letztem Kampf gegen die Philister getötet, während Saul sich ins Schwert stürzte. Ihre Leichen wurden von Männern aus Jabesch-Gilead geborgen und verbrannt und ihre Gebeine unter einem Baum begraben. Viele Jahre später wurden sie von David ins Grab von Sauls Vater Kisch* überführt. Davids herzergreifende Totenklage für Saul und Jonatan ist erfüllt von seiner Treue und Hingabe und seinem tiefen Schmerz:

Israel, dein Stolz liegt erschlagen auf deinen Höhen.

Ach, die Helden sind gefallen.

Meldet es nicht in Gat,

verkündet es nicht auf Aschkelons Straßen,

damit die Töchter der Philister sich nicht freuen,

damit die Töchter der Unbeschnittenen nicht jauchzen.

. . .

Wunderbarer war deine Liebe für mich

als die Liebe der Frauen.

(1 Sam 14; 18–31; 2 Sam 1; 21; 1 Chr 10)

Jonatan

Sohn des Priesters Abjatar*. Nachdem sich Abschalom* gegen David* erhoben hatte und dieser aus Jerusalem geflohen war, wurden Jonatan und Ahimaaz* (Sohn des Priesters Zadok*) als Kundschafter ausgewählt, um in Jerusalem Abschaloms Absichten herauszufinden. Auf dem Rückweg mußten sich beide in einem Brunnen verstecken, gelangten aber sicher zu David und informierten ihn über die Pläne des Gegners. David zog sich daraufhin über den Jordan zurück und lockte so Abschalom ins Verderben.

(2 Sam 15; 17)

Jonatan

Bruder von Judas dem Makkabäer* und, nach dessen Tod 160 v. Chr., sein Nachfolger als Herrscher des Makkabäer-Reiches bis zu seinem eigenen Tod 142 v. Chr. Von 153 v. Chr. an hatte er auch das Amt des Hohenpriesters inne.

→ Makkabäer, → Stammbaum E

(1 Makk 9–14; 2 Makk 8)

Joschafat

Vierter König von Juda, der von etwa 873 bis 849 v. Chr. regierte. Sein Vater Asa war vierzig Jahre lang König gewesen und hatte die Streitigkeiten zwischen Juda und Israel beigelegt, die seit Gründung der beiden Königreiche durch Rehabeam* und Jerobeam* bestanden hatten. Joschafats Herrschaft in Juda entsprach zeitlich ungefähr der Herrschaft Ahabs* in Israel. Joschafat wollte sich gegen die Aramäer (→ Syrien) mit Israel verbünden und suchte Ahab auf, der einen gemeinsamen Feldzug vorschlug. Als beide Könige mehrere Propheten befragten, sprachen sich alle außer Micha* im gewünschten Sinne, das heißt für das Vorhaben, aus. Ahab zog verkleidet in die Schlacht, kam aber trotzdem darin um, während Joschafat entkommen konnte. Später zog er gegen die Moabiter* und Ammoniter* und besiegte sie. Der Erwartung nach sollte das Tal Joschafat Schauplatz des Jüngsten Gerichts sein.

Zu weiteren Königen von Juda → Atalja, → Usija, → Hiskija, → Joschija

(1 Kön 15, 22; 2 Chr 17–20; Joël 3)

Joschija
König von Juda von etwa 640 bis 609 v. Chr. und Urenkel von Hiskija*. Von Assyrien* und Ägypten* bedroht, versuchte er, Juda vor dem einen durch ein Bündnis mit dem anderen zu retten. Der Zeitpunkt war schlecht gewählt, und die Rechnung ging nicht auf. Joschija kam im Kampf gegen Ägypten ums Leben, und Juda wurde ägyptischer Marionettenstaat. Ein Klagelied Jeremias* für Joschija findet sich im nichtkanonischen Teil der Esra-Bücher.

Während Joschijas Herrschaft wurde in Jerusalem eine bedeutsame Entdeckung gemacht. Der Priester Hilkija* fand im Tempel bei Reparaturarbeiten ein jüdisches Gesetzbuch, bei dem es sich vermutlich um das Deuteronomium handelte. Joschija reagierte mit Begeisterung auf die Entdeckung und erhob das Buch, das man Mose* zuschrieb, quasi in den Rang einer Verfassung. Obwohl dies von seinen Nachfolgern wieder rückgängig gemacht wurde, schufen nach der Rückkehr aus dem babylonischen Exil* Esra* und Nehemia* sowie die späteren Propheten (Haggai*, Sacharja*, Maleachi*) das neue Israel auf der Grundlage des Mosaischen Gesetzes und der fünf Bücher des Mose (Pentateuch). Joschijas Begeisterung angesichts des Gesetzbuches läßt ihn als Vorläufer des späteren theokratischen Staates erscheinen. In seinem Buch ›Anatomie der Melancholie‹ stellt Robert Burton Joschija als vorbildlichen Herrscher in eine Reihe mit Numa Pompilius, dem sagenhaften zweiten König von Rom, und mit Kaiser Augustus.

Juda als ganzes überlebte Joschija nicht allzu lange. Aus dem ägyptischen Marionettenstaat wurde eine babylonische Provinz. Nebukadnezzar* plünderte Jerusalem während der Herrschaft Jojakims und setzte dessen Nachfolger ab. Zidkija, der letzte König von Juda, wurde im Jahr 587 v.Chr. nach Babylon in die Gefangenschaft geführt und dort geblendet; alle seine Söhne wurden getötet. Das Königreich Rehabeams* ging unter, doch die königliche Linie, das Haus Davids*, lebte weiter und kam rund fünfzig Jahre später durch Serubbabel* nach Jerusalem zurück.

(2 Kön 22–23; 2 Chr 34–35; Jer 1; Zef 1)

Josef
–, Sohn von Jakob* (S. 143)
–, Verlobter von Maria*, der Mutter Jesu* (S. 145)
– aus Arimathäa (S. 146)
– Barsabbas (S. 147)

Josef
Sohn von Jakob* und ein großer Herr in Ägypten. Als älterer der beiden Söhne Rahels*, als besonderer Liebling seines Vaters und überdies als Träumer war er bei seinen Halbbrüdern recht unbeliebt. Er selbst trug auch nicht gerade dazu bei, sie versöhnlich zu stimmen, als er ihnen von zwei Träumen erzählte, nach denen er sie alle an Bedeutung überragen werde und sogar Vater und Mutter sich vor ihm verbeugen würden. Ein bunter Ärmelrock, den Jakob für ihn machen ließ, zeigte seine besondere Liebe zu Josef. Diesen Rock trug er, als Jakob ihn aussandte, um nach seinen Brüdern zu sehen, die in einiger Entfernung die Herden weideten. Als sie Josef kommen sahen, beschlossen sie, ihn zu töten. Doch Ruben*, der älteste, schreckte vor einem derartig schweren Verbrechen zurück und schlug vor, Josef statt dessen ohne Nahrung und ohne Wasser in eine leere Zisterne zu werfen. Als eine Karawane von Ismaelitern vorbeizog, beschlossen die Brüder auf Judas* Anregung, Josef für zwanzig Silberstücke zu verkaufen. Ruben, der bei dem Handel nicht zugegen war, war verzweifelt, als er bei seiner Rückkehr Josef nicht mehr in der Zisterne fand. Die Brüder nahmen Josefs Rock und tauchten ihn in das Blut eines geschlachteten Ziegenbockes. Zu Hause zeigten sie ihn Jakob als Beweis dafür, daß Josef von einem wilden Tier zerrissen worden sei.

Als Sklave in Ägypten   Die Ismaeliter brachten Josef nach Ägypten und verkauften ihn dort an Potifar*, den Obersten der

Leibwache des Pharao. Dieser lernte ihn schätzen und gab ihm hohe Ämter in seinem Haus. Doch als Potifars Frau, aus Verärgerung darüber, daß Josef nicht mit ihr schlafen wollte, ihn bei ihrem Mann der Verführung bezichtigte, wurde er ins Gefängnis geworfen. Dort gewann er das Wohlwollen des Gefängnisleiters, der ihn zum Aufseher über alle Gefangenen ernannte. In dieses Gefängnis wurden auch der Obermundschenk und der Hofbäcker gebracht, die beim Pharao in Ungnade gefallen waren. Beide hatten einen Traum und fragten Josef, ob er ihn deuten könne. Josef sagte dem Obermundschenk voraus, er werde in drei Tagen wieder in sein Amt eingesetzt; dem Oberbäcker prophezeite er, er werde gehenkt werden. Es geschah, wie Josef gesagt hatte. Der Obermundschenk versprach, dem Pharao von Josef zu erzählen und seine Entlassung aus dem Gefängnis zu erreichen. Aber später vergaß er Josef und sein Versprechen.

Erst zwei Jahre später, als der Pharao durch Träume beunruhigt war, die ihm niemand deuten konnte, erinnerte sich der Obermundschenk an Josef. In den Träumen des Pharao wurden sieben fette Kühe von sieben mageren und sieben volle Ähren von sieben kümmerlichen verschlungen. Josef erklärte dem Pharao, die Träume deuteten auf sieben Jahre des Überflusses hin, denen sieben Jahre der Hungersnot folgen würden. Er schlug ein Programm zur Minderung der kommenden Hungersnot vor, das darauf abzielte, den Getreideüberschuß der guten Erntejahre für die Jahre der Not zu speichern. Josef wurde zum Bevollmächtigten für die Durchführung des Programms und zum obersten Beamten des Pharao ernannt. Außerdem erhielt er die Tochter eines ägyptischen Priesters, Asenat*, zur Frau. Als dann die Hungersnot, wie vorausgesagt, eintraf, verfügte er über einen riesigen Vorrat an Getreide, das zudem als Ware immer knapper und damit teurer wurde.

Wiedersehen mit den Brüdern   Von der Hungersnot waren auch Jakob und seine Familie betroffen. Als er hörte, daß es in Ägypten Getreide gab, sandte er zehn seiner Söhne aus, dort einzukaufen. Nur Benjamin*, Josefs jüngeren Bruder, behielt er bei sich – aus Angst, es könnte ihm auf der langen Reise etwas zustoßen. Als die Zehn in Ägypten ankamen, erkannte Josef sie sofort und beschloß, mit ihnen ein Spiel zu treiben. Er gab vor, sie für Spione zu halten, die nach Ägypten gekommen seien, um während der Notzeit schwache Stellen im Land auszukundschaften. Dann weigerte er sich, ihnen Getreide zu verkaufen, bis sie ihre Beteuerung, sie seien keine Spione, sondern insgesamt elf

Brüder, die Getreide für ihre Familien brauchten, beweisen konnten, indem sie den noch fehlenden Bruder vorwiesen. Sie mußten Simeon* als Geisel zurücklassen und mit leeren Händen abziehen. Doch Josef war von der Begegnung mit ihnen so gerührt, daß er ihre Säcke mit Getreide füllen und auch das Geld wieder hineinlegen ließ, das sie mitgebracht hatten.

Jakob hatte sich zunächst geweigert, Benjamin mit ihnen nach Ägypten ziehen zu lassen, doch als die Hungersnot wieder schlimmer wurde und Juda* sich für Benjamins Sicherheit verbürgte (beider Stämme sollten im Laufe der historischen Entwicklung noch auf besondere Art verbunden bleiben), gab Jakob schließlich nach. Als Josef Benjamin sah, überwältigte ihn die Rührung, doch noch war er nicht quitt mit seinen anderen Brüdern. Bevor er sie mit dem Getreide, das sie gekauft hatten, zurückkehren ließ, veranlaßte er, daß in Benjamins Sack ein wertvoller Silberbecher gelegt wurde. Sogleich schickte er ihnen Leute hinterher, die Benjamin als Dieb festnahmen. Alle Brüder kehrten daraufhin zu Josef zurück, und Juda bat, an Benjamins Stelle ins Gefängnis gehen zu dürfen, da er sich für ihn verbürgt habe. An diesem Punkt der Geschichte konnte Josef sich nicht mehr zurückhalten und gab sich den Brüdern zu erkennen.

Auf Einladung des Pharao kamen Jakob und seine ganze Familie nach Ägypten. Da die Hungersnot anhielt und die hungernden Menschen in Ägypten und Kanaan kein Geld mehr hatten, nahm Josef im Tausch gegen Getreide erst ihr Vieh, dann ihr Land in Zahlung; schließlich, als alles Land dem Pharao gehörte, setzte Josef fest, daß sie dem Pharao ein Fünftel aller Erträge auf unbegrenzte Dauer als Steuer abliefern mußten (nur die Priester waren davon ausgenommen). Als Jakob nach siebzehn Jahren in Ägypten starb, brachten Josef, seine Brüder und Hofleute des Pharao seine einbalsamierte Leiche zur Familiengrabstätte in der Höhle von Machpela bei Hebron. Dann kehrten sie nach Ägypten zurück, und als Josef dort starb, wurde auch seine Leiche einbalsamiert. Vierhundert Jahre später nahm Mose* beim Auszug aus Ägypten Josefs Gebeine mit auf den Weg ins verheißene Land.

Was Josef auch immer im historischen Kontext symbolisiert (etwa Auswirkungen wirtschaftlichen Drucks auf eine Agrargesellschaft), als Mensch steht er vor allem für zwei Dinge: für den Triumph des Großmuts über brüderliche Feindseligkeit und für die Chance, die ein rechtschaffener und umsichtiger Mensch hat, sogar in einem fremden Land in höchste Ämter aufzusteigen. Überdies war Josef ein tüchtiger Geschäftsmann.

Das größte Denkmal in moderner Zeit hat Thomas Mann ihm mit seinem gewaltigen Roman, oder besser seiner Roman-Tetralogie ›Joseph und seine Brüder‹ gesetzt. Darin nimmt er die Josefsgeschichte als Grundlage für eine ausführliche Erörterung der Versöhnung von Gegensätzen – Körper und Geist, Natur und Kultur – als Vorbedingung für eine humanistische Zivilisation. Josefs bunter Rock steht im Mittelpunkt eines Gemäldes von Velázquez (Madrid, Escorial) und eines Bildes von Ford Madox Brown (Liverpool, Walker Art Gallery), auf dem vier der Brüder dem entsetzten Jakob die blutigen Reste von Josefs Gewand zeigen. Der Pharao mit seinem Mundschenk und seinem Bäcker wurde von Jacopo da Pontormo dargestellt (London, National Gallery), und Tizian malte Potifars Frau so nackt, wie sie Josef haben wollte (Madrid, Prado). Giovanni Lanfranco setzte im frühen 17. Jahrhundert die Träume, die Josef deutete, in ein Bild um (Rom, Palazzo Mattei). In derselben Epoche schuf Pier Francesco Mola ein überschwenglich-dramatisches Bild von Josef, der sich seinen erregten Brüdern zu erkennen gibt (Rom, Quirinal). Méhuls Oper ›Joseph in Ägypten‹ ist das Werk eines begabten Komponisten, der allerdings – als Künstler des Übergangs zwischen dem artifiziellen Stil des 18. Jahrhunderts und der neuen Naturnähe der Romantiker – in seiner eigenen Zeit geschätzter war als von späteren Generationen. Méhul, der seine Inspiration mehr aus dem religiösen Bereich als aus dem musikalischen bezog, gehört zu jenen Künstlern, die immer an der Schwelle zur Größe stehen, ohne sie je wirklich überschreiten zu können. Andrew Lloyd Webbers Musical ›Joseph and the Amazing Technicolour Dreamcoat‹ könnte sich da schon als langlebiger erweisen.

(Gen 30, 35, 37, 39–50; Ex 13)

Josef

Verlobter Marias*, der Mutter Jesu*. Er war Zimmermann in Nazaret und stammte aus dem königlichen Haus Davids* und damit von Abraham* ab. Als Josef erfuhr, daß Maria schwanger war, obwohl sie noch nicht miteinander geschlafen hatten, überlegte er, wie er sich verhalten sollte. Im Traum teilte ihm ein Engel mit, die Schwangerschaft sei das Werk des Heiligen Geistes. Während dieser Zeit wurde zur Eintragung in Steuerlisten aufgerufen, wozu Josef in seinen Heimatort gehen mußte, der aufgrund seiner Abstammung von David Betlehem war. Maria ging mit ihm und brachte dort Jesus zur Welt. Nach der Geburt erschien der Engel Josef noch einmal; er forderte ihn auf, mit seiner Familie nach Ägypten zu fliehen, um dem Mordplan von Herodes dem Großen* zu entgehen. Als dieser starb, erschien der Engel ein drittes Mal und teilte Josef mit, er könne nun sicher nach Israel zurückkehren. Trotzdem war er auf dem Rückweg bedacht, das Herrschaftsgebiet von Herodes' Sohn Archelaus* zu meiden. Josef starb einige Zeit vor dem öffentlichen Auftreten Jesu in Galiläa. (Die Flucht nach Ägypten und die Rückkehr werden nur im Matthäus-Evangelium erwähnt, die Reise nach Betlehem und die Angabe, Jesus sei dort geboren, finden sich nur im Lukas-Evangelium.)

(Mt 1–2; Lk 1–2; Joh 6)

Josef aus Arimathäa

Reicher Mann aus dem Kreis der Jünger Jesu*, der nach der Kreuzigung den Leichnam Jesu von Pilatus* erbat. Zur Bestattung umwickelte er den Leichnam mit einem reinen Leinentuch. Nikodemus* half ihm bei der Einbalsamierung und der Bestattung in einem neuen Grab, in dem noch niemand beigesetzt worden war und das in einem Garten lag, der sich beim Ort der Kreuzigung befand.

Im 14. Jahrhundert tauchte in Frankreich ein Tuch auf, bei dem es sich um das handeln soll, das Josef für den Leichnam Jesu verwendet hatte: Es wurde von der Witwe eines Ritters, die sich in Geldnöten befand, öffentlich zur Schau gestellt. Im folgenden Jahrhundert kam es in die Hände des Herzogs von Savoyen, von dem es an seine Erben, die Könige von Italien, überging. Im 16. Jahrhundert wurde es in eine besondere Kapelle des Domes von Turin gebracht, als die Stadt Regierungszentrum der Herzöge von Savoyen in Piemont wurde. Möglicherweise ist dieses »Turiner Grabtuch« als Beutestück aus Konstantinopel nach Frankreich gekommen, als die Stadt während des 4. Kreuzzuges geplündert wurde (1204). Ob das Grabtuch identisch ist mit dem »Mandylion«, einem Tuch mit angeblichem Christusbild, das in Ephesus aufgefunden und im 6. Jahrhundert nach Konstantinopel gelangt war, ist eine Frage, die noch schwieriger zu beantworten ist als die übrigen, die das geheimnisvolle Tuch umgeben. Der anglo-irische Schriftsteller George Moore schrieb mit seinem Buch ›Der Bach Kerith‹ eine fiktive Biographie des Josef aus Arimathäa.

(Mt 27; Mk 15; Lk 23; Joh 19)

Josef Barsabbas
Einer der beiden Kandidaten bei der Nachwahl für den Zwölferkreis. Damit wollte man den durch den Verrat von Judas Iskariot* freigewordenen Platz wieder besetzen. Das Los fiel jedoch nicht auf ihn, sondern auf Matthias*.

(Apg 1)

Joses
Einer der drei angeblichen Brüder Jesu*.
→ Jakobus der Kleine

Josua
Sohn von Nun, der nach Mose* der zweitwichtigste Mann in der Geschichte vom Auszug aus Ägypten und dem Einzug ins verheißene Land war. Nachdem Mose die Generation des Exodus in vierzig harten Jahren vom Roten Meer zum Ostufer des Jordan geführt hatte, zog nun Josua mit der zweiten Generation über den Jordan. Er besiegte Könige und Völker, eroberte Städte und verteilte das Land an die zwölf Stämme Israels und die Leviten*. Nach Moses Tod sprach Gott zu Josua und wies ihn an, alles Land zwischen dem »großen Meer« (Mittelmeer) und dem Euphrat in Besitz zu nehmen.
Die Eroberung des verheißenen Landes   Obwohl die Rubeniter, die Gaditer und der halbe Stamm Manasse bereits Siedlungsland östlich des Jordan erhalten hatten, schlossen sich ihre Krieger den anderen Stämmen an, als Josua nördlich des Toten Meeres mit ihnen den Jordan überquerte und den ersten Feldzug begann. Auf der anderen Seite des Flusses wurde Jericho eingenommen, dann im weiter westlich gelegenen Bergland die Stadt Ai. Anschließend zogen die Israeliten dem südlich verlaufenden Gebirgszug entlang und unterwarfen durch eine Mischung aus Diplomatie, Gewalt und Täuschung die Gibeoniter. Es folgten der Sieg gegen die verbündeten Kanaaniter-Könige mit dem König von Jerusalem an der Spitze sowie einige kleinere Feldzüge, die die Israeliten in die Ebenen und bis hinunter nach Gaza führten. Der zweite Teil der Eroberungszüge fand im Norden statt, wo Josua westlich des Sees Kinneret (Gennesaret) wiederum über eine Streitmacht verbündeter Könige siegte.
Theoretisch gehörten all diese Gebiete immer noch zum ägyptischen Reich, doch aufgrund der nachlassenden Macht Ägyptens setzten sich Josuas Gegner aus den verschiedensten, nur locker miteinander verbundenen Völkern und Stämmen zusammen.

Mehr zu schaffen machte Josua, daß die Israeliten kein Belagerungsgerät und keine Kampfwagen hatten. Doch dieser Mangel wurde durch einen anderen Faktor aufgewogen: Das Schicksal Sihons*, des Königs der Amoriter, und des Königs Og* von Baschan, die von Mose* östlich des Jordan besiegt worden waren, hatte westlich des Flusses Angst und Schrecken ausgelöst. Der Kampfgeist war bei Josuas Gegnern deshalb schon erheblich gedämpft, bevor es richtig losging.

Vor der Überschreitung des Jordan hatte Josua zwei Spione nach Jericho gesandt, die sich bei der Dirne Rahab* einquartierten. Diese erkannte die Zeichen der Zeit und schlug sich auf die Seite der Israeliten. Sie versteckte die beiden auf dem Dach und verhalf ihnen später zur Flucht, indem sie sie mit einem Seil durchs Fenster ihres Hauses an der Stadtmauer hinunterließ. Die Kundschafter versprachen, sie bei der Eroberung der Stadt zu verschonen (was auch geschah) und kehrten mit ermutigenden Nachrichten zu Josua zurück, der daraufhin mit den Israeliten zum Jordan aufbrach. Die levitischen Priester zogen dem Volk mit der Bundeslade zum Fluß voraus, dessen Fluten augenblicklich stehenblieben. So zogen vierzigtausend Israeliten trockenen Fußes durch den Jordan. Jeweils ein Mann von jedem Stamm nahm dabei einen Stein aus der Mitte des Flußbettes mit; aus den zwölf Steinen errichtete Josua später in Gilgal ein Denkmal. Am Westufer angelangt, traf Josua noch eine wichtige Maßnahme zur Vorbereitung des Einzugs ins verheißene Land: Er ordnete die Beschneidung aller Israeliten an. Zwar waren alle Männer, als sie aus Ägypten auszogen, beschnitten; da aber Josua und Kaleb* die einzigen waren, die sowohl den Auszug aus Ägypten als auch den Einzug ins verheißene Land erlebten, und da während der vierzigjährigen Wanderschaft keine Beschneidungen vorgenommen worden waren, mußte dies nun an allen Nachgeborenen durchgeführt werden. Danach rückte Josua gegen Jericho vor. Sechs Tage lang zogen sie auf Gottes Anweisung mit der Bundeslade und mit Widderhörnern täglich einmal um die Stadt, am siebten Tag siebenmal. Als sie dann in die Widderhörner bliesen und in lautes Kriegsgeschrei ausbrachen, stürzte die Stadtmauer in sich zusammen. Das wunderbare Geschehen gab den Israeliten Auftrieb, während bei ihren Gegnern die Stimmung noch weiter sank.

Der nächste Schlag, die Eroberung der Stadt Ai, war jedoch nicht ganz so einfach und ging durch zu große Siegesgewißheit erst einmal schief. Nach dem Mißerfolg wurde bekannt, daß einer der Israeliten von dem Gott geweihten Anteil an der Beute etwas genommen und dadurch gesündigt hatte. Als Schuldiger wurde Achan* ausgemacht, der daraufhin mit seinen Söhnen und Töchtern gesteinigt und verbrannt wurde. Der Angriff auf Ai wurde wiederholt und gelang, nachdem man die Verteidiger in einen Hinterhalt gelockt hatte. Die Israeliten brannten die Stadt nieder, hängten den König an einem Baum auf und machten zwölftausend Menschen nieder. Anschließend wollte Josua nach Süden zu den Städten der Gibeoniter ziehen, doch diese kamen ihm, um einer Niederlage zu entgehen, entgegen und boten ein Abkommen an. Josua ging darauf ein, widerrief es aber, als er erfuhr, daß die Gibeoniter ihn getäuscht hatten. Sie hatten angegeben, in einer weit entfernten Gegend zu leben, während sie in Wahrheit in benachbartem Gebiet angesiedelt waren (und mit Völkern Kanaans, und damit auch den Gibeonitern, durfte Israel keine Abkommen schließen). Die Gibeoniter wurden zwar verschont, mußten aber für immer bei den Israeliten als »Holzfäller und Wasserträger« arbeiten. Als der Treuebruch der Gibeoniter bei ihren Verbündeten bekannt wurde, schlossen sich fünf Könige zusammen, um sie zu bestrafen. Doch Josua stellte sich der von Adoni-Zedek*, dem König von Jerusalem, angeführten Streitmacht entgegen und besiegte sie in einer langen Schlacht, bei der er wertvolle Zeit gewann, da die Sonne auf seinen Befehl hin stillstand. Schließlich wurden alle Könige getötet; nachdem noch mehr Menschen hingeschlachtet und noch mehr Städte zerstört worden waren, konnte Josua die Eroberung des Berglandes als abgeschlossen betrachten.

Nun war es möglich, nach Süden zu den Städten der Philister* zu ziehen oder in den Norden nach Samaria und Galiläa. Josua tat beides. Er überrannte die Ebenen im Süden bis hinunter nach Gaza, drang jedoch nicht bis zu den Philisterstädten an der Küste vor. Im Norden stieß er wiederum auf verbündete Truppen, die diesmal von Jabin*, dem König von Hazor, angeführt wurden. Auch hier erzielte Josua einen durchschlagenden Erfolg, als er die Kriegswagen des Gegners in Engpässe lockte, wo sie nicht manövrierfähig waren, und dann über sie herfiel. Durch diesen Sieg beherrschte er nun das Gebiet zwischen dem See Kinneret (Gennesaret) und der Küste mit Ausnahme der Phönizierstädte am Mittelmeer. Seit dem Überschreiten des Jordan hatte Josua insgesamt einunddreißig Könige besiegt. In groben historischen Zügen betrachtet, besiegten und unterwarfen die Israeliten unter Josua die meisten Völker, die sich im 17. und 16. Jahrhundert v. Chr. in der Region angesiedelt hatten. Nur der Küstenstreifen blieb außerhalb ihrer Kontrolle. Die darauffolgenden zwei Jahrhunderte waren dann einerseits gekennzeichnet von den Versuchen der Besiegten, den Spieß umzudrehen, und andererseits von den Feldzügen der Richter* Israels, die Vorherrschaft der Israeliten aufrechtzuerhalten oder wiederherzustellen.

Die Verteilung des Landes   Nach der Einnahme des Landes folgte die Besiedelung. In Schilo (dem heiligsten Ort der Israeliten, bis David* die Bundeslade zu seinem neuen Königssitz Jerusalem brachte) verteilten Josua und Eleasar*, der Sohn Aarons*, die Gebiete unter den neuneinhalb Stämmen durch das Los (die Rubeniter, Gaditer und die andere Hälfte des Stammes Manasse hatten ja bereits von Mose Land östlich des Jordan erhalten). Die Leviten bekamen kein eigenes Gebiet, sondern achtundvierzig, in den Gebieten der anderen Stämme verstreute Städte zum Wohnen und die dazugehörigen Weideflächen für ihre Herden. Außerdem wurden sechs Asylstädte bestimmt, drei auf jeder Seite des Jordan. Dorthin konnte jeder, der (ohne Vorsatz) getötet hatte, fliehen und damit der Blutrache entgehen, bis es zur Gerichtsverhandlung kam. Josua selbst erhielt die Stadt Timnat-Serach im Gebirge Erfraim, wo er im Alter von einhundertzehn Jahren starb und begraben wurde. Vor seinem Tod hatte er die Israeliten noch einmal an alles erinnert, was sie von Gott erhalten hatten, hatte sie ein Treuebekenntnis zu Gott ablegen lassen und sie zur Wachsamkeit gegenüber den unterworfenen, aber nicht vernichteten Völkern aufgerufen, die auf Rache sinnen würden.

Josuas letzte Ansprache und sein würdevoller Abschied regten Rilke zu seinem Gedicht ›Josuas Landtag‹ an. Josua ist auch Hauptfigur eines der zahlreichen Oratorien, mit denen Händel das Opernhaus in Covent Garden und seine letzten Jahre füllte. Der englische Maler John Martin schuf die melodramatischen Kolossalgemälde ›Josua befiehlt der Sonne, stillzustehen über Gibeon‹ und ›Josua läßt das Land auskundschaften‹ (Douglas/Isle of Man, Manx Museum). Und schließlich ist Josua auch der Held des berühmten Negro Spirituals ›Josua Fit the Battle of Jericho‹.

(Josua; Ex 17; Num 11; 13–14; 26–27; 34; Dtn 31–34)

Jubal

Sohn von Lamech* und dessen erster Frau Ada. Er wurde zum Stammvater der Musikanten und Instrumentenbauer. Jabal* war sein Bruder, Tubal-Kajin* sein Halbbruder.
→ Stammbaum A

(Gen 4)

Juda

Einer der zwölf Söhne Jakobs*, später auch Name eines Stammes und eines Königreichs. Wie Ruben*, Simeon*, Levi*, Issachar* und Sebulon* war Juda ein Sohn von Jakobs Frau Lea*. In der Geschichte der Israeliten wurde er zum erfolgreichsten der Söhne Jakobs und übertraf seine Brüder bei weitem an Bedeutung. Am Anfang der königlichen Abstammungslinie, die er begründete, stand die Verbindung mit seiner Schwiegertochter Tamar*, einer Kanaaniterin. Ihr gemeinsamer Sohn Perez war der Vorfahre von David*. Auf dem Siedlungsgebiet des Stammes Juda westlich des Toten Meeres lag die Höhle von Machpela bei Hebron, also die Begräbnisstätte Abrahams*, Isaaks* und Jakobs*, und auch die von David eroberte Stadt Jerusalem.

Als sich nach dem Tod Salomos* dessen Königreich aufspaltete, wurde aus dem Stammesgebiet Juda, das eines unter zwölf gewesen war, das Königreich Juda, das von nun an neben dem Königreich Israel* bestand. Erster König von Juda und seiner Hauptstadt Jerusalem wurde Rehabeam*. Verglichen mit Israel war Juda kleiner und ärmer und hatte zudem – durch die Philisterstädte von der Küste abgeschnitten – keinen eigenen Zugang zum Meer. Politisch war es nur sporadisch als Zünglein an der Waage von Bedeutung. Insgesamt war Juda weniger weltoffen als Israel und mehr auf seine religiöse und nationalistische Eigenart bedacht. Es überlebte Israel um eineinhalb Jahrhunderte und existierte auch nach dem Verlust der staatlichen Eigenständigkeit weiter. Von Nebukadnezzar* 586 v. Chr. unterworfen, wurde das Volk von Juda nicht zerrieben wie das Volk von Israel, das nach 722 v. Chr. zu den verlorenen zehn Stämmen wurde. Später wurde aus Juda die römische Provinz Judäa; der Name ihrer Bewohner, der Juden, gewann im Laufe der Zeit allgemeine national-religiöse Bedeutung.

→ auch Joschafat, → Atalja, → Hiskija, → Joschija
(Gen 29, 35, 37–38, 42–50)

Judas

Die bekanntesten Träger dieses recht häufigen Namens sind Judas der Makkabäer und Judas Iskariot. Außerdem werden nachfolgend einer der angeblichen Brüder Jesu* (Judas, der Herrenbruder) und Judas Barsabbas aufgeführt, ein Gefährte von Paulus* und Barnabas*. Der von Lukas* erwähnte Apostel Judas ist offenbar identisch mit Judas Thaddäus*. Der Judasbrief, der vermutlich aus dem 2. Jahrhundert n. Chr. stammt und sich mit dem

zweiten Petrusbrief überschneidet, wurde Judas, dem Herrenbruder, zugeschrieben. Dies scheint einer der vielen Fälle zu sein, in denen der Verfasser einen anderen (bedeutsamen) Namen angab, um der eigenen Arbeit mehr Gewicht zu verleihen.
– Makkabäer (S. 152)
– Iskariot (S. 152)
–, Bruder Jesu (S. 153)
– Barsabbas (S. 153)
– → Thaddäus (Judas Thaddäus) (S. 263)

Judas der Makkabäer

Das bedeutendste Mitglied der Heldenfamilie, die sich gegen die Herrschaft der Seleukiden empörte und jenen Kleinstaat schuf, der, mit Jerusalem als Hauptstadt, einhundert Jahre existierte, bis er von den Römern ausgelöscht wurde.
Händel machte die Geschichte zum Gegenstand seines Oratoriums ›Judas Makkabäus‹, das er zur Feier der Niederwerfung der Jakobiten, der aufständischen Anhänger des Hauses Stuart, durch die Engländer bei Culloden im Jahr 1746 komponierte. Es wurde sein größter Erfolg beim Publikum; ein vom Chor gesungener Marsch diente Beethoven als Motiv für einen Zyklus von Variationen für Klavier und Cello. Im Vorwort seines im 15. Jahrhundert geschaffenen Werkes ›König Artus‹ (‹Morte Darthur›) bezeichnete Sir Thomas Malory Judas den Makkabäer als einen der drei großen Männer der Juden, neben dem Heerführer Josua und König David.
→ Makkabäer, → Stammbaum E
(1 Makk 3–9; 2 Makk 2, 5, 8, 10–15)

Judas Iskariot

Das heißt Judas aus Kerijot, einem Ort in Judäa. Er war der Apostel, der Jesus an die Hohenpriester für (Matthäus* zufolge) dreißig Silberstücke verriet. Jesus hatte seinen Jüngern die Füße gewaschen und sich zum gemeinsamen Essen gesetzt, als er ihnen sagte, daß ihn einer von ihnen verraten werde. Auf Aufforderung von Petrus* fragte Johannes*, wen er meine. Jesus antwortete, es werde derjenige sein, dem er den Bissen Brot, den er eintauchte, reiche. Er gab ihn Judas mit der Bemerkung, er solle das, was er tun wolle, bald tun. Doch keiner der anderen Jünger verstand, was er sagte. Dies ist der Bericht von Johannes zu den Ereignissen vor dem Verrat.
Die anderen Evangelisten geben dazu im Rahmen ihrer ausführ-

licheren Berichte vom Abendmahl ähnliche Darstellungen. Judas
führte dann eine Schar Soldaten und Polizisten zum Garten Getsemani, einem Ort auf dem Ölberg, den Jesus aufzusuchen pflegte. Nach Johannes' Version spielte Judas hier keine Rolle mehr,
doch bei den anderen Evangelisten verriet er Jesus mit einem
Kuß. Alle vier berichten, es habe einen kurzen Tumult gegeben,
bei dem einer aus der Gruppe um Jesus (bei Johannes war es
Petrus) einem Diener des Hohenpriesters ein Ohr abschlug. Nach
Jesu Verurteilung bereute Judas, was er getan hatte. Er warf die
Silberstücke in den Tempel und erhängte sich, der Überlieferung
nach am Judasbaum (Cercis siliquastrum). Die Hohenpriester,
die ihn bezahlt hatten, holten sich ihr Geld wieder und kauften
davon einen Acker als Begräbnisplatz für die Fremden. Das Feld
wurde von da an nicht mehr Töpferacker, sondern Blutacker genannt.
Nach der Legende darf Judas einmal im Jahr eine Nacht außerhalb der Hölle verbringen, um sich an einem Eisberg abzukühlen,
wie es auch Matthew Arnold in seinem Gedicht ›St. Brendan‹
beschreibt. Dante versetzte Judas, zusammen mit Brutus und
Cassius, die wie er ihre Wohltäter verrieten, in Satans Maul im
untersten Kreis der Hölle. Der Verrat des Judas war zu allen
Zeiten ein beliebtes Thema für Künstler und Moralisten. Die
Beispiele reichen von Giotto (dessen Darstellung einen rührend
menschlichen Judas-Kuß zeigt) bis zu Stanley Spencer (Padua,
Arena-Kapelle, beziehungsweise Belfast, Ulster Museum). Rembrandt malte Judas, wie er die Silberstücke wegwirft. Mit dem
Wort »judas« bezeichnet man im Englischen einen als Guckloch
in die Tür eingelassenen Spion.

(Mt 10, 26–27; Mk 3, 14; Lk 6, 22; Joh 6, 12–13, 18; Apg 1)

Judas

Einer der drei angeblichen Brüder Jesu* (→ Jakobus der Kleine).
Er wurde – ohne schlüssigen Nachweis – gleichgesetzt mit Thaddäus*, einem der zwölf Apostel, der auch Judas Thaddäus genannt wurde. Aus unerfindlichen Gründen wurde er als Schutzpatron zuständig für verzweifelte Menschen und hoffnungslose Fälle.

Judas Barsabbas

Wurde zusammen mit Silas* von der Christengemeinde in Jerusalem ausgewählt, mit Paulus* und Barnabas* nach Antiochia zu
gehen. Nach einiger Zeit kehrte er nach Jerusalem zurück, wäh-

rend Silas in Antiochia blieb und einer der wichtigsten Mitarbeiter von Paulus bei seiner Missionstätigkeit wurde.

(Apg 15)

Juden

Das Wort »Jude« leitet sich her von der lateinischen Bezeichnung für die Bewohner der römischen Provinz Judäa, deren Gebiet ungefähr dem des alttestamentarischen Königreichs Juda* entsprach. Die Bezeichnung wurde später auf alle Personen ausgedehnt, die sich zur Religion der Israeliten* bekannten, deren Kultzentrum Jerusalem war.

→ auch Samariter

Judit

Gutaussehende und gutsituierte Witwe aus Betulia in Judäa, die dem Feldherrn Holofernes* den Kopf abschlug, um ihr Volk zu retten.

Erzürnt über die Weigerung der Nachbarstaaten, ihn im Krieg gegen die Meder zu unterstützen, hatte der babylonische Herrscher Nebukadnezzar* Holofernes mit dem Heer zu einer Strafexpedition in die widerspenstigen Gebiete gesandt. Holofernes verwüstete deren Land und bereitete dann den Einmarsch in das relativ unbedeutende Judäa* vor. Als Judit erfuhr, daß ihre Stadt nur fünf Tage Widerstand leisten könnte, machte sie sich mit einer Dienerin auf den Weg ins feindliche Lager, wo sie sich als Überläuferin ausgab. Nachdem sie Holofernes drei Tage lang mit wohlbegründeten Ausflüchten hingehalten hatte, sagte sie schließlich zu, an einem von ihm gegebenen Gastmahl teilzunehmen. Sie tauschte ihre Witwenkleider gegen prächtige Gewänder und arrangierte es so, daß sie gegen Ende des Mahles mit dem inzwischen völlig betrunkenen Holofernes allein zurückblieb. Sie schlug ihm mit seinem eigenen Schwert den Kopf ab, steckte ihn in einen Sack und gab diesen ihrer Dienerin. Dann flüchteten beide zurück nach Betulia. Später schenkte Judit ihrer Dienerin die Freiheit.

Bei den Künstlern und Mäzenen der Renaissance war Judits blutige Geschichte in einem fast beunruhigenden Maße populär – ebenso wie die Enthauptung Johannes des Täufers*. Allein im Madrider Prado gibt es drei Judit-Bilder von Tintoretto, der nicht zögerte, die Tat in ihrer ganzen Grausigkeit zu zeigen. Keinerlei Zurückhaltung ist auch auf Caravaggios Version in der Casa Coppi in Rom zu erkennen. Botticelli dagegen vermied solche Direktheit; am nächsten kommt er dem Geschehen noch auf jenem Gemälde, das Judit mit dem Kopf des Holofernes beim Verlassen des Feldherrn-Zeltes zeigt. Daneben malte er die Rückkehr Judits nach Betulia und die Entdeckung der Leiche des Holofernes am darauffolgenden Morgen (alle drei Werke in Florenz, Uffizien). An der Decke der Sixtinischen Kapelle ist Michelangelos Holofernes zu sehen, der enthauptet auf einem Bett im Hintergrund liegt, während die beiden Frauen im Begriff sind, sich fortzustehlen. Im Rokoko widmete der neapolitanische Maler Luca Giordano Judit gleich ein ganzes Deckengemälde (Neapel, San Martino). Nach Tizians Vorstellung war die Dienerin eine Schwarze (Detroit, Art Gallery). Giorgione malte zur Judit-Geschichte ein strahlend schönes Bild, auf dem ein Mädchen in heiterer Gelassenheit wie zufällig den Fuß auf ein abgeschlagenes Haupt setzt (Leningrad, Eremitage). Wie die Nationalgalerien in Dublin und Washington bezeugen, war Judit auch ein ausgesprochenes Lieblingsthema von Andrea Mantegna; seiner Darstellung ähnelt Rembrandts Zeichnung der triumphalen Rückkehr Judits (London, British Museum).

Ab dem 16. Jahrhundert wird der bis dahin als Motiv geltende heroische Patriotismus von anderen Elementen überlagert: Bei Bernardo Cavallino ist Judits Tat ein privater Racheakt (Stockholm, Nationalmuseum). Allori schließlich hat schlicht seine Geliebte gemalt, die seinen eigenen Kopf in der Hand hält (Florenz, Palazzo Pitti). Die wohl kühnste Mischung der würdevollen und würdelosen Aspekte der Tat bietet Donatellos Bronzegruppe im Palazzo Vecchio in Florenz. Im 19. Jahrhundert kam der Stoff in zwei völlig verschiedenen Versionen auf die deutschen Bühnen: Hebbel interpretierte in seiner Tragödie ‹Judith› die Erzählung als Kampf zwischen Gut und Böse, während Nestroys Werk ›Judith und Holofernes‹ eine Travestie auf Hebbels Stück darstellt. Auch der englische Dramatiker Arnold Bennett schrieb ein Schauspiel über Judit. Opernwerke gibt es dazu von Arthur Honegger und von Wagners russischem Lieblingskomponisten und Nachahmer Alexander Serow. Als nach der Tat erleichtert und ernüchtert zugleich zeichnet Rilke die Heldin in seinem Gedicht ›Judith's Rückkehr‹.

(Jud)

Julius

Römischer Hauptmann, der Paulus* von Cäsarea nach Rom bringen sollte und ihn auf dem Schiff zuvorkommend behandelte.

Insgesamt befanden sich auf dem später gestrandeten Schiff zweihundertsechsundsiebzig Menschen.

(Apg 27)

Justus

Gastgeber von Paulus* in Korinth.

(Apg 18)

K

Kain

Erster Sohn von Adam* und Eva*. Kain war Ackerbauer, sein Bruder Abel* Schafhirt. Beide brachten Gott ein Opfer dar. Doch während Gott Abels Gabe wohlwollend aufnahm, wies er Kains Opfer zurück. Kain tötete Abel. Als Gott ihn nach seinem Bruder fragte, gab Kain vor, nicht zu wissen, was vorgefallen war: »Bin ich der Hüter meines Bruders?« Gott verfluchte ihn: Rastlos solle er auf der Erde umherziehen und seine Arbeit solle keine Früchte tragen. Gott versah Kain jedoch mit einem Zeichen, damit ihn niemand töte. Er zog ins östlich von Eden gelegene Land Nod, wo seine Frau den Sohn Henoch* zur Welt brachte.

Kains Frau ist auf einem von Veronese gemalten Gruppenbild zu sehen, wie sie gerade ihr Kind stillt (Madrid, Prado). John Steinbeck nannte seine Sündenfall-Parabel ›Jenseits von Eden‹. Von Alessandro Scarlatti gibt es ein Kain-Oratorium, von Byron das dramatische Gedicht ›Cain‹. Der verwirrend geniale Marc Blitzstein schuf im Jahre 1930 ein Ballett dazu. Der Legende zufolge hatte Kain rotes oder rotblondes Haar und kam bei der Jagd ums Leben.

(Gen 4)

Kajaphas

Hoherpriester in Jerusalem von 18 bis 36 n. Chr. Kajaphas, in dessen Amtszeit Jesu* fällt, war der Schwiegersohn des Hohenpriesters Hannas* und gehört damit zu der Familie, die in der Priesterschaft Jerusalems den Ton angab.

Dante versetzte ihn in seiner ›Göttlichen Komödie‹ in die Hölle, wo er im sechsten Graben gekreuzigt am Boden liegt, zusammen mit Hannas und allen anderen Mitgliedern des Sanhedrin, des offiziellen jüdischen Gerichtes (Hölle, XXIII. Gesang). Von Kajaphas als Vorsitzendem beim Verhör Jesu gibt es ein eindrucksvolles Gemälde von Raffaellino da Reggio, dessen vielversprechende Karriere als Maler durch seinen Tod im Alter von noch nicht dreißig Jahren abbrach (Rom, Gonfalone).

(Mt 26; Lk 3; Joh 11, 18)

Kaleb

Sohn von Jefunne aus dem Stamm Juda* und Gefährte Josuas*.

Er und Josua waren die einzigen, die sowohl den Auszug aus Ägypten als auch den Einzug ins verheißene Land miterlebten. Nach der Eroberung des verheißenen Landes erhielt Kaleb Hebron, einschließlich der Jebusiter*-Stadt Jerusalem, aus denen er die riesenhaften Anakiter (→ Anak) vertrieben hatte.

(Num 13–14, 26; Dtn 1)

Kanaan

Sohn von Ham*, der Überlieferung nach der Stammvater der Kanaaniter*, mit denen sich erst der vom Euphrat-Tal heranziehende Abraham*, später dann die unter Führung von Mose* und Josua* von Ägypten kommenden Israeliten auseinandersetzen mußten.

→ auch Kanaaniter, → Stammbaum A

(Gen 9–10)

Kanaaniter

Semitische Volksgruppe, die rund 3000 Jahre v. Chr. oder früher die Gebiete besiedelte, die für die Israeliten zum verheißenen Land wurden. Zusammen mit den sich ausbreitenden Amoritern* stellten sie von 1800 bis 1600 v. Chr. eine erhebliche Macht dar, deren Einflußbereich sich möglicherweise über Kleinasien bis in die Ägäis erstreckte. Während der Zeit des Neuen Reiches wurden sie von den Ägyptern besiegt, die damit ihre Herrschaft über Kanaan errichteten. Als die Israeliten ins verheißene Land einzogen, stellten die Kanaaniter nur noch eines der vielen dort ansässigen und locker verbündeten Völker dar, denen es nicht gelang, den neuen Eindringlingen geschlossen entgegenzutreten. Neben den Kanaanitern und Amoritern trafen die Israeliten auf die Perisiter, Hiwiter, Jebusiter* und Hetiter*, zwischen denen sie jedoch bei der Vertreibung kaum einen Unterschied machten. In den Augen der Israeliten waren die Kanaaniter Nachfahren von Ham* und damit nicht-semitische Fremdlinge.

→ auch Kanaan

Kandake

Königin von Äthiopien und Herrin eines Eunuchen, der von dem Diakon Philippus (→ Stephanus) bekehrt und getauft wurde.

(Apg 8)

Kefas → Petrus

Ketura

Frau von Abraham*, nachdem Sara* gestorben war. Ketura bekam sechs Söhne, die von Abraham Geschenke erhielten und
dann weit weg nach Osten geschickt wurden, damit sie Isaak*,
seinen Erben, nicht behelligen konnten. Später reklamierten
nicht nur die Midianiter*, sondern zahlreiche andere Völker zwischen Griechenland und dem südlichen Arabien Abraham als ihren Stammvater, indem sie sich als Nachkommen dieser verstreu-
ten Söhne Keturas bezeichneten.

(Gen 25)

Kisch

Benjaminiter* und Vater von Saul*. Kisch sandte seinen Sohn
aus, um verirrte Eselinnen zu suchen, aber nach dreitägigem Um-
herstreifen hatten Saul und sein Knecht sie immer noch nicht
gefunden. Der Knecht schlug vor, einen Gottesmann in der Nähe
zu fragen. Saul zögerte, weil er kein passendes Geschenk dabei
hatte. Doch der Knecht hatte einen Viertel-Silberschekel einstek-
ken, und so gingen sie hin. Der Gottesmann war Samuel*, und
auf diese Weise führte Gott ihm Saul zu, den er zum König über
alle Stämme Israels salbte.

(1 Sam 9)

Klaudius Lysias

Oberst der römischen Kohorte in Jerusalem. Als er erfuhr, daß
jüdische Verschwörer Paulus* töten wollten, ließ er ihn aus der
Stadt schaffen und mit einem Aufgebot von zweihundert Soldaten
und einem Begleitbrief an den Statthalter Felix* nach Cäsarea
bringen.

(Apg 23)

Kleopas

Einer der beiden Jünger Jesu, die nach der Kreuzigung auf dem
Weg von Jerusalem zu dem Ort Emmaus unterwegs waren und
sich über die wundersamen Ereignisse unterhielten, die sie gehört
und gesehen hatten. Als Jesus hinzukam und mit ihnen ging,
erkannten sie ihn nicht und wunderten sich, daß der Fremde vorgab, nichts von den Ereignissen zu wissen, von denen sie sprachen. In Emmaus überredeten sie ihn, nicht weiterzugehen, sondern mit ihnen gemeinsam zu essen. Dabei dämmerte es den
beiden, wer ihr Tischgenosse war, worauf Jesus entschwand. Was
den namenlosen zweiten Jünger auf der Straße nach Emmaus

betrifft, so wurde gelegentlich vermutet, es sei Petrus* gewesen.

In der Ikonographie der Tischgemeinschaften wird das Mahl in Emmaus nur noch vom Letzten Abendmahl übertroffen: Caravaggio malte es gleich zweimal (London, National Gallery; die zweite, weniger aufregende Version in Mailand, Pinacoteca di Brera). Weitere Bilder mit diesem Motiv stammen von Tizian, Veronese und Rembrandt (alle Paris, Louvre), von Jan Steen (Amsterdam, Rijksmuseum), von Pontormo (Florenz, Uffizien) und von Santi di Tito, der ein Altarbild mit einer entzückend irrelevanten Vignette im Hintergrund schuf, die vom wiederauflebenden Naturalismus des späten 16. Jahrhunderts zeugt (Florenz, S. Croce). Die Reihe ließe sich fortsetzen. Vor einem von charakteristischer Kargheit geprägten Hintergrund stellte der englische Maler Stanley Spencer den Augenblick dar, als die beiden, Jesus gegenübersitzenden Jünger plötzlich begreifen, wer er ist.

(Lk 24)

Korach

Levit und Anführer der schwerwiegendsten Revolte gegen Mose* in der Wüste Sinai. Zusammen mit Datan* und Abiram* machte er sich zum Sprecher all derer, die meinten, die Wanderschaft der Israeliten zum Land, in dem Milch und Honig fließen, dauere schon viel zu lange. Die Erde öffnete sich und verschlang sie mit ihren Familien und allen, die gemurrt hatten.

Der Augenblick ihrer Bestrafung ist eine der Szenen, die Botticelli für die Seitenwand der Sixtinischen Kapelle im Vatikan malte, die Bildern aus dem Leben des Mose gewidmet ist. Domenico Beccafumi stellte die gleiche Szene im Dom von Pisa dar.

(Num 16)

Kornelius

Frommer Hauptmann in Cäsarea, der, einer Vision folgend, Männer nach Joppe schickte, um Petrus* zu holen, damit er in Cäsarea predige.

(Apg 10–11)

Kosbi

Eine Midianiterin, die in der Wüste Sinai von Simri* ins Lager der Israeliten mitgebracht wurde. Sie wurde zusammen mit Simri von dem Priester Pinhas* getötet. Er versöhnte mit dieser Tat Gott, der die Israeliten mit einer schweren Plage geschlagen hatte, weil sie mit den Moabiterinnen Unzucht trieben und an Opferfesten für deren Gott Baal-Pegor teilnahmen. Der Plage waren vierundzwanzigtausend Menschen zum Opfer gefallen.

(Num 25)

Krispus

Synagogenvorsteher in Korinth. Während sich die meisten der dortigen Juden Paulus* gegenüber feindlich verhielten, ließ sich Krispus von ihm bekehren.

(Apg 18)

Kuschiter

Das heißt »Äthiopier«. Ein Kuschiter war einer der beiden Boten, die David* vom Sieg seiner Streitmacht über den Rebellen Abschalom* unterrichten sollten. Der andere Bote war Ahimaaz*, der zwar vor dem Kuschiter eintraf, aber Davids erste Frage, ob es Abschalom gut gehe, nicht beantworten konnte. Der Kuschiter brachte dann die Nachricht von Abschaloms Tod.

(2 Sam 18)

Kyrus II. der Große

Als einer der bedeutendsten Reichsgründer der Geschichte schuf er das persische Weltreich, das bis 331 v. Chr., das heißt bis zur Eroberung durch Alexander den Großen, bestand. Kyrus begann seine Karriere als untergeordneter König von Persien, das zu jener Zeit Teil des medischen Großreiches war. Nachdem er den Mederkönig Astyages gestürzt hatte, gliederte er die Königreiche Lydien und Babylonien – nach heutigen Begriffen Kleinasien und Mesopotamien – seinem Reich ein. All dies bewältigte er in der Zeit von 550 bis 538 v. Chr. Kyrus und seine Nachfolger verfolgten eine Politik, die es den Juden im babylonischen Exil* gestattete, nach Jerusalem zurückzukehren, dort die Stadt und den Tempel wieder aufzubauen, ihre Religion auszuüben und über eine begrenzte Autonomie innerhalb des persischen Weltreiches zu verfügen, dessen Ausdehnung ein gewisses Maß an kontrollierter Dezentralisierung notwendig machte. Damit nahm das babylonische Exil für die Juden einen völlig anderen Ausgang als die frühere Verschleppung nach Ninive für das Volk von Israel*, das dadurch aus der Geschichte verschwand.

Die Heimkehr der ersten, von Serubbabel* angeführten Gruppe vollzog sich während der Herrschaft von Kyrus selbst, während die zweite und dritte Rückkehrerwelle, die mit den Namen Esra* und Nehemia* verknüpft sind, vermutlich während der Regierung von Artaxerxes I. (465 bis 424 v. Chr.) stattfanden. Der Vater dieses Königs, Xerxes I. (→ Artaxerxes) erscheint in der Bibel als Ehemann von Ester*, ist jedoch noch bekannter als Verlierer der Schlacht bei Salamis gegen die Griechen (480 v. Chr.).

(Esra 1–5; 2 Chr 36)

L

Laban

Bruder von Rebekka* und somit Schwager von Isaak*. Laban
gehörte zu jenem Zweig der Familie, der in Mesopotamien blieb,
als Abraham* nach Westen wanderte; er war jedoch inzwischen
von dem am unteren Euphrat gelegenen Ur nach Haran im Gebiet zwischen den Oberläufen von Euphrat und Tigris gezogen.
Laban war wohl von einer gewissen Besitzgier, denn als Abraham
einen Knecht mit reichen Geschenken aussandte, um für seinen
Sohn Isaak eine Frau zu suchen, war er schon einen Tag später
bereit, ihm seine Schwester Rebekka mitzugeben. Viele Jahre
später veranlaßte Rebekka, daß ihr Sohn Jakob* zu Laban zog, um
sich dort vor seinem Bruder Esau* in Sicherheit zu bringen. Rebekka fürchtete, Esau könnte Jakob töten, weil dieser ihn um sein
Erstgeburtsrecht betrogen hatte (→ Jakob). Deshalb überredete
sie ihren Mann Isaak, Jakob wegzuschicken, damit er um eine von
Labans zwei Töchtern, Lea* und Rahel*, werbe. Jakob diente
Laban zwanzig Jahre lang und kehrte dann mit beiden Töchtern als
Ehefrauen und einer großen Familie zurück.
Gleich bei seiner Ankunft bei Laban hatte Jakob Rahel gesehen
und sich in sie verliebt. Laban, der ihn überschwenglich begrüßt
hatte, bot ihm an, er solle ihm sieben Jahre dienen und dann
Rahel zur Frau nehmen. Während der sieben Jahre sollte er für
ihn arbeiten und für seine Dienste bezahlt werden, obwohl er ein
Verwandter war. Als die sieben Jahre vorbei waren, schmuggelte
Laban seine ältere und bei weitem nicht so attraktive Tochter Lea
in Jakobs Bett. Um dennoch auch Rahel zur Frau zu bekommen,
mußte Jakob nochmals sieben Jahre für Laban arbeiten. In dieser
Zeit schlief er mit beiden Schwestern und deren Dienerinnen. Um
Labans Herden kümmerte er sich so gut, daß sie beträchtlich
anwuchsen. Schließlich aber teilte er Laban mit, daß er nach Hause zurückkehren wolle. Als Laban, der ihm bis dahin noch nichts
von seinem Lohn ausbezahlt hatte, ihn fragte, wieviel er ihm
schulde, schlug Jakob vor, ihm statt Geld Naturalien, nämlich
einen Teil seiner Herden, zu geben. Jeder versuchte, den anderen
übers Ohr zu hauen (wiederum → Jakob), doch als Laban und
seine Söhne erkannten, daß sie dabei den kürzeren zogen, wurde
ihr Verhalten gegenüber Jakob so feindselig, daß es diesem geraten schien, das Weite zu suchen.

Heimlich machte er sich mit seinen Frauen und Kindern sowie seinen Herden davon. Rahel nahm außerdem noch die Götterbilder ihres Vaters mit. Das wollte Laban nicht so einfach hinnehmen und setzte ihnen nach. Als er sie eingeholt hatte, warf er Jakob vor, nach so vielen Jahren des Dienstes bei ihm nicht nur heimlich davongelaufen zu sein, sondern auch die Familiengötter gestohlen zu haben. Der ahnungslose Jakob versprach, denjenigen seiner Leute mit dem Tod zu bestrafen, bei dem Laban die Götter finden würde. Doch Rahel verhinderte die Entdeckung, indem sie die Götterbilder in die Seitentasche eines Kamelsattels steckte, sich darauf setzte und vorgab, nicht aufstehen zu können, da sie gerade ihre Monatsblutung habe. Laban und Jakob, die sich bei ihren gegenseitigen Manövern in nichts nachgestanden hatten, söhnten sich schließlich aus, bevor sie sich trennten.

Der italienische Maler Pietro da Cortona stellte auf einem Gemälde dar, wie Laban vergeblich nach seinen Götterbildern sucht, während seine Tochter ihm scheinheilig zuschaut (Bristol, City Art Gallery).

→ Stammbaum B

(Gen 24, 27–32)

Lamech
–, Nachkomme von Kain* (S. 164)
–, Nachkomme von Set* (S. 164)

Lamech
Nachkomme von Kain* und Vater von Jabal*, Jubal* und Tubal-Kajin*. Jabal wurde zum Stammvater aller nomadischen Hirten, Jubal Stammvater der Musikanten und Instrumentenbauer und Tubal-Kajin Stammvater der Schmiede.

→ Stammbaum A

(Gen 4)

Lamech
Nachkomme von Set*, Sohn von Metuschelach* und Vater von Noach*.

→ Stammbaum A

(Gen 4)

Lazarus
–, Bettler (S. 165)
–, Auferweckter (S. 165)

Lazarus

Bettler aus einem Gleichnis Jesu vor der Tür eines Reichen, der prächtig gekleidet und wohlgenährt war (und im populären Sprachgebrauch den Namen »Dives« erhielt, dem lateinischen Wort für »reich«). Der Bettler hoffte umsonst auf Brotkrumen, die vom Tisch des Reichen fielen; sein Körper war von Geschwüren bedeckt, an denen die Hunde leckten. Beide starben, der Reiche kam in die Hölle, Lazarus dagegen in Abrahams* Schoß. Als der Reiche dort Lazarus erspähte, flehte er Abraham an, ihn zu ihm zu senden, damit er wenigstens die Spitze seines Fingers ins Wasser tauchen und ihm die brennende Zunge kühlen könnte. Doch Abraham lehnte ab: Ihr Schicksal nach dem Tod sei nur eine gerechte Umkehrung ihres Schicksals auf Erden. Daraufhin bat der Reiche, Abraham möge wenigstens seine noch lebenden Brüder vor diesem Schicksal warnen, doch wiederum lehnte Abraham ab, da die Brüder Mose und die Propheten hätten, auf die sie hören sollten.

In seinem, im 17. Jahrhundert entstandenen Werk ›Vater Abraham‹ gab der Komponist Heinrich Schütz dem Flehen des Reichen musikalisch einen solch würdevoll-inständigen Ausdruck, daß man unerwartet Mitleid mit ihm empfindet. Lazarus wurde zur sprichwörtlichen Verkörperung des Armen; von seinem Namen leitet sich über das Italienische die Bezeichnung »Lazarett« ab, ursprünglich ein Asyl für die Hilf- und Mittellosen.

(Lk 16)

Lazarus

Nur im Johannes-Evangelium ist von diesem Lazarus als dem Bruder von Marta* und Maria* die Rede, der mit ihnen in Betanien lebte. Nach Johannes' Worten hatte Jesus* alle drei besonders gern. Als Jesus sich außerhalb Betaniens aufhielt, berichtete man ihm, Lazarus sei krank, befinde sich aber auf dem Weg der Besserung und schlafe. Jesus erwiderte, Lazarus schlafe nicht, sondern sei tot. Auf dem Weg nach Betanien erfuhr er, daß Lazarus bereits vor vier Tagen gestorben war. Als Marta, die Jesus entgegenging, meinte, ihr Bruder hätte nicht sterben müssen, wäre Jesus bei ihnen gewesen, antwortete Jesus, Lazarus werde auferweckt werden. Marta nahm an, er spreche von der allgemeinen Auferstehung am Jüngsten Tag, doch Jesus erklärte ihr, er werde ihn ins Leben zurückrufen. Als dann Maria Jesus sah, sagte auch sie, daß ihr Bruder noch leben würde, wenn Jesus dagewesen wäre. Auf dem Weg zum Grab trafen sie auf viele Menschen, die um Lazarus trauerten. »Da weinte Jesus.« (Dies ist der kürzeste Vers in der Bibel.) Jesus forderte die Leute auf, den Stein vor dem Grab wegzurollen. Trotz Martas Einwand, Lazarus sei bereits seit vier Tagen tot und würde schon riechen, wurde der Stein entfernt, Jesus rief Lazarus heraus, und dieser erschien mitsamt seinen Leichenbinden. (Zu einer späteren Episode, bei der Jesus mit Lazarus und seinen Schwestern aß und eine von ihnen kostbares Öl über sein Haar goß → Marta, Maria.)

Von allen Wundern Jesu ist die Auferweckung des Lazarus dasjenige, an das zu glauben dem modernen Menschen am schwersten fällt. Im Mittelalter dagegen wurde Lazarus als Heiliger verehrt. Nach der Eroberung des Heiligen Landes beim ersten Kreuzzug kaufte Melisande, die Königin von Jerusalem, Boden in seinem Heimatort Betanien und errichtete dort zu seinen Ehren einen Konvent. Die dramatische Geschichte der Erweckung hat auch zu dramatischen Darstellungen animiert, und zwar sowohl Maler des eher traditionellen Stils wie Sebastiano del Piombo (London, National Gallery) oder Caravaggio (Messina, Museo Nazionale) als auch eigenwilligere wie den Maler und Freund Rembrandts, Jan Lievens, dessen Bild einen Vorgeschmack auf Edvard Munch gibt. Die Skulptur des englischen Bildhauers Jacob Epstein, die den mit Leichenbinden umwickelten Lazarus von hinten zeigt, befindet sich im Oxforder New College. Weniger grausig, ja fast gemütlich, wirkt dagegen das Gemälde, das Juan de Flandes, der Hofmaler Königin Isabellas von Kastilien, für die Kirche St. Lazarus in Palencia malte (heute Madrid, Prado). In Rilkes poetischer Phantasie erweckte Jesus Lazarus, um die Erwartungen der Menge zu erfüllen, betrachtete insgeheim die Sache aber als grauenerregendes Experiment. Unter den vielen unvollendeten Werken Schuberts ist auch eine Lazarus-Kantate; es hat den Anschein, als sei der Komponist steckengeblieben, als er sich dem Höhepunkt der Geschichte näherte.

(Joh 11–12)

Lea

Ältere Tochter von Laban* und, wie ihre Schwester Rahel*, Ehefrau ihres Vetters Jakob*. Lea war die Mutter von sechs der zwölf Söhne Jakobs und seiner Tochter Dina*.

Claude Lorrain malte Jakob und die beiden Schwestern inmitten einer für ihn typischen Landschaft (Leningrad, Eremitage).

→ auch Laban, → Jakob, → Stammbaum C

(Gen 29–33)

Levi
–, Sohn von Jakob* (S. 167)
–, Sohn von Alphäus (S. 167)

Levi
Der dritte der zwölf Söhne Jakobs*. Seine Mutter war Lea*. Zusammen mit seinem Bruder Simeon* verübte er an Sichem* und den Sichemiten* grausame und heimtückische Rache für die Vergewaltigung ihrer Schwester Dina*. Dafür wurden sie von Jakob auf dem Sterbelager verflucht. Levi wurde nicht, wie seine Brüder, Ahnherr eines Stammes mit einem Siedlungsgebiet, sondern Ahnherr eines Priesterstammes, der Leviten*.
→ Stammbaum C
(Gen 29, 34–35, 42–50)

Levi
Sohn von Alphäus.
→ Matthäus (Apostel)

Leviten
Die Nachkommen von Levi*, dem dritten Sohn Jakobs* und Leas*, und seiner drei Söhne Gerschon, Kehat und Merari. Kehat war der Großvater von Aaron* und Mose*. Gott forderte den Stamm der Leviten für sich, stellvertretend für die Erstgeborenen von Mensch und Tier der Israeliten, die er sich vorbehalten hatte. Die Leviten, die Aaron unterstellt wurden, hatten im Alter zwischen fünfundzwanzig und fünfzig Jahren als Priester mit bestimmten Aufgaben zu dienen. Im Unterschied zu den anderen Söhnen Jakobs (alias Israels) hatten sie keinen Anspruch auf ein Siedlungsgebiet im verheißenen Land. Statt dessen erhielten sie achtundvierzig Städte einschließlich eines Streifens Land von tausend Ellen um die Stadtmauern als Lebensgrundlage für sich und ihre Herden. Vor der Überschreitung des Jordan ins verheißene Land (→ Josua) wurden sie getrennt von den übrigen Israeliten gezählt; die Anzahl der männlichen Leviten, die ab dem Alter von einem Monat erfaßt wurden, betrug zweiundzwanzigtausend. Später hatten die Nachkommen Aarons in Juda die höheren Funktionen des Priesteramtes als Monopol in ihrer Hand, während andere Familien der Leviten als nachgeordnete Priester dienten.
Das Kultzentrum lag in Schilo, wo Eli* Priester war, bis die Philister* es eroberten, zerstörten und die Lade mit den Tafeln des

zwischen Gott und Abraham* geschlossenen Bundes wegbrachten. Ranghohe Priester verschafften sich auch politischen Einfluß. So unterstützten Ahimelech* und vierundachtzig andere Priester David* in seinem Kampf gegen Saul. Bis auf Abjatar*, der entkommen konnte, wurden alle auf Sauls Anweisung getötet. Als David starb, schlug sich Abjatar beim Kampf um die Thronfolge auf die Seite Adonijas*, während Zadok* auf seiten des am Ende erfolgreichen Salomo* stand, was ihm und seinen Nachkommen bis zum Untergang des Königreiches Juda im Jahr 586 v. Chr. die wichtigsten Priesterämter in Jerusalem sicherte. Nach der Zeit des babylonischen Exils* nahm die Macht der Priester erheblich zu, und schließlich wurde der Hohepriester nicht nur religiöses, sondern auch politisches Oberhaupt der Juden. Im 2. Jahrhundert v. Chr. schadeten die Priester durch Bestechung, Korruption und sogar Mord ihrem eigenen Ansehen so sehr, daß sich als Reaktion darauf eine von den Makkabäern* angeführte Reformbewegung entwickelte. Sie schufen einen unabhängigen Staat, dem sie selbst als Hohepriester und Könige vorstanden und der hundert Jahre bestand.

Auch nachdem die Königskrone durch die Eroberungen des römischen Feldherrn Pompeius verlorengegangen war, blieben die späteren Makkabäer als Hohepriester im Amt, bis der letzte von ihnen durch Herodes den Großen* 37 v. Chr. ums Leben kam. Das Amt des Hohenpriesters bestand noch bis zur Zerstörung Jerusalems im Jahr 70 n. Chr. durch die Römer, wenn auch mit geringerem Ansehen und geschmälerter Macht.

Longinus
Die mittelalterliche Legende gab diesen Namen dem Soldaten, der – im Johannes-Evangelium – Jesus nach der Kreuzigung die Lanze in die Seite stieß. Er wurde zum Schutzpatron von Mantua.
(Joh 19)

Lot
Sohn von Haran* und Neffe von Abraham*. Während der langen Jahre, in denen Abraham kinderlos blieb, war Lot sein nächster männlicher Verwandter der nachfolgenden Generation. Ihre gemeinsamen Wanderzüge waren mühselig, aber fruchtbar, denn schließlich waren ihre Viehherden so angewachsen, daß das Land nicht mehr groß genug war, beide Herden zu ernähren, ohne daß es um das Weideland zu Streit und Reibereien gekommen wäre.

Abraham schlug Lot deshalb vor, sich zu trennen, und ließ ihn wählen, auf welche Seite er ziehen wolle. Lot entschied sich für das gut bewässerte Jordantal und ließ sich in Sodom nieder. Damit fiel Abraham das weiter westlich gelegene Land Kanaan zu. Lot wurde in die Kriege von Kedor-Laomer und anderen Königen (wie die von Sodom und Gomorra) verwickelt, gefangengenommen und von Abraham und seinen Leuten, die zu einer Strafexpedition auszogen, befreit.

Er kehrte nach Sodom zurück, wo ihm zwei Engel in der Gestalt zweier Männer erschienen. Nachdem er sie aufgenommen hatte, umstellten einige Männer aus Sodom das Haus und verlangten die Herausgabe der Fremden, mit denen sie verkehren wollten. Um seine Gäste zu beschützen, bot ihnen Lot statt dessen seine beiden jungfräulichen Töchter an, doch sie gaben keine Ruhe, bis die beiden Engel Lot zu Hilfe kamen und alle, die draußen standen, mit Blindheit schlugen. Die Engel wiesen Lot an, mit allen Familienmitgliedern und seinem ganzen Besitz die Stadt zu verlassen, da Gott sie zerstören werde. Lot flüchtete mit seiner Frau und seinen Töchtern nach Zoar, während Gott über Sodom und Gomorra Schwefel und Feuer niedergehen ließ. Als sich Lots Frau entgegen der Anweisung der Engel umwandte, um zurückzublicken, erstarrte sie zu einer Salzsäule. Lot fühlte sich in Zoar nicht sicher und zog weiter ins Gebirge, um mit seinen Töchtern dort in einer Höhle zu leben. Aus Angst, in der Abgeschiedenheit niemals einen Mann zu finden (und damit auch keine Kinder zu bekommen), beschlossen Lots Töchter, ihren Vater betrunken zu machen und dann mit ihm zu schlafen. Beide wurden schwanger und bekamen Söhne, nämlich Moab* und Ben-Ammi*, die zu Stammvätern der Moabiter* und der Ammoniter* wurden.

Guido Reni malte Lot und seine Töchter beim Verlassen Sodoms und gab ihnen edle, wenn auch nicht besonders biblische Gesichtszüge (London, National Gallery). Bonifaccio läßt in seiner Interpretation der Szene das Moralisch-Zweideutige der Geschichte deutlich durchscheinen und bezieht dazu die über Sodom und Gomorra hereinbrechende Katastrophe als Hintergrund mit ins Bild ein (Norfolk, Virginia, Chrysler Museum). Die verführerische Schönheit der Töchter Lots hat Francesco Furini in seinem Bild (im Madrider Prado) hervorgehoben; Furini, ein heute vergessener Priester und naturalistischer Maler des 17. Jahrhunderts, diente Robert Browning in seinem Werk ›Gespräche mit bedeutenden Menschen in ihrer eigenen Epoche‹ (›Parleying with People of Importance in their Own Time‹) als Beispiel für sein Argu-

ment, zur Aktmalerei werde man nicht durch sinnliche Begierde, sondern durch die Liebe zur Schönheit angeregt (oder könnte es zumindest werden). Als überlebensgroße Marmorstatue hat W. H. Thornycroft Lots Frau beim verhängnisvollen Zurückschauen dargestellt (London, Leighton House).
→ Stammbaum B
(Gen 11, 14, 19)

Lukas

Arzt, Evangelist und Heiliger. Er war ein griechischer Heidenchrist, der vermutlich in Antiochia geboren wurde und möglicherweise in Griechenland starb. Lukas ist der Verfasser des dritten Evangeliums und dessen Fortsetzung, der Apostelgeschichte, die ein wenig von Petrus* und eine ganze Menge von Paulus* berichtet. Ohne Lukas wüßten wir praktisch nichts über die Aktivitäten von Paulus (während sich seine Überzeugungen und Charakterzüge aus den Paulus-Briefen herauslesen lassen). Lukas ist der stilistisch gewandteste der Evangelisten. Offenbar verwendete er neben anderen Quellen auch – wie Matthäus*, nur in geringerem Maße – das Markus*-Evangelium für seinen Bericht über das Wirken und Leiden Jesu*, doch herrscht darüber bei den Fachleuten keine Einigkeit.

Allein Lukas berichtet über Geburt und Kindheit von Johannes dem Täufer* und über das frühe Auftreten Jesu im Tempel; nur er führt die Gleichnisse vom barmherzigen Samariter* und vom verlorenen Sohn* sowie vom reichen Mann und vom armen Lazarus* an und erzählt die Geschichte von Zachäus*, der auf einen Maulbeerfeigenbaum stieg, um einen besseren Blick auf den von der Menge umringten Jesus zu ergattern. Falls Lukas wirklich Paulus auf einigen seiner Reisen begleitet hat (was jedoch umstritten ist) und er jener Lukas ist, den Paulus in Rom als den letzten ihm verbliebenen Gefährten bezeichnete, dann werden wohl Paulus selbst und Lukas' eigene Erlebnisse die Hauptquellen für seine späteren Schriften gewesen sein. Der Tradition zufolge ließ sich Lukas in Griechenland nieder und starb dort in hohem Alter. Sein Evangelium schrieb er um das Jahr 80 oder etwas später.

In der Überlieferung heißt es, er habe Madonnenbilder gemalt. Im 5. Jahrhundert schickte die byzantinische Kaiserin Eudokia Augusta, die sich vor ihrer Schwägerin nach Jerusalem zurückgezogen hatte, ein von Lukas gemaltes Marienporträt nach Konstantinopel; tausend Jahre später trug man es an die Stadtmauern, um die Türken abzuwehren – allerdings ohne den gewünschten Erfolg. Ein weiteres Marienporträt befindet sich in der Kirche S. Maria Maggiore in Rom. Aufgrund technischer und stilistischer Einwände läßt sich eine solche Zuschreibung jedoch nicht rechtfertigen. Nichtsdestoweniger malte der Niederländer Rogier van der Weyden den Heiligen beim Malen der Madonna. Das schönste der zahlreichen Versionen von seiner Hand befindet sich in der Eremitage in Leningrad. Das Emblem des Evangelisten Lukas ist der Stier.

(Lk; Kol 4; 2 Tim 4; Phlm)

M

Magdalena → Maria aus Magdala

Makkabäer

Eine Familie von Rebellen, Hohenpriestern und Königen, die Palästina von Jerusalem aus fünf Generationen und einhundert Jahre lang (164 bis 63 v. Chr.) beherrschten. Sie nutzten die Auflösungstendenzen des Seleukiden-Reiches in Syrien zur Schaffung eines unabhängigen Staates, dem erst die Römer durch den römischen Feldherrn Pompeius ein Ende setzten.

Unter den Nachfolgern Alexanders des Großen war Palästina zum Streitobjekt zwischen zwei Dynastien geworden, die seine Feldherrn gegründet hatten – den Seleukiden in Damaskus und den in Alexandria residierenden Ptolemäern. Die Seleukiden setzten sich 198 v. Chr. durch. Während der Herrschaft von Antiochus III. und seiner Söhne Seleukus IV. (187 bis 176 v. Chr.) und Antiochus IV. (176 bis 164 v. Chr.) wurde Palästina von Priestern geführt, deren interne, zuweilen mörderische Fehden den seleukidischen Herrschern reichlich Gelegenheit zu Einflußnahme und Eingriffen gaben. Die Korruption der Priestercliquen, die Demütigungen, die sie über Israel brachten und das zunehmend unerträgliche Verhalten des wahnsinnigen Antiochus IV. (der sich selbst für Zeus hielt, den Tempel durch eine Statue entweihte, die ihn als Zeus darstellte, und der zudem den Tempel plünderte, weil er Geld brauchte) – all dies führte 167 v. Chr. zu einem Aufstand, der von Mattatias*, dem Vater der Dynastie der Makkabäer (Hasmonäer), angeführt wurde. Obwohl er nicht dem Königsgeschlecht Davids* entstammte, löste er durch sein Handeln eine politische und religiöse Restaurationsbewegung aus, die seinem Enkel schließlich den Königstitel eintragen sollte.

Der berühmteste der Söhne Mattatias' war Judas*, der den Beinamen »der Makkabäer« (»der Hammer«) trug. Er nahm 164 v. Chr. Jerusalem ein und regierte dort vier Jahre lang, bis er in einer Schlacht umkam. Seine Nachfolger waren zwei seiner Brüder: zuerst Jonatan*, der den Krieg gegen Syrien bis zu seinem Tod (142 v. Chr.) fortsetzte, dann Simeon*, der das Land bis 134 v. Chr. regierte. Beide hatten auch die Position des Hohenpriesters inne, die sie zum erblichen Amt in ihren Familien machten. Damit schalteten sie die Nachkommen Zadoks* aus, die seit der

Zeit Salomos* die Hohenpriester stellten. Simeons Sohn Johannes Hyrkanus I. (134 bis 104 v. Chr.), der gegen Israels alte Feinde, die Edomiter*, und gegen Syrien kämpfte, gab sich den Königstitel. Doch mit ihm begannen Macht und Charakterstärke der Makkabäer nachzulassen. Sein älterer Sohn Aristobul I. setzte die Politik der Expansion fort, die er mit Zwangsmaßnahmen zur Judaisierung verband. Als er ein Jahr nach Antritt seiner Herrschaft starb, folgte ihm sein Bruder Alexander Jannäus (103 bis 76 v. Chr.), dessen Regierungszeit sowohl von auswärtigen Kriegen wie auch von Konflikten und Gruppenfehden im Innern gekennzeichnet war.

Eine der religiösen Gruppen, die Pharisäer*, wandten sich an Syrien um Hilfe – ein Verhaltensmuster, das sich in Israel und Juda über tausend Jahre hinweg immer wieder verfolgen läßt. Alexander Jannäus konnte dank der Unterstützung der mit den Pharisäern rivalisierenden Sadduzäer* nicht nur die Angriffe der verbündeten Gegner abwehren, sondern sowohl gegen Syrien im Norden als auch gegen Edom (Idumäa) im Süden seinerseits Gegenschläge ausführen. Er war auch der Erbauer der Festung Masada am Toten Meer, die, von Herodes dem Großen* ausgebaut, zum letzten Stützpunkt der Juden im Aufstand gegen die Römer in den Jahren 66 bis 70 n. Chr. wurde. Die dorthin geflüchteten Juden hielten der Belagerung bis 74 n. Chr. stand. Dann gaben sie sich alle, bis auf fünf Frauen und zwei Kinder, selbst den Tod. (Als Masada in den Jahren 1963 bis 1965 ausgegraben wurde, entdeckte man dort alte Schriften biblischer Bücher, die in ihrer Bedeutung an den aufsehenerregenden Fund heranreichten, der zwischen 1947 und 1956 in Qumran gemacht wurde). Nachfolger von Alexander Jannäus waren seine Frau Alexandra, die Königin wurde, und sein schwacher Sohn Hyrkanus II., der das Amt des Hohenpriesters übernahm. Sein Bruder, Aristobul II., verdrängte ihn aus diesem Amt und bestieg nach dem Tod seiner Mutter 67 v. Chr. den Thron. Er war der letzte Makkabäer-König. Vier Jahre später löschte Pompeius das Reich der Makkabäer aus und setzte den anpassungsbereiten Hyrkanus II. als den Römern genehmen Hohenpriester wieder ein. Für Palästina begann eine lange Zeit der Zugehörigkeit zum römischen Weltreich, während der es entweder durch von Rom abhängige Herrscher (wie Herodes* und seine Dynastie) oder durch römische Statthalter regiert wurde.

Vier Bücher der Makkabäer sind erhalten. Das erste ist eine Darstellung der Jahre vom Beginn der Herrschaft Antiochus' IV. bis zum Tod Simeons (175 bis 134 v. Chr.). Das zweite beschreibt die frühen Jahre derselben Zeitspanne. Das dritte und das vierte Makkabäer-Buch sind später entstanden und wurden nicht in die Bibel aufgenommen.

→ auch Judas der Makkabäer, → Stammbaum E

(1 und 2 Makk)

Malchus

Diener des Hohenpriesters, der bei der Gefangennahme Jesu* im Garten Getsemani dabei war und dem beim anschließenden Handgemenge das rechte Ohr abgeschlagen wurde. Jesus verbot dem Täter – nach dem Johannes-Evangelium war es Petrus* –, weitere derartige Aktionen. Nach Lukas* berührte Jesus dann das Ohr und heilte den Mann.

Für den Naumburger Dom schuf im 13. Jahrhundert der sogenannte Naumburger Meister zum Verrat Jesu* eine Skulpturen-Szene, in der das Abschlagen des Malchus-Ohres ganz im Mittelpunkt steht.

(Joh 18)

Maleachi

Name des letzten Buches im Alten Testament. Maleachi ist jedoch nicht der Name des Verfassers, sondern bedeutet »mein Bote«. Der Autor war wie die anderen späteren Propheten darum bemüht, die Israeliten zur strikten Beachtung der religiösen Vorschriften anzuhalten. In seinen Worten kommen der Nationalismus und die Isolierung zum Ausdruck, die aus der Lage der Juden im babylonischen Exil* erwuchs; über die Edomiter* sprach der Autor fast so giftig wie Obadja*. Und doch zeigte er sich gleichzeitig toleranter gegenüber denen, die andere Götter verehrten. Zwar erkannte er jene nicht als richtige Götter an, räumte aber ein, daß diese Menschen beim wahren Gott Erbarmen finden könnten, wenn sie ihre – irregeleiteten – Gebete und Opfer aufrichtig darbrachten. Die Vorschriften im Buch Maleachi klingen wie die eines Menschen, der zwar nett, aber verwirrt ist. Man erhält den Eindruck von Verfall und Auflösung im Volk der Israeliten, was jedoch durch Einhaltung des Mosaischen Gesetzes und dank der langmütigen Barmherzigkeit des Gottes Israel wieder ausgeglichen werden kann. Das dritte Kapitel des Buches Maleachi diente als Textvorlage für einige der eindrucksvollsten Stellen in Händels ›Messias‹.

→ auch Propheten

(Mal)

Mamre
Ein Amoriter*, der zusammen mit seinen Brüdern Eschkol und Aner Abraham* im Kampf gegen die Könige des Ostens (→ Amrafel) beistand. Auch der Ort in Hebron, an dem er lebte, wurde Mamre genannt.

(Gen 14, 18, 23, 35)

Manasse
Der ältere der beiden Söhne Josefs* und Asenats*. Als Josef seine Söhne Manasse und Efraim* zu seinem Vater Jakob* brachte, um den Segen zu erhalten, nahm er Manasse als den Erstgeborenen an der linken Hand, damit er zur Rechten Jakobs stand, und Efraim als den Jüngeren an der rechten Hand, damit er zur Linken Jakobs stand. Doch Jakob überkreuzte seine Hände und legte dem jüngeren Efraim die Rechte, dem älteren Manasse die Linke auf den Kopf. Josef, dem das nicht gefiel, wollte seinen Vater dazu bringen, Manasse als dem Erstgeborenen die rechte Hand aufzulegen, doch Jakob blieb bei seiner Wahl, da, wie er sagte, der Jüngere bedeutender werden würde als der Ältere. Jeder der beiden Söhne Josefs wurde zum Ahnherrn eines Stammes innerhalb der zwölf Stämme Israels. Das Stammesgebiet von Manasse war geteilt: Die eine Hälfte des Stammes siedelte östlich, die andere westlich des Jordan.
→ Stammbaum C

(Gen 41, 48, 50; Jos 4, 13–17, 22)

Manoach
Vater von Simson*. Seine Frau, die unfruchtbar war, erfuhr von einem Engel, sie werde einen Retter Israels zur Welt bringen. Daß es sich wirklich um einen von Gott gesandten Boten handelte, erkannten Manoach und seine Frau jedoch erst, als dieser ein zweites Mal erschien und schließlich mit der Flamme des Opfers, das Manoach auf einem Altar darbrachte, zum Himmel aufstieg.
Es gibt von Rembrandt zahlreiche Skizzen zu einem Bild des opfernden Manoach. Doch das ausgeführte Gemälde (in der Staatlichen Gemälde-Galerie in Dresden) ist nach Ansicht von Kunstexperten nur zum geringen Teil von Rembrandt.

(Ri 13)

Maria
Zu den biblischen Marien gehören die Mutter Jesu*, Maria aus

Magdala und Maria aus Betanien. Unter den Marien, die bei der Kreuzigung unter dem Kreuz standen, befanden sich nach übereinstimmendem Zeugnis aller vier Evangelisten die beiden ersten. Johannes* zufolge waren es drei Marien, wobei es sich bei der dritten Maria um die Schwester der Mutter Jesu und Frau von Kleopas handelte. Diese Liste der Frauen unter dem Kreuz läßt sich nur dann in Übereinstimmung bringen, wenn man annimmt, daß die dritte, von Johannes erwähnte Maria identisch ist mit der dritten Frau, die die anderen Evangelisten anführen; sie bezeichnen diese allerdings als Mutter der Söhne des Zebedäus*, die an anderer Stelle nicht Maria, sondern Salome* heißt. Lukas schließlich führt noch eine andere Frau namens Johanna an. So verwirrend diese unterschiedlichen Angaben auch sind, klar ist doch, daß es diese Frauen oder zumindest einige von ihnen waren, die am Ende des Sabbat zu dem Grab hinausgingen, in dem Josef aus Arimathäa* den Leichnam Jesu bestattet hatte. Sie fanden ein leeres Grab vor und erhielten von einem Engel oder von Jesus selbst den Auftrag, den Jüngern zu sagen, sie sollten nach Galiläa gehen, wo sie Jesus treffen würden.

(Mt 27–28; Mk 15–16; Lk 24; Joh 19–20)

–, Mutter Jesu (S. 176)
– aus Betanien (S. 178)
– aus Magdala (S. 178)

Maria
Mutter Jesu*. Sie war die jungfräuliche Verlobte von Josef*, der aus dem königlichen Haus Davids* und von den Patriarchen abstammte. Ihre eigene Herkunft wird in den vier kanonischen Evangelien nicht genannt; nach dem apokryphen Protoevangelium des Jakobus waren Joachim und Anna ihre Eltern. Vom Erzengel Gabriel erfuhr Maria, sie werde vom Heiligen Geist ein Kind empfangen, das Jesus heißen solle. Bei einem Besuch im Haus ihrer Kusine Elisabet*, die mit dem zukünftigen Johannes dem Täufer* schwanger war, stimmte Maria einen Lobgesang Gottes, das Magnifikat, an. Als Josef wegen einer allgemeinen Eintragung in Steuerlisten nach Betlehem ziehen mußte, ging Maria mit ihm und brachte dort in einem Stall Jesus zur Welt, da sie in der Herberge keinen Platz gefunden hatten. Von Betlehem aus floh Josef, von einem Engel gewarnt, mit seiner Familie nach Ägypten, um so dem Mordplan von Herodes dem Großen* zu entkommen. Sie blieben dort bis zu dessen Tod und kehrten dann nach Nazaret in Galiläa zurück, wo Josef einige Jahre später starb.

Maria war zwar bei der Hochzeit in Kana in Galiläa anwesend, wird dann aber bis zu den letzten Tagen des Lebens Jesu nicht mehr erwähnt. Sie folgte ihrem Sohn nach Jerusalem, stand bei der Kreuzigung unter dem Kreuz und entdeckte, zusammen mit Maria aus Magdala* und anderen Frauen, am Abend des Sabbat das leere Grab. Vom Kreuz herab beauftragte Jesus den »Jünger, den er liebte« (→ Johannes), für Maria zu sorgen. Dieser nahm sich ihrer an, und bei der Himmelfahrt Jesu war sie unter den Aposteln. Von ihrem Tod und der angeblich leiblichen Aufnahme in den Himmel wird in der Bibel nichts erwähnt. Der Überlieferung nach starb sie wie Johannes in Ephesus, wo ihr Haus noch heute besichtigt werden kann.

Darstellungen von Maria (der Madonna) mit Jesus waren – als Mosaik, Skulptur oder Gemälde – von frühester Zeit an ein Hauptthema christlicher Ikonographie und sind es bis heute geblieben. Ihre Zahl geht nicht in die Tausende, sondern in die Zehntausende. Kaum weniger populär waren und sind die wichtigsten Szenen ihres Lebens: Verkündigung, Geburt Jesu und Flucht nach Ägypten. Gelegentlich wurde Maria auch als – ganz irdische – Einzelperson dargestellt, so zum Beispiel von Francisco de Zurbarán, der sie als bezauberndes kleines Mädchen malte (Leningrad, Eremitage) und in ähnlicher Weise von Rossetti (London, Tate Gallery). Auch in der religiösen Dichtung war Maria immer eine zentrale Figur, vor allem als Mittlerin zwischen den Menschen und einem strengen Gott – angefangen bei zahllosen mittelalterlichen wie modernen Hymnen und Liedern bis hin zu künstlerisch anspruchsvolleren, wenngleich nicht weniger emotionalen Werken wie Claudels ›Verkündigung‹ (das Darius Milhaud musikalisch unterlegte). Trotz ihres kanonisch ungesicherten Status' erscheinen auch Joachim und Anna in der christlichen Kunst, wofür das Gemälde von Carpaccio (Venedig, Accademia) nur ein Beispiel ist. Ihr legendäres Wiedersehen an der Goldenen Pforte in Jerusalem nach einer langen Trennung (Joachim war in die Wüste geflohen, weil ihn die Priester im Tempel wegen seiner Kinderlosigkeit verspottet und schlecht behandelt hatten) hat Giotto als Fresko in der Arena-Kapelle in Padua und in S. Maria Novella in Florenz ergreifend dargestellt. John Ruskin, der im Gegensatz zu anderen Kunstkritikern keinen Zweifel daran hatte, daß das Bild in Florenz von Giottos Hand stammt, verwendete es als Aufhänger in seinem Buch ›Mornings in Florence‹, dem frühen Beispiel eines stilistisch blendenden Stadtführers. In zwei weiteren Florentiner Kirchen sind Darstellungen dieser Szene

zwischen Joachim und Anna von Taddeo Gaddi und Lorenzo
Monaco zu sehen (S. Croce und S. Trinità).

(Mt 1–2, 27–28; Mk 15–16; Lk 1–2, 24; Joh 2, 19; Apg 1)

Maria aus Betanien

Schwester von Marta* und Lazarus*, die im Haus von Simon dem
Aussätzigen* in Betanien lebten. Als Jesus* bei ihnen einkehrte,
kümmerte sich Marta um die Hausarbeit und um seine Versorgung, während Maria es vorzog, Jesus zuzuhören. Als sich Marta
darüber beschwerte, daß Maria keinen Finger rührte, erwiderte
ihr Jesus, Maria habe den besseren Teil gewählt. Bei einer späteren Gelegenheit salbte eine Frau Jesus im gleichen Haus die Füße
mit kostbarem Öl und trocknete sie mit ihren Haaren. Johannes*
nennt sie Maria, doch deuten andere Berichte darauf hin, daß es
sich dabei nicht um Maria aus Betanien handelte (→ Maria aus
Magdala). Die Apostel waren empört über diese – wie ihnen
schien – skandalöse Verschwendung, da man das Öl hätte teuer
verkaufen und das Geld den Armen geben können (Johannes
bezeichnet Judas Iskariot* als denjenigen, der den Protest vor-
brachte), doch Jesus wies sie zurecht: »Die Armen habt ihr immer
bei euch, mich aber habt ihr nicht immer bei euch.«

(Mt 26; Mk 14; Lk 10; Joh 11–12)

Maria aus Magdala

Auch Maria Magdalena genannt. Paradefall der geläuterten Prostituierten und eine Hauptzeugin der Auferstehung Jesu*. Der
erstgenannte Grund für ihre Berühmtheit ist nicht gerade gut
belegt. Man nahm schlicht an, sie sei die im Lukas-Evangelium
ohne Namen genannte Sünderin, die, als sie hörte, daß Jesus sich
im Haus eines Pharisäers zum Essen aufhielt, hinging, ihm mit
ihren Tränen die Füße wusch, sie mit ihren Haaren trocknete und
mit Öl salbte. (Eine ähnliche Geschichte wird von Maria aus Betanien* erzählt, die Jesus im Haus Simons des Aussätzigen* Öl
über das Haar goß.) Keiner der uns überlieferten Texte läßt darauf schließen, daß diese Sünderin Maria aus Magdala gewesen ist,
doch spätestens seit dem 6. Jahrhundert wurde der Gleichsetzung
allgemein Glauben geschenkt.

Von bösen Geistern und Krankheiten geheilt, scheint sich Maria
Jesus angeschlossen zu haben. Sie war eine der Frauen, die bei
der Kreuzigung unter dem Kreuz standen und später zum Grab
Jesu gingen, das sie leer vorfanden. Eine anschauliche Schilderung ihrer Rolle nach der Auferstehung findet sich bei Johannes*,

der – vorausgesetzt, er war selbst der »Jünger, den Jesus liebte«, den er an jener Stelle seines Evangeliums bescheiden ohne Namensnennung anführt – bei dieser von ihm beschriebenen Szene Beobachter und Mitwirkender zugleich war. Nach seiner Darstellung kam Maria, als es noch dunkel war, allein zum Grab und sah, daß der davor liegende Stein weggerollt und das Grab leer war. Sie lief zu Petrus* und Johannes, die zum Grab eilten, um die Sache mit eigenen Augen zu sehen. Nachdem sie wieder weggegangen waren, blieb Maria weinend allein zurück und sah plötzlich einen Mann, den sie für einen Gärtner hielt. Sie fragte ihn, ob er den Leichnam weggebracht habe und wenn ja, wohin. Der Angesprochene war allerdings kein Gärtner, sondern Jesus, der zu ihr sagte, sie solle ihn nicht berühren (noli me tangere), sondern zu seinen Brüdern gehen und ihnen sagen: »Ich gehe hinauf zu meinem Vater . . .«

Die berühmteste Darstellung dieser Szene stammt von Tizian (London, National Gallery), doch gibt es eine Vielzahl weiterer Bilder dazu, so von Fra Angelico (Florenz, S. Marco), von Correggio (Madrid, Prado) und Holbein (Hampton Court, Gemäldesammlung). Maria wird auch als Urbild der Büßerin dargestellt: Wiederum ist Tizian zu nennen (Leningrad, Eremitage und Florenz, Palazzo Pitti), außerdem Donatello (Florenz, Baptisterium) und Jan von Scorel (Amsterdam, Rijksmuseum). Tintoretto malte sie vor einer dramatischen Landschaft (Venedig, S. Rocco), Giorgione vor einer weniger dramatischen (Madrid, Prado). Auf einer Zeichnung von Rosso Fiorentino trifft sie eben mit einer Schar von Freunden zu einem ausgelassenen Fest vor ihrem Haus ein, wendet sich jedoch zum Nachbarhaus um, wo Jesus hinter einem Fenster schemenhaft zu erkennen ist – vermutlich ein Sinnbild des Wendepunktes in ihrem Leben. Georges de La Tour stellte denselben Moment auf andere Weise dar: Seine Maria betrachtet sich im Spiegel, umgeben von allerlei symbolhaften Gegenständen (New York, Metropolitan Museum). Daumiers Maria Magdalena ist sehr reuig und sehr nackt. Henry Vaughans Gedicht ›Die heilige Maria Magdalena‹ schildert die erlösende Macht der Liebe. Als Wiegenlied für Jesus schrieb Christina Rossetti ›Maria Magdalena und die andere Maria. Ein Lied für alle Marien‹. Maria ist auch die Magna Peccatrix in der Schlußszene von Goethes ›Faust II‹, die Thema des zweiten und letzten Satzes der 8. Sinfonie von Gustav Mahler ist. Die Eingangsszene von Sardous Drama und Puccinis Oper ›Tosca‹ zeigt Mario Cavaradossi, wie er ein Bild von Maria Magdalena mit den Zügen seiner

Geliebten Floria Tosca malt. Die Frage, ob die englische Form des Namens »Magdalen« oder »Magdalene«, also mit oder ohne »e« am Schluß geschrieben wird, ist einer der Streitpunkte zwischen den rivalisierenden englischen Universitäten Oxford und Cambridge; an beiden gibt es ein College dieses Namens, jeweils mit der als richtig verteidigten Schreibweise.

(Mt 27–28; Mk 15–16; Lk 8; Joh 19–20)

Markus

Evangelist und Heiliger. Sein Evangelium steht im Neuen Testament an zweiter Stelle, wird jedoch, was den Zeitpunkt der Entstehung betrifft, von den meisten (wenn auch nicht allen) Fachleuten als erstes angesehen. Es ist somit der älteste schriftliche Bericht vom Wirken und Leiden Jesu*. Ob Markus außer seiner Rolle als Autor auch selbst im Neuen Testament in Erscheinung tritt, ist zweifelhaft. Ein Markus kommt im ersten Brief des Petrus vor, ein Johannes Markus* in der Apostelgeschichte und an anderer Stelle, doch läßt sich keiner von ihnen mit Gewißheit mit dem Evangelisten gleichsetzen. Traditionell wurde Markus mit Petrus in Verbindung gebracht, und lange Zeit vermutete man, daß der Evangelist viele seiner Informationen von dem Apostel erhalten habe. Ebenso wahrscheinlich ist aber, daß er sich auf mündliche Erzählungen über Jesus stützte, die nach der Kreuzigung bis zur Abfassung des Evangeliums (ungefähr 70 n. Chr.) im Umlauf waren. Nach einer anderen Überlieferung war Markus der Gründer der Kirche in Alexandria und erlitt dort den Märtyrertod. Sein Emblem ist der Löwe, der in Venedig allgegenwärtig ist, seit die Stadt im Jahr 829 seinen angeblichen Leichnam in die Patriarchalkirche von Venedig brachte, die seinen Namen trägt.

Das Markus-Evangelium ist nicht nur das früheste, sondern auch das kürzeste der kanonischen vier Evangelien. Es beginnt mit einem kurzen Bericht über das Wirken Johannes' des Täufers*, die Taufe Jesu und seine Versuchung durch den Satan. Auf diese Einleitung folgen zwei Blöcke von unterschiedlicher Länge: Der erste ist dem Auftreten Jesu als Lehrer gewidmet, der zweite seiner Gefangennahme, Verurteilung, Kreuzigung und Auferstehung. Dieser zweite Teil besteht aus einer chronologischen Erzählung, während der erste eher eine zweckbestimmte Auswahl als einen biographischen Bericht darstellt. Im Gegensatz zu Matthäus* und Lukas* führt Markus keine Hinweise auf die Abstammung Jesu an und teilt auch nicht deren Interesse an der Kindheitsgeschichte. Ihm ging es bei seinem Bericht über das Wirken Jesu in und um Galiläa darum, aufzuzeigen, daß Jesus nicht nur kein gewöhnlicher Mensch war, auch kein gewöhnlicher Prophet oder Lehrer, sondern daß er Gottes Sohn war und daß die sein Leben krönende Kreuzigung und Auferstehung beispiellose Geschehnisse von einzigartiger Tragweite darstellten. Daß Volksmengen herbeiströmten, um Jesus zu hören, war das eine; doch bedeutsamer als seine Anziehungskraft waren die Wunder, die er wirkte, und die in prophetische Worte gekleideten moralischen Weisungen, die er – meist in Gleichnisse verhüllt – der Menge und vor allem seinen auserwählten, oft genug verwirrten Jüngern gab.

Nach der ersten Hälfte seines Wirkens als Lehrer – dessen Dauer nirgends genau angegeben wird, was wiederum zeigt, daß es Markus nicht vornehmlich um biographische Darstellung ging – ereignete sich die Verklärung Jesu. Vor den Augen dreier seiner Jünger wurde er verwandelt, seine Kleider erschienen leuchtend weiß, und er sprach mit Mose* und Elija*. Nach dieser Offenbarung rief eine Stimme aus einer Wolke: »Das ist mein geliebter Sohn; auf ihn sollt ihr hören.« Vor seinem Einzug in Jerusalem, einer geradezu förmlichen Prozession zum letzten Abendmahl und zu seinem Tod, sprach Jesus feierlich und ungewöhnlich ausführlich über das Ende der Welt, seine Wiederkehr und den Tag des Jüngsten Gerichts. Parallel zu diesen Ereignissen und Vorbereitungen – dem Auftreten vor der Menge, seinen Wunderheilungen einfacher Leute, seinem Reden in anschaulichen Gleichnissen und den messianischen Enthüllungen – verlief der ständige Konflikt mit den aufrichtigen, aber engstirnigen orthodoxen Pharisäern*, die ihm beharrlich nachspürten, ihn zu verräterischen Äußerungen zu verleiten suchten und schließlich sein irdisches Verhängnis herbeiführten. Hinter dem einfachen, sachlichen Stil des Evangelisten (der in den meisten Übersetzungen literarischer wiedergegeben wird, als er im griechischen Original ist) verbirgt sich ein Sinn für Dramatik, der erst da voll zur Geltung kommt, wo vom Prozeß und der Kreuzigung, vom leeren Grab und von den Erscheinungen vor Maria aus Magdala* und den Jüngern und schließlich vom letzten Auftrag an die Jünger, sein Werk fortzuführen, die Rede ist. Auf diesen Höhepunkt hat Markus sein ganzes Evangelium ausgerichtet.

Nur Markus berichtet von einem, mit einem weißen Tuch bekleideten jungen Mann, der bei der Gefangennahme Jesu anwesend war. Er folgte Jesus, als alle anderen davonliefen, wurde aber angegriffen und mußte nackt flüchten. Man hat vermutet, daß dieser junge Mann Markus selbst war. Wenn das stimmt, dann hat er sich auf bescheidene Art in seinem Werk selbst verewigt, so wie die Künstler oder Mäzene der italienischen Renaissance, die an unauffälliger Stelle auf ihren Bildern erscheinen, oder wie Alfred Hitchcock irgendwo in seinen Filmen auftaucht.

Auf zwei Gemälden hat Tintoretto das dramatische Geschehen dargestellt, wie Venezianer den Leichnam des Heiligen finden (Mailand, Pinacoteca di Brera) und ihn trotz der Versuche der Ägypter, es zu verhindern, von Alexandria wegschaffen (Venedig, Accademia). Venedig ist überhaupt der ideale Ort, Markus verewigt zu sehen – als Prediger auf einem Bild von Carpaccio (Accademia), in Mosaiken innerhalb und außerhalb der Markuskirche und vor allem in einem Mosaikzyklus des 13. Jahrhunderts in der Capella Zeno, jener Kapelle, in der sein Leichnam nach der Überführung aus Alexandria zuerst aufbewahrt wurde. Nach einer Erzählung in der ›Legenda aurea‹ hatte Markus eine lange Nase, einen schönen, dichten Bart und wunderbare Augen. (Die ›Legenda aurea‹ ist eine Sammlung von Heiligenlegenden, die der Dominikaner und Erzbischof von Genua Jacobus da Voragine im 13. Jahrhundert zusammenstellte und veröffentlichte.)

(Mk)

Marta

Schwester von Maria* und Lazarus*, die im Haus von Simon dem Aussätzigen* in Betanien lebten. Die beiden Schwestern waren von unterschiedlichem Charakter. Marta war die Geschäftigere der beiden, und als Jesus* bei ihnen einkehrte, beklagte sie sich bei ihm darüber, daß Maria keinen Finger rühre. Sie bat ihn, Maria doch zu sagen, sie solle ihr bei der Arbeit helfen, doch Jesus erwiderte, Maria habe den besseren Teil gewählt, wenn sie ihm zuhöre, anstatt ständig mit Hausarbeit beschäftigt zu sein. Nach späteren, in der ›Legenda aurea‹ (→ Markus) enthaltenen Überlieferungen entstammte Marta dem syrischen Königshaus, gelangte nach der Himmelfahrt Jesu mit einem Schiff ohne Segel oder Ruder nach Marseille, besiegte in Tarascon einen Drachen und wirkte noch aus dem Grab heraus Wunder, so die Heilung des Frankenkönigs Chlodwig von einem Nierenleiden.

(Mt 26; Mk 14,; Lk 10; Joh 11–12)

Mattatias
Sohn Johanans und Vater der Dynastie der Makkabäer oder Hasmonäer.
→ Makkabäer, → Stammbaum E
(1 Makk 2)

Matthäus
–, Apostel (S. 183)
–, Evangelist (S. 183)

Matthäus
Einer der zwölf Apostel, der auch Levi, Sohn des Alphäus, genannt wird. Im Johannes-Evangelium kommt sein Name nicht vor. Matthäus war Steuereinnehmer im Dienst von Herodes Antipas*, dem Tetrarchen von Galiläa. Er ist jedoch nicht identisch mit dem Evangelisten Matthäus*. Wie anderen Aposteln (Andreas*, Thomas*) wurden auch ihm nach dem Tod Jesu* phantastische Bekehrungstaten und ausgedehnte Missionsreisen zugeschrieben, die ihn bis nach Persien und sogar bis nach Äthiopien geführt haben sollen (sein Gastgeber dort war der Eunuch der Königin Kandake*, der vom Diakon Philippus getauft worden war).
Ein Bild der Berufung des Matthäus von Hendrik Terbrugghen befindet sich in Utrecht, eine Darstellung seines Martyriums von Caravaggio in der Kirche S. Luigi dei Francesi in Rom. Matthäus wird traditionell mit einem Beutel – als Zeichen des Zöllners – dargestellt.
(Mt 10; Mk 3; Lk 6; Apg 1)

Matthäus
Evangelist und Heiliger. Früher setzte man den Verfasser des ersten Evangeliums des Neuen Testaments mit dem Apostel Matthäus* gleich. Diese Annahme wurde zwar inzwischen aufgegeben, doch Matthäus als Name des Verfassers schlicht deshalb beibehalten, weil wir keinen anderen Namen für ihn haben. Aller Wahrscheinlichkeit nach war der Autor ein griechisch sprechender Jude aus Syrien, der das Werk gegen Ende der Zeitspanne zwischen 75 und 85 n. Chr. niederschrieb. Das Matthäus-Evangelium ist eine redigierte und erweiterte Fassung des Markus*-Evangeliums, aus dem neun Zehntel – zwar verkürzt, doch oft mit identischem Wortlaut – übernommen wurden. (Lukas* dagegen übernahm nur etwa die Hälfte des Markus-Evangeliums.) Zu diesem Kernbestand fügte Matthäus einen anderen Anfang und Schluß

hinzu: Er beginnt mit Stammbaum und Kindheit Jesu* und gibt abschließend einen Bericht seiner Erscheinungen vor den Aposteln und vor anderen nach der Auferstehung. Als Quelle für diese Ergänzungen, die sich zum Teil auch bei Lukas finden, könnte eine andere, verlorengegangene Schrift oder die damals verbreiteten mündlichen Erzählungen gedient haben.

Der besondere Akzent, den Matthäus seiner Darstellung vom Leben und Sterben Jesu gibt, ist die Überzeugung, daß Jesus der den Juden verheißene Messias und Sohn Davids* war, der – entsprechend der Prophezeiungen im Alten Testament und der jüdischen Überlieferung – gekommen war, das Reich Gottes auf Erden einzusetzen. Durch Abstammungslinie und Lebensschilderung betont Matthäus unter den vier Evangelisten am stärksten das Menschsein Jesu. Ein Mensch ist deshalb auch das Emblem dieses Evangelisten.

(Mt)

Matthias
Der siegreiche der beiden Kandidaten bei der Nachwahl für den Zwölferkreis um Jesus, mit der man den durch den Verrat von Judas Iskariot* freigewordenen Platz wieder besetzen wollte. Er gewann durch Losentscheid gegen seinen Mitbewerber Josef Barsabbas*.

(Apg 1)

Mefiboschet → Merib-Baal

Melchisedek
Priesterkönig von Salem, der Abraham* segnete und dafür den Zehnten von Abrahams Beute erhalten haben soll. Es ist nicht sicher, ob Melchisedek als persönlicher Name aufzufassen ist, und das Alte Testament gibt auch keinen Hinweis darauf, warum ihm Abraham nach dem Sieg über seine Feinde etwas abgegeben haben sollte. Es ist zumindest ebensogut möglich, daß dieser sonderbare König Abraham auf seinem Heimweg nach dem Sieg etwas zu essen und zu trinken angeboten hat. Melchisedek ist eine mysteriöse Erscheinung und hatte offenbar weder Vater noch Mutter, was ihn zum Symbol autogener Kraft werden ließ.

Seine stattliche, hoch aufgerichtete Gestalt fällt beim Blick aufs große Nordportal der Kathedrale von Chartres als erste ins Auge.

(Gen 14; Hebr 7)

Merab
Ältere der beiden Töchter Sauls*. Ihr Vater versprach David*, sie ihm zur Frau zu geben, wählte dann aber einen anderen Mann für sie. David bekam statt dessen Sauls jüngere Tochter Michal*, die ihn zuerst liebte, sich später jedoch wegen seiner religiösen Überschwenglichkeit für ihn schämte.

(1 Sam 14, 18)

Merib-Baal
Auch Mefiboschet. Sohn von Jonatan* und Enkel von Saul*. Beim Tod seines Vaters war er fünf Jahre alt. Als er nach Eintreffen der Todesnachricht in Sicherheit gebracht werden sollte, ließ ihn die Amme fallen; seitdem war er an beiden Füßen gelähmt. David ließ den Sohn seines toten Freundes Jonatan ausfindig machen, gab ihm ein Stück Land und räumte ihm einen ständigen Platz an seiner Tafel ein. Später war Merib-Baal in Abschaloms* erfolglose Rebellion gegen David verwickelt, was ihm jedoch verziehen wurde.

(2 Sam 4, 9, 16, 19)

Meschach
Einer der drei Gefährten Daniels*, die auf Befehl des Königs Nebukadnezzar* in einen Feuerofen geworfen wurden. Sein ursprünglicher Name war Mischaël. Die beiden anderen Gefährten hießen Abed-Nego* und Schadrach*.

(Dan 1–3)

Methusalem → Metuschelach

Metuschelach
Auch Methusalem. In dieser Namensform sprichwörtlich für Langlebigkeit (»so alt wie Methusalem«). Metuschelach lebte 969 Jahre; sein erster Sohn Lamech*, der Vater Noachs*, wurde geboren, als er selbst 187 Jahre alt war. Da Noach mit einer Lebenszeit von 950 Jahren um neunzehn Jahre hinter seinem Großvater zurückblieb, hält Metuschelach den biblischen Rekord. Für das unglaublich hohe Alter der Patriarchen gibt es mehrere Erklärungsversuche, von denen jedoch keiner so recht überzeugt.
Shaws Werk ›Zurück zu Methusalem‹, von ihm selbst beschrieben als »metabiologischer Pentateuch« und als »Legende schöpferischer Evolution«, ist ein Drama in fünf Teilen über Vergangen-

heit und Zukunft des Menschen aus der Sicht von George Bernard Shaw.

(Gen 5)

Micha

–, Prophet (Buch) (S. 186)
–, Prophet (S. 186)
–, Silberdieb (S. 186)

Micha

Prophet, der aus der Bauernschaft Judas stammte und gegen Ende des 8. Jahrhunderts v. Chr. lebte, als Amos* und Hosea* im Nachbarland Israel auftraten. Micha ereiferte sich besonders über die Armut der Ackerbauern, sprach für die Armen und gegen die Reichen, für die Leute vom Land und gegen die Bewohner der Stadt. Dazu stimmte er in die allgemeinen Klagen über Laster, Materialismus und Verfall des Familienlebens ein. Mit der Nachdrücklichkeit jener, die die Zeit knapp werden sehen, predigte er Umkehr und Reue, bevor es zu spät sei. Micha, dessen Stimme zu den leidenschaftlichsten des Alten Testaments gehört, war ein Revolutionär, der seine Gefühle und sein Streben in religiöse Bahnen lenkte.
→ auch Propheten

(Mi)

Micha

Prophet, der sich im Gegensatz zu seinen schmeichlerischen Propheten-Kollegen als einziger weigerte, Ahab* den Sieg im geplanten Krieg gegen die Aramäer (→ Syrien) vorherzusagen. Ahab ließ ihn dafür ins Gefängnis werfen, und er selbst kam bei der Schlacht ums Leben.

(1 Kön 22; 2 Chr 18)

Micha

Junger Mann, der seiner Mutter Silber stahl, das sie gehortet hatte, um davon ein Gottesbild machen zu lassen. Micha gestand den Diebstahl und gab das Silber zurück, worauf seine Mutter einen kleinen Teil ihres Schatzes opferte, um das Gottesbild anfertigen zu lassen. Als ein umherziehender Levit* zu Michas Haus kam, überredete Micha ihn, zu bleiben und als sein Priester in seinem Haus zu wohnen. Später nahm eine Gruppe von Danitern*, die auf der Suche nach Land waren, nicht nur die Priesterkleider und Götterbilder, sondern auch den Leviten selbst mit. Nachdem sie eine Stadt besetzt und sich darin niedergelassen hatten, setzten sie den Leviten mit seiner Ausstattung an Kleidung und Geräten als Priester ein. Micha war so ein Opfer des noch unbefriedigten Landhungers der Daniter geworden.

(Ri 17–18)

Michal

Jüngere Tochter Sauls*. Ihr Vater gab sie David* zur Frau, nahm sie ihm später aber wieder weg und verheiratete sie mit einem anderen Mann. Nach Sauls Tod wollte David Michal wiederhaben und bekam sie, zum Leidwesen ihres Ehemannes, zurück. Als David in überschäumender Freude die Bundeslade nach Jerusalem brachte, schaute Michal aus dem Fenster und sah, wie er »hüpfte und tanzte«. Sie verachtete ihn dafür und warf ihm später vor, sich vor aller Welt bloßgestellt zu haben. Für diesen Mangel an Verständnis wurde sie mit Kinderlosigkeit bestraft.

(1 Sam 18–19, 25; 2 Sam 3, 6; 1 Chr 15)

Midianiter

Volk von wechselhaftem Ruf, das nach der Überlieferung von Abraham* und seiner Nebenfrau Ketura* abstammte. Die Midianiter, die in den kargen Gebieten zwischen Ägypten und Palästina lebten, waren Hirten und Händler, die sich auch auf Überfälle und Plünderungen verstanden. Mose* flüchtete sich als junger Mann zu ihnen und nahm eine Midianiterin zur Frau.

Milka

Tochter von Haran* und ein zentraler Bezugspunkt in den verwandtschaftlichen Beziehungen der durch Heirat gleich mehrfach verbundenen Familie: Milka heiratete ihren Onkel Nahor*, den Bruder ihres Vaters Haran. Ihre Enkeltochter war Rebekka*, die wiederum Isaak*, den Sohn von Milkas anderem Onkel Abraham*, heiratete.

→ Stammbaum B

(Gen 11, 22, 24)

Mirjam

Schwester von Aaron* und Halbschwester von Mose*. Als die Israeliten die wunderbare Durchquerung des Roten Meeres und damit ihr Entkommen vor den ägyptischen Verfolgern feierten, zog Mirjam tanzend und die Pauke schlagend vor den Frauen her.

Zusammen mit Aaron kritisierte sie Mose sowohl für seine Führung durch die Wüste als auch dafür, daß er sich eine äthiopische Frau genommen hatte. Für diese Illoyalität wurde sie mit Ausschlag und zeitweiliger Verbannung aus dem Lager bestraft. Mirjam starb in Kadesch in der Wüste Zin, kurz vor der letzten Etappe auf dem Weg ins verheißene Land, mit der die langen Jahre in der Wüste zu Ende gingen.

(Ex 15; Num 12, 20)

Moab
Einer der beiden Söhne, die Lot* mit seinen Töchtern zeugte. Aus Angst, in der Abgeschiedenheit, in der sie lebten, keinen Mann zu finden (und damit keine Kinder zu bekommen), hatten sie mit ihrem Vater geschlafen, den sie vorher so betrunken gemacht hatten, daß er nicht mehr wußte, was er tat. Beide Töchter bekamen Söhne; Moab wurde der Stammvater der Moabiter*, sein Halbbruder Ben-Ammi* Stammvater der Ammoniter*. Ihr Siedlungsgebiet lag östlich des Toten Meeres und südlich des Flusses Arnon, der streckenweise durch das Land der Ammoniter und Moabiter floß.
→ Stammbaum B

(Gen 19)

Moabiter → Moab

Mordechai
Jude aus dem Stamm Benjamin*, der am Hof des Perserkönigs Artaxerxes* als Türhüter diente. Ester*, die Artaxerxes zur Königin gemacht hatte, war seine Nichte. Mordechai deckte eine Verschwörung gegen den König auf, von der er durch Belauschen eines Gesprächs erfahren hatte, und rettete damit das Leben des Königs und – wie sich später herausstellte – auch sein eigenes. Da er sich weigerte, vor Haman*, dem Günstling des Königs, niederzuknien, wollte dieser als Rache für die Kränkung ihn und alle Juden in den hundertsiebenundzwanzig Provinzen des Reiches töten lassen. Artaxerxes stimmte Hamans Plan ohne viel Überlegen zu, bis ihm klar wurde, daß auch Ester als Jüdin der Ausrottung zum Opfer fallen würde. Außerdem fand er heraus, daß Mordechai ihm einmal das Leben gerettet hatte. Daraufhin wendete sich das Blatt – der in Ungnade gefallene Haman wurde aufgehängt, und Mordechai erhielt dessen Stellung und Vergünstigungen.

Mordechai wurde zur Symbolfigur für die Wechselhaftigkeit des Schicksals: Obwohl er von vornehmer Abstammung war, mußte er einem fremden Herrscher als Türhüter dienen, bis er durch Redlichkeit (verbunden mit einem gewissen Talent, zur rechten Zeit die Ohren offenzuhalten) und wohlverstandenen Patriotismus zu Amt und Würden gelangte.

Einen eigenartigen Akzent hat der italienische Maler Paolo Veronese seinem Bild ›Der Triumph des Mordechai‹ gegeben, bei dem es ihm offenbar stärker auf die Darstellung zweier großer Pferde ankam als auf die Hauptperson der Geschichte (Venedig, San Sebastiano).

(Est)

Mose

Sohn von Amram aus dem Stamm Levi*. Zwischen der Ankunft Josefs* und seiner Brüder in Ägypten und dem Auszug ihrer Nachkommen (Exodus) verstrichen mehrere hundert Jahre. Zuerst ging es den Israeliten gut und sie wurden als Volk immer zahlreicher, was nicht von allen Ägyptern gern gesehen wurde. Als mit den Jahren andere Pharaonen an die Macht kamen, verloren sie schließlich ihre einst privilegierte Stellung. Während Josef noch als willkommener Gast im Lande und als hochgeschätzter Berater gegolten hatte, waren seine Nachkommen nur mehr Sklaven in Ägypten. Aus dieser Unterdrückung wurden sie von Mose befreit.

Mose und der Pharao   Der zur Zeit von Moses Geburt regierende Pharao war entschlossen, die Israeliten auszurotten, und hatte Befehl gegeben, deren männliche Säuglinge bei der Geburt zu töten. Eine entsprechende Anweisung an die Hebammen erwies sich als wirkungslos, da nach ihren Berichten die Israelitinnen kräftig genug waren, ihre Kinder ohne Hebammen zur Welt zu bringen. Daraufhin erließ der Pharao den Befehl, alle Knaben der Israeliten in den Fluß zu werfen. Durch das Mitleid einer Prinzessin wurde Mose gerettet. Nachdem er von seiner Mutter am Flußufer in einem Binsenkorb ausgesetzt worden war, fand ihn dort die Tochter des Pharao, die sich entschloß, das Kind aufziehen zu lassen. Als sie eine Dienerin nach einer Amme schickte, führte sie Moses Schwester (die die Vorgänge am Fluß heimlich beobachtet hatte) zur Mutter, die dann ihr Kind stillte. Als Heranwachsender sah Mose, wie ein Ägypter einen Israeliten prügelte; er erschlug den Ägypter und mußte in die Wüste fliehen, wo er bei umherziehenden Midianitern* Zuflucht fand. Er heiratete Zippora*, die Tochter des Midianiter-Priesters Jitro* (oder Reguël), mit der er zwei Söhne, Gerschom und Elieser, hatte. Später erschien ihm ein Engel und sprach zu ihm aus einem Dornbusch, der brannte, ohne zu verbrennen. Der Engel teilte Mose mit, er werde die Kinder Israels retten und sie in ein Land führen, in dem Milch und Honig fließen. Mose reagierte recht zurückhaltend auf die Ankündigung seiner Bestimmung, zumal er befürchtete, daß die Israeliten ihm niemals glauben würden, wenn er ihnen von seinem Auftrag berichtete. Er führte auch noch seine Schwerfälligkeit beim Reden ins Feld, doch Gott zeigte ihm drei Wunder, die die Israeliten überzeugen würden und wies ihn an, das Reden seinem Bruder Aaron* zu überlassen.

Mose brach auf, um nach Ägypten zurückzukehren. Auf dem Weg traf er Aaron, dem er erzählte, was geschehen war. Aaron führte die Wunder vor und überzeugte so die Israeliten, daß sie Mose zu folgen hatten. Der nächste Schritt war, den Pharao (bereits ein Nachfolger des Herrschers, vor dem Mose geflohen war) zu überzeugen, daß er die Israeliten ziehen lassen müsse. Dessen erste Reaktion war jedoch, den Israeliten das Leben noch schwerer zu machen. Er befahl ihnen, in Zukunft die gleiche, ihnen auferlegte Menge an Ziegeln herzustellen, ohne wie bisher mit dem dazu nötigen Stroh beliefert zu werden. Als Aaron seinen Stab vor den Augen des Pharao in eine Schlange verwandelte, ließ der Pharao ägyptische Beschwörungspriester kommen, um das gleiche vorzuführen. Auch deren Stäbe verwandelten sich in Schlangen, die aber von Aarons Schlange verschlungen wurden. Eine Plage nach der anderen kam über die Ägypter; nach jeder wollte der Pharao die Israeliten ziehen lassen, besann sich dann jedoch immer wieder eines anderen. Erst die zehnte Plage, bei der in einer einzigen Nacht alle Erstgeborenen der Ägypter bei Mensch und Vieh starben, brach seinen Widerstand.

Der Auszug aus Ägypten   Die Israeliten waren für diese Nacht gerüstet. Auf Gottes Weisung hatte jede Familie ein makelloses Lamm oder eine Ziege geopfert und etwas von dem Blut an die Türpfosten gestrichen, als Zeichen für den Todesengel, dieses Haus zu verschonen. Sie hatten alle ein Mahl aus gebratenem Fleisch und ungesäuertem Brot gegessen und dies, wie befohlen, in Eile und zum Auszug bereit. Dann waren sie aufgebrochen und hatten Josefs Gebeine mitgenommen. In der Nacht zeigte ihnen eine Feuersäule, am Tag eine Wolkensäule den Weg. Naheliegend war, den Weg nach Norden zur Mittelmeerküste einzuschlagen; aber sie zogen zuerst nach Osten zum Roten Meer, um die

Ägypter von ihrer Spur abzulenken. Der Pharao, dem es bereits wieder leid tat, daß er die Israeliten hatte ziehen lassen, setzte ihnen mit sechshundert Kampfwagen nach. Doch das Wasser des Roten Meeres teilte sich, damit die Israeliten durchziehen konnten, flutete dann zurück und schlug über den Ägyptern zusammen, die alle ertranken.

Die Israeliten feierten die sichere Ankunft am anderen Ufer mit Liedern und Tänzen, bis dann die ersten Klagen kamen: Das Wasser war ungenießbar und man hatte nichts zu essen. Mose ließ Süßwasser aus einem Felsen fließen und Gott sandte Manna – von dem sie sich vierzig Jahre ernähren sollten – und Wachteln. (Das Manna war vermutlich das eßbare Harz der Tamariske; aber den Israeliten, die es nicht kannten, erschien es als Wunder.) Doch diese Probleme waren erst der Anfang: Feinde tauchten auf, und Josua* schlug im ersten von vielen Kämpfen seiner langen Laufbahn als militärischer Führer die Amalekiter*. Kampfentscheidend waren dabei die Armbewegungen von Mose, der die Schlacht von einem Hügel aus verfolgte. Denn solange er seine Arme hochhielt, waren die Israeliten stärker, wenn er sie sinken ließ, ihre Feinde. Als ihm schließlich die Arme schwer wurden, stützten ihn Aaron und Hur*, bis die Sonne unterging.

Drei Monate nach dem Auszug aus Ägypten kamen die Israeliten in die Wüste Sinai und lagerten gegenüber dem Berg Sinai. Dort zeigte sich Gott dem Mose. Nach drei Tagen der Vorbereitung ging Mose auf den Berg, und Gott stieg, von furchterregenden Naturschauspielen begleitet, herab und sprach mit ihm in Hörweite aller Israeliten. Das Volk war angewiesen, sich in einiger Entfernung zu halten, während Aaron, seine beiden ältesten Söhne und siebzig ausgewählte Älteste Mose ein Stück weiter begleiten durften. Doch sich Gott nähern durfte nur Mose selbst. Auf zwei Steintafeln, die beiderseits »mit dem Gottesfinger beschrieben waren«, nahm Mose die Zehn Gebote sowie verschiedene andere Gesetze und Weisungen, einschließlich der für Verstöße geltenden Strafen, entgegen. Außerdem erhielt er zahlreiche, detaillierte Anweisungen zur Herstellung einer Bundeslade, in der die Tafeln mit den Gesetzen, die Tafeln des Bundes mit Abraham*, zahlreiche heilige Gerätschaften sowie Kleider aus Gold und anderen prächtigen Stoffen aufbewahrt werden sollten.

Vierzig Tage und vierzig Nächte blieb Mose auf dem Berg. Über den Israeliten braute sich während dieser langen Abwesenheit das Unheil zusammen. Sie waren ungeduldig geworden und hatten Aaron aufgefordert, ihnen Götterbilder zu machen. Er ließ alle goldenen Ohrringe einsammeln und goß daraus ein goldenes Kalb, das die Israeliten nackt anbeteten. (Das goldene Kalb könnte den ägyptischen Stiergott Apis dargestellt haben, den die Israeliten eigentlich am anderen Ufer des Roten Meeres hätten zurücklassen sollen.) Nicht zum letzten Mal sah sich Mose in der Zwickmühle zwischen einem Gott, den er beruhigen, und einem Volk, das er bestrafen mußte. Als er den Berg hinab zum Tatort stürmte, geriet er angesichts der Vorgänge so außer sich, daß er die Steintafeln auf den Boden schmetterte, wo sie zerbrachen. Er befahl, dreitausend Männer zu töten, alle anderen wurden verschont. Noch einmal erhielt er zwei Gesetzestafeln von Gott und das erneuerte Versprechen, die Israeliten ins verheißene Land zu führen.

In der Wüste   Die Einlösung dieses Versprechens dauerte länger, als sich die Israeliten jemals hätten träumen lassen. Je länger sie in der Wüste umherzogen, desto unzufriedener wurden sie und desto härter wurden die Anforderungen an Mose als ihren Führer. Das unstete Wanderleben zehrte an ihrer Moral und führte dazu, daß sie mehrmals gegen Mose aufbegehrten. Die Entbehrungen ließen sie wünschen, sie hätten Ägypten nie verlassen. Sie sehnten sich nach Fisch, Gurken, Melonen, Lauch, Zwiebeln und Knoblauch. Ihr Glaube schwand, und sie klagten, es werde ihnen viel zu schwer gemacht, das Land, wo Milch und Honig fließen, zu erreichen. Sogar die engsten Vertrauten von Mose, seine Geschwister Aaron und Mirjam*, rebellierten gegen ihn (das aber auch teilweise deswegen, weil Mose sich eine äthiopische Frau genommen hatte).

Gott stützte seine Autorität durch eine Reihe von Wundern. Er trug dazu bei, siebzig ausgewählte Älteste wieder für die Sache des Zuges ins verheißene Land zu begeistern, und er schlug Mirjam mit Ausschlag. Dann beendete er die gefährliche Revolte von Korach*, Datan* und Abiram*, die mitsamt ihren Familien und Tieren von der Erde verschluckt wurden. Er veranlaßte Mose, in einer Zeit akuten Wassermangels Trinkwasser aus einem Felsen zu schlagen, und ließ Aarons Stab blühen und Mandeln tragen. Doch Gott war auch zutiefst verärgert darüber, daß die Israeliten nach allem, was er für sie getan hatte, so viel klagten und so wenig Vertrauen zu ihm hatten: »Wie lange soll das mit dieser bösen Gemeinde so weitergehen, die immer über mich murrt?« Er sandte Seuchen, denen einmal vierzehntausendsiebenhundert, ein andermal vierundzwanzigtausend Menschen zum Opfer fielen. Er ordnete an, daß keiner, der beim Auszug aus Ägypten dabeigewesen war, ins verheißene Land einziehen dürfe. Vierzig Jahre lang sollten sie in der Wüste umherziehen, bis der letzte dieser undankbaren Generation des Exodus gestorben sei. Die einzigen Ausnahmen waren Josua und Kaleb*, da sie sich immer fürs Durchhalten ausgesprochen hatten, auch dann, als sie bei einem riskanten Sondierungsvorstoß herausgefunden hatten, daß das verheißene Land zwar wirklich von Milch und Honig überfloß, aber doch auch von mächtigen Riesen verteidigt wurde. Sogar Mose und Aaron wurde der Einzug ins verheißene Land wegen Glaubensschwächen, die in der Bibel nicht näher ausgeführt sind, verwehrt. Aaron starb auf dem Berg Hor, als Mose sich gerade anschickte, die Israeliten auf die letzte Etappe ihrer Wanderung nach Norden zu führen, wo sie dann nur noch einen Fluß, den Jordan, überqueren mußten, um endlich am Ziel zu sein.

An der Schwelle des verheißenen Landes Zum zweiten Mal wurden die Israeliten gezählt. Ohne die Leviten*, die gesondert erfaßt wurden, betrug die Zahl der Männer, die älter als zwanzig Jahre und damit im kriegsfähigen Alter waren, 601730. In der Wüste Sinai hatte man vierzig Jahre zuvor 603730 Männer gezählt. Auf ihrer weiteren Wanderung umgingen die Israeliten die Gebiete der Edomiter*, Moabiter* und Ammoniter*; Mose hatte Anweisung, ihnen trotz ihrer feindseligen Haltung kein Leid zuzufügen, da sie als Nachkommen von Esau* und Lot* mit ihnen verwandt waren. Jenseits des Flusses Arnon, der von Osten her auf halber Höhe ins Tote Meer fließt, kam es zum Kampf gegen Sihon*, den König der Amoriter*, dessen Gebiet östlich des Toten Meeres lag, und gegen Og*, den König von Baschan, der östlich des Sees Kinneret (Gennesaret) herrschte. Nachdem die Israeliten erst die Streitmacht des einen, dann die des anderen Königs besiegt hatten, beschloß Balak*, der König der Moabiter, sich gegen dieses »aus Ägypten herausgezogene« Volk, »das das ganze Land bedeckt«, mit anderen Herrschern zu verbünden und gemeinsam gegen die Israeliten loszuschlagen. Doch der Seher Bileam* machte Balak einen Strich durch die Rechnung, als er die Israeliten nicht, wie von Balak gewünscht, verfluchte, sondern sie im Gegenteil mehrmals segnete.

Das eroberte Land östlich des Jordan teilte Mose unter den Stämmen Ruben* und Gad* sowie dem halben Stamm Manasse* auf, da sie dort genau die Bedingungen vorfanden, die sie für ihre Viehherden brauchten. Mose machte aber zur Bedingung, daß die erwachsenen Männer dieser Stämme mit den übrigen über den Jordan zögen, um sie bei der Eroberung des verheißenen

Landes zu unterstützen. Die Landnahme östlich des Jordan sollte sich später nicht nur als erstes Anzeichen für die Aufsplitterung der eroberten Gebiete erweisen, sondern auch als warnender Hinweis auf ein Problem, das die Israeliten über Generationen hinweg beschäftigen sollte, nämlich die Beziehungen zu den Bewohnern der eroberten Gebiete. Zwar hatte Gott die Israeliten angewiesen, diese Völker und Stämme ausnahmslos zu vernichten, doch nicht alle Israeliten erwiesen sich als standhaft gegenüber deren Frauen und später auch deren Götter. Die midianitische Prostituierte Kosbi* löste nur einen der Fälle aus, in denen menschliche Schwäche unter den Israeliten verhängnisvolle Folgen hatte. Als während des Krieges gegen die Midianiter Frauen und Kinder verschont wurden, mußte Mose auf Gottes Weisung hin eingreifen und dafür sorgen, daß alle Frauen, die schon mit einem Mann geschlafen hatten, und alle männlichen Kinder dem Befehl entsprechend getötet wurden.

Erneut wiesen Gott und Mose die Israeliten warnend darauf hin, daß alle fremden Völker, die sie nach der Überschreitung des Jordan nicht aus ihren Gebieten vertrieben oder töteten, zu »Splittern in euren Augen und zu Stacheln in eurer Seite« würden. Schließlich hielt Mose eine feierliche Abschiedsrede, in der er noch einmal die Ereignisse seit dem Auszug aus Ägypten Revue passieren ließ und einschließlich der Zehn Gebote alle Gesetze aufzählte, die ihnen während der Jahre der Wanderschaft verkündet worden waren. Dann stieg er auf den Berg Nebo im Pisga-Gebirge, wo er das verheißene Land schauen durfte. Mose starb an dem Tag, an dem Josua die Israeliten über den Jordan führte. Die genaue Lage seines Grabes blieb unbekannt.

Das Werk, das Mose vollbrachte   Mose ist eine ehrfurchtgebietende Gestalt, die in der Geschichte der Israeliten unangefochten an erster Stelle steht. Er war das Werkzeug Gottes, mit dem dieser sein auserwähltes Volk aus der Knechtschaft in Ägypten ins Land der Patriarchen zurückführte. Mose war aber auch ein enttäuschter Mensch, der selbst nicht ins verheißene Land einziehen durfte. Und er war ein einsamer Mensch, der vierzig Jahre seines Lebens zwischen einem Gott, der stets vorantrieb, und einem Volk, das getrieben wurde, als Vermittler stand. Letzten Endes ist Mose zu sehr Gottes Sprachrohr, um als Mensch sympathisch zu wirken; es fehlen die individuellen Merkmale einer Persönlichkeit.

Mehr als die Maler spricht seine wuchtige Gestalt die Bildhauer an, von denen wiederum keiner eine kraftvollere Mose-Darstellung geschaffen hat als Michelangelo, dessen Skulptur für das Grabmal von Papst Julius II. bestimmt war (Rom, San Pietro in Vincoli). Sigmund Freud verbrachte Stunden vor diesem Werk und schrieb dann einen kurzen Essay über seine verborgene Bedeutung und die Interpretationen früherer Betrachter. In der Sixtinischen Kapelle im Vatikan ist eine, von den größten italienischen Renaissance-Malern gestaltete Seite ausschließlich Szenen aus dem Leben Moses gewidmet (die andere Seite zeigt Szenen aus dem Leben Jesu). Für zahlreiche Künstler war das Auffinden des Säuglings Mose am Flußufer ein Ereignis von solcher Bedeutung, daß sie auf die Anwesenheit einer ganzen Schar von Menschen nicht verzichten konnten. Als Beispiele seien Veronese (Madrid, Prado, und Washington, National Gallery), Tintoretto (Prado), Claude Lorrain (Prado) und Lorrains Zeitgenosse Bourdon (Washington, National Gallery) genannt; Gentileschi fügte noch die Mutter und die Tochter des Pharao hinzu (Prado). Für Salvator Rosa war der große Augenblick ein Vorwand, um eine weiträumige Landschaft im frühen naturalistischen Stil des 17. Jahrhunderts zu malen (Detroit, Institute of Art). Rosso Fiorentino gab vor, Mose und die Töchter Jitros darzustellen, doch läßt der sich bei der Arbeit mächtig ins Zeug legende Mose den Töchtern nur einen Platz im fernen Hintergrund (Florenz, Uffizien). Die siebte der ägyptischen Plagen, nämlich Donner und Hagel, ist Thema eines der extravaganten Gemäldedramen von John Martin (Boston, Museum of Fine Art).

In dem Negro Spiritual ›Go Down, Moses‹ weist Gott Mose an, nach Ägypten zu ziehen und dem Pharao zu sagen, er solle das Volk ziehen lassen (»Tell old pharao, let my people go«). William Faulkner griff den Titel des Liedes für seinen Roman ›Go Down, Moses‹ (›Das verworfene Erbe‹) auf, in dem es um das Tabu der Rassenmischung geht. Hauptperson der Tragödie am Schluß der Geschichten, aus denen der Roman besteht, ist ein Junge, der zum Mörder wird – »verkauft nach Ägypten und in Pharaos Gewalt« –, nach seiner Erhängung kehrt er im Sarg nach Hause zurück. Händels Oratorium ›Israel in Ägypten‹ konzentriert sich auf den dramatischsten Teil der Mose-Geschichte. Auf der Opernbühne haben sich zwei Komponisten völlig verschiedener Richtung mit dem Stoff beschäftigt: Rossini (›Mosè in Egitto‹) und Schönberg (›Moses und Aron‹).

Häufig ist Mose mit Hörnern auf der Stirn dargestellt worden, unter anderen von Michelangelo. Dieser groteske Schmuck geht auf einen Übersetzungsfehler zurück. Im Buch Exodus heißt es,

Mose sei vom Berg Sinai mit leuchtendem Gesicht zurückgekommen. Doch die hebräischen Wörter für »Lichtstrahlen« und »Hörner« sind recht ähnlich, und so wurde für die lateinische Vulgata das falsche Wort erwischt.

Eine der nicht in der Bibel enthaltenen Mose-Geschichten wählte Giorgione als Thema seines Bildes, das sich in den Uffizien in Florenz befindet. Die dem Bild zugrunde liegende Geschichte erläutert, warum Mose sein Leben lang ein schlechter Redner war. Als Mose drei Jahre alt war, wurde dem Pharao geraten, ihn töten zu lassen. Er beschloß jedoch, das Kind erst einer Feuerprobe zu unterziehen, und ließ Mose einen Rubin und eine glühende Kohle zeigen. Sollte er zu dem Rubin greifen, müßte er sterben. Mose streckte tatsächlich seine Hand nach dem Rubin aus, doch ein Engel lenkte sie in die andere Richtung. So nahm er zwar die Kohle, verbrannte sich jedoch die Zunge daran.

Rund zwanzig Jahre nach seinem Essay über Michelangelos Mose-Skulptur begann Freud mit der Niederschrift einer ungewöhnlichen Überlegung. Danach war Mose Ägypter und hoher Beamter oder General des monotheistischen Pharaos Echnaton (ca. 1391–53 v. Chr.), der aus seiner Heimat fliehen mußte, als Echnatons religiöse Revolution scheiterte. Nach Freuds Ausführungen wurde Mose auf der Flucht von persönlichen Anhängern (den Leviten) und den in Ägypten als Fremdlingen lebenden Israeliten begleitet. Diese – so Freud – ermordeten ihn dann in der Wüste, worauf seine hochentwickelte, pazifistische Religion mit einer anderen, kriegerischen Religion verschmolz und beinahe darin unterging. Obwohl diese Freudsche Umdeutung der biblischen Version der Ereignisse Schritt für Schritt logisch entwickelt und mit geradezu betörender Phantasie ausgebreitet wird, ist sie doch von seiten der Wissenschaft als bloße Kuriosität aufgenommen worden, als interessantes Produkt eines gescheiten Kopfes, der seine Gedanken jenseits des eigenen Arbeitsfeldes spazierengehen ließ.

(Ex; Lev; Num; Dtn)

N

Naaman
Aramäer (→ Syrien) und Feldherr des Königs, der an Aussatz erkrankte. Er wurde nach Israel geschickt, um Heilung zu finden. Auf den Rat des Propheten Elischa*, sich im Jordan zu waschen, reagierte Naaman zuerst mit Empörung: »Sind nicht der Abana und der Parpar, die Flüsse von Damaskus, besser als alle Gewässer Israels?« Doch er ließ sich überreden, seinen Patriotismus zurückzustellen, und wurde geheilt. Auf dem Rückweg nach Damaskus holte ihn Elischas Diener Gehasi* ein, der ihm unter dem Vorwand, Elischa würde die Geschenke an die Armen verteilen, Silber und Festkleider abschwatzte. Durch seine Sehergabe kam Elischa hinter die Sache, und Gehasi erhielt zur Strafe Naamans Aussatz.
Das Bild ›Naaman und Elischa‹ des holländischen Malers Ferdinand Bol war für ein Leprakrankenhaus bestimmt (Amsterdam, Rijksmuseum).
(2 Kön 5)

Nabal
Reicher, ungehobelter Mann, der in Karmel Tausende von Schafen und Ziegen besaß. Seine Frau Abigajil* war sehr schön und klug. Als David* zehn junge Männer mit einem freundlichen Gruß zu Nabal schickte, empfing dieser sie höchst unfreundlich. David wollte ihm eine Lektion erteilen und zog mit vierhundert Leuten los. Doch Abigajil ging ihm entgegen, beschwichtigte ihn und bewahrte ihn so davor, ohne triftigen Grund Blut zu vergießen. Nabal wurde trotzdem vom Schicksal ereilt: Er starb wenige Tage später und David heiratete Abigajil.
(1 Sam 25)

Nabot
Besitzer eines Weinbergs in Jesreel, den König Ahab* gerne gehabt hätte. Doch Nabot weigerte sich, ihn zu verkaufen, weil er zum Familienerbe gehörte. Ahabs Frau Isebel* brachte die Ältesten von Jesreel dazu, Nabot bei einer Fasten-Zusammenkunft erst einen Ehrenplatz zu geben und ihn dann fälschlicherweise der Gotteslästerung anzuklagen. Nabot wurde daraufhin gesteinigt. Als Ahab in den Weinberg ging, traf er Elija*, den Gott dorthin

gesandt hatte. Auf Ahabs Ausruf »Hast du mich gefunden, mein Feind?« sagte ihm Elija voraus, Hunde würden sein Blut an der Stelle lecken, wo sie Nabots Blut geleckt hatten.

(1 Kön 21; 2 Kön 9)

Naëmi → Noomi

Naftali
Einer der zwölf Söhne Jakobs* und damit Ahnherr einer der zwölf Stämme Israels. Er und sein Bruder Dan* waren Söhne von Bilha*, der Dienerin von Jakobs Frau Rahel*. Das Siedlungsgebiet seines Stammes lag zwischen Galiläa und dem Meer.
→ Stammbaum C

(Gen 30, 35, 42-50; Jos 19)

Nahasch
König der Ammoniter* und erstes Opfer der unter Saul* verbündeten Israeliten. Als Nahasch Jabesch-Gilead belagerte und damit drohte, allen Ältesten des Ortes ein Auge auszustechen, trommelte Saul eine Armee von dreihundertdreißigtausend Israeliten zusammen und besiegte die Ammoniter. Nach diesem Erfolg wurde Saul in Gilgal offiziell zum König über alle Stämme Israels eingesetzt.

(1 Sam 11; 1 Chr 19)

Nahor
Einer der drei Söhne von Terach*. Seine Brüder waren Abraham* und Haran*. Als Terach und Abraham aus Ur fortzogen, blieb Nahor – nicht zu verwechseln mit seinem gleichnamigen Großvater – dort zurück und heiratete seine Nichte Milka*. Als Abraham nach einer Frau für seinen Sohn Isaak* Ausschau hielt, sandte er einen Boten in seine Heimat, der mit Nahors Enkelin Rebekka* zurückkehrte.
→ Stammbaum B

(Gen 11)

Nahum
Prophet im späten 7. Jahrhundert v. Chr. Das Buch Nahum ist durchzogen von bitterem Haß auf Assyrien* und schwelgt in der plastischen Schilderung der bevorstehenden Vernichtung Ninives – die Stadt wurde 612 v. Chr. von den Medern und Babyloniern zerstört. Nahums Worte sind blutdürstig, aber nicht ohne poeti-

schen Reiz. Zusammen mit Zefanja* ist er einer der wichtigsten unmittelbaren Nachfolger Jesajas*.

→ auch Propheten

(Nah)

Natan

Prophet und wichtiger Mann an Davids* Hof. Bei der Auseinandersetzung um die Thronfolge zwischen Davids Söhnen Adonija* und Salomo* ergriff Natan Partei für Salomo, fädelte Davids erneute Bestätigung von Salomos Anspruch ein und salbte ihn, zusammen mit dem Priester Zadok*, zum König.

(1 Kön 1; 1 Chr 17)

Natanaël

Aus Kana. Im Johannes-Evangelium mehrfach namentlich erwähnt und fast sicher identisch mit dem Apostel, den die anderen Evangelisten Bartholomäus* nennen.

(Joh 1)

Nebukadnezzar

König von Babylonien von 604 bis 562 v. Chr., der eigentlich Nebukadrezzar hieß. Unter ihm, dem tatkräftigsten Herrscher des neubabylonischen Weltreiches (→ Assyrien und Babylonien), wurde Babylonien berühmt für seinen Handel, seine Architektur, Kunst und Astronomie. Während der Regierungszeit seines Vaters war Nebukadnezzar ein erfolgreicher Feldherr, dessen größte kriegerische Tat der Sieg über die Ägypter im Jahr 605 v. Chr. bei Karkemisch war. (Unter den Ausländern, die an der Seite der Babylonier kämpften, befand sich auch ein Bruder des griechischen Dichters Alkaios von Lesbos.) Für Syrien hatte dieser Sieg zur Folge, daß es statt unter ägyptischer nun unter babylonischer Vorherrschaft stand; für Ägypten bedeutete er das Ende seiner Machtstellung im westlichen Asien, für das Königreich Juda den Untergang, wie Jeremia* es vorausgesagt hatte. Wenige Monate nach der Schlacht wurde Nebukadnezzar König.

Seine ersten Herrscherjahre verbrachte er mit Feldzügen gegen die Städte der Phönizier* und Philister*. Als Juda sich seiner Oberherrschaft entziehen wollte, zog er auch gegen Jerusalem, das 597 v. Chr. eingenommen wurde. Nebukadnezzar setzte Zidkija als neuen König von Juda ein. Als dieser sich trotz Jeremias Warnung gegen die babylonische Herrschaft auflehnte, wurde Jerusalem erneut besetzt, der Tempel zerstört und geplündert und er selbst zusammen mit anderen Gefangenen 587 v. Chr. nach Babylonien ins Exil geführt. Nach einem fehlgeschlagenen Aufstand zugunsten des alten Königshauses von Juda, bei dem Gedalja*, der babylonische Statthalter in Jerusalem, ums Leben kam, wurden weitere Gefangene nach Babylonien gebracht, während andere, darunter Jeremia, nach Ägypten flüchteten. Nebukadnezzars Eroberungen erstreckten sich bis Kleinasien und Nordafrika; seinem Sohn Amel-Marduk (in der Bibel Ewil-Merodach genannt) hinterließ er ein Reich, das größer war als all seine assyrischen und babylonischen Vorgänger. Es sollte nur noch dreiundzwanzig Jahre bestehen (→ Belschazzar).

Nebukadnezzar war ein großer Baumeister. Nachdem sein Vater den Provinzort Babylon zur Residenzstadt erhoben hatte, führte Nebukadnezzar Ausbesserungsarbeiten durch, sorgte für Schutz gegen Überschwemmungen und schmückte die Stadt mit Bauten, die von Machtbewußtsein und Stolz zeugten. Er errichtete Paläste, Tempel und Festsäle und ließ Straßen und Kanäle anlegen. Mit einem guten Blick für Landschaftsgestaltung entwarf er die berühmten, aus Terrassen, Wasserläufen und exotischen Pflanzen bestehenden Hängenden Gärten, die bei den Griechen als eines der Sieben Weltwunder galten. Er ließ auch die nicht weniger berühmte Zikkurat, einen neunzig Meter hohen Stufenturm, erbauen. Finanziert wurden diese Bauten zum Teil durch »freiwillige« Abgaben, zum Teil durch Zwangsarbeit von Kriegsgefangenen. Im Alter litt Nebukadnezzar an einer geheimnisvollen Krankheit, die ihn zwang, abgesondert zu leben und sich vegetarisch zu ernähren. Vermutlich handelte es sich um Anfälle von Wahnsinn, bei denen er sich einbildete, ein Tier zu sein, und die immerhin so lange andauerten, daß sich seine Nägel zu Klauen auswuchsen. Fromme Juden sahen darin die Strafe für sein Liebäugeln mit den falschen Göttern. In religiöser Hinsicht war Nebukadnezzar wohl Eklektiker, der nach dem wahren Gott suchte und eine annehmbare Synthese zu finden hoffte. Er fühlte sich, wenn auch mit Unterbrechungen, zum jüdischen Glauben hingezogen, und jüdische Autoren prägten das bekannte Bild, das ihn als Ochsen zeigt, der auf allen vieren geht und Gras frißt. Die Überwindung dieses erniedrigenden Zustandes schrieben sie der erneuten Zuwendung zu ihrem Glauben zu.

William Blake hat Nebukadnezzar diesem Bild entsprechend nackt, entstellt und gedemütigt in einer Federzeichnung dargestellt (London, Tate Gallery). Die Handlung von Verdis Oper ›Nabucco‹ spielt im Babylon Nebukadnezzars und enthält seine

Version des 137. Psalmes »An den Strömen von Babel«. Sechzig Jahre nach der Uraufführung stimmte ihn die Menge spontan bei Verdis Beerdigung an. Stefan George war von den Hängenden Gärten so beeindruckt, daß er einen Gedichtzyklus danach benannte, der von Arnold Schönberg vertont wurde.

(2 Kön 24-25; 2 Chr 36; Esra 1-2; Dan 1-4)

Nehemia

Zusammen mit Esra* die herausragende Persönlichkeit bei der Rückkehr der Juden aus dem babylonischen Exil, nachdem der Perserkönig Kyrus* Babylon eingenommen hatte. Nehemia war Mundschenk bei einem von Kyrus' Nachfolgern (vermutlich Artaxerxes I., der von 465 bis 424 v. Chr. regierte) und dann zwölf Jahre lang Statthalter von Juda (445 bis 433 v. Chr.). Die aus dem Exil zurückkehrenden Juden wurden sowohl von den Juden, die während der Zeit des babylonischen Exils westlich des Jordan geblieben waren, als auch von den Nicht-Juden feindselig empfangen. Anführer der zweiten Gruppe waren Sanballat, der Horoniter, Tobija, der Ammoniter, und der Araber Geschem. Nachdem sie Nehemia wegen seiner Bemühungen, die Stadtmauer von Jerusalem wieder aufzubauen, erst nur verspottet hatten, gingen sie später zu direkten Angriffen über. Nehemia gelang es trotzdem, ein neues Jerusalem zu schaffen und den Tempel wieder aufzubauen. Außerdem setzte er sich entschlossen für Reformen ein, sorgte dafür, daß unter den Juden die Geschichte ihres Volkes lebendig blieb, und führte Esras Werk fort, dem Mosaischen Gesetz wieder Geltung zu verschaffen; ferner prangerte er Vergehen und Mißbräuche aller Art an, darunter die Mischehe, deren striktes Verbot zur Abspaltung der Samariter* führte.

Nach Nehemias Rückkehr an den persischen Hof sank das neue Juda offenbar zur Bedeutungslosigkeit herab, konnte aber überleben. Wenn Esra und Nehemia das Königreich Davids* und Salomos* auch nicht wiedererrichten konnten, so gaben sie den Juden doch eine neue Stadt, eine neue Ordnung und eine Zukunft.

Nehemias Schmerz beim Anblick des zerstörten Jerusalem, das er wieder aufbauen sollte, bot dem englischen Maler John Martin genau jene Mischung für architektonische Fantasie und starke Gefühle, die Anstoß für viele seiner Werke war. Hier inspirierte sie ihn zu einer Bibelillustration, die als Teil einer in monatlichen Fortsetzungen veröffentlichten Reihe im vergangenen Jahrhundert in London erschien.

(Neh)

Nikodemus

Pharisäer*, der nachts zu Jesus* kam, weil dessen Wunder ihn davon überzeugt hatten, daß er ein von Gott gesandter Lehrer sei. Jesus sagte ihm, er müsse, um das Reich Gottes zu sehen, von neuem geboren werden. Verwirrt fragte Nikodemus, wie ein alter Mensch noch einmal geboren werden oder in den Schoß der Mutter zurückkehren könne. In seiner Antwort unterschied Jesus zwischen dem, was aus Fleisch und dem, was aus Wasser und Geist geboren sei (womit die Neugeburt durch die Taufe gemeint war), was aber Nikodemus' Verwirrung nicht behob. Bei einer späteren Gelegenheit, als die Priester und Pharisäer erörterten, was man mit Jesus und seinen subversiven Lehren machen solle, griff Nikodemus mit dem Argument ein, man dürfe Jesus nicht einfach verurteilen, ohne ihn anzuhören. Nach der Kreuzigung half er Josef aus Arimathäa, den Leichnam Jesu zu bestatten, wozu er etwa hundert Pfund einer Mischung aus Myrrhe und Aloe mitbrachte. Die apokryphen Pilatus-Akten wurden Nikodemus zugeschrieben.

(Joh 3, 7, 19)

Nimrod

Sohn von Kusch und Enkel von Ham*. Nimrod war »ein tüchtiger Jäger vor dem Herrn« und herrschte über weite Teile Mesopotamiens. Seine Zeit fällt in jene dunkle Periode zwischen Noach* und Abraham*, zu der sich in der Bibel kaum Angaben finden. Möglicherweise war er der erste, der als Herrscher eine Krone trug. Der Überlieferung nach befand sich sein Grab in Damaskus, wo es niemals von Tau benetzt wurde.
Der heilige Augustinus und Dante (Göttliche Komödie, Hölle, XXXI. Gesang) bezeichneten Nimrod, dessen Name zum Synonym für einen Jäger wurde, als Riesen. Edward Elgar gab der neunten seiner ›Enigma-Variationen‹ zu Ehren seines Freundes A. J. Jaeger den Titel ›Nimrod‹.

(Gen 10)

Noach

Ein gerechter, untadeliger Mann, der Gottes Wohlwollen zu einem Zeitpunkt errang, als Gott bedauerte, den Menschen überhaupt erschaffen zu haben, und im Begriff war, die Welt wieder zu vernichten. Er weihte Noach in seinen Plan ein und wies ihn an, sich eine Arche zu bauen: dreihundert Ellen lang, fünfzig Ellen breit und dreißig Ellen hoch (wobei eine Elle etwa fünfzig

Zentimetern entsprach), mit einem Dach, einer Tür und drei Stockwerken. Mit hineinnehmen sollte er nur seine Frau, seine Söhne Sem*, Ham* und Jafet* und deren Frauen, außerdem ein Paar von allen Tieren und Nahrungsmittel jeglicher Art. Dann regnete es vierzig Tage und Nächte, bis das Wasser sogar die höchsten Bergspitzen überflutete. Die Arche trieb auf dem Wasser, während draußen alles Lebendige ertrank.

Nach einhundertfünfzig Tagen sandte Gott einen Wind, und das Wasser begann zu fallen. Noach ließ einen Raben hinaus, der ein- und ausflog, solange noch Wasser auf der Erde stand. Eine ausgesandte Taube fand keinen Grund zum Niedersetzen und kehrte zurück. Zum zweiten Mal freigelassen, kam sie am Abend mit einem frischen Olivenzweig im Schnabel zurück. Nach sieben Tagen schließlich kehrte sie, von Noach ein drittes Mal ausgesandt, nicht mehr zur Arche zurück. Das Wasser auf der Erde hatte sich verlaufen. Noach und seine Leute konnten die Arche verlassen, die auf dem Berg Ararat aufgesetzt hatte. Noach brachte Gott ein Opfer dar; Gott versprach, nie mehr wegen des Menschen die Erde zu verfluchen oder alles Lebendige zu vernichten. Als Zeichen des Versprechens erschien am Himmel ein Regenbogen. Noach pflanzte einen Weinberg und trank so viel von seinem eigenen Wein, daß er betrunken wurde und nackt im Zelt lag. So fand ihn sein Sohn Ham, der es seinen Brüdern erzählte. Diese gingen, um die Blöße ihres Vaters nicht zu sehen, rückwärts zu ihm hinein und bedeckten ihn mit einem Überwurf. Als Noach aufwachte, verfluchte er Hams Sohn Kanaan*; er und seine Nachkommen sollten Knechte der Nachkommen Sems und Jafets werden.

Mit dem in der Bibel genannten Berg Ararat ist nach allgemeiner Ansicht der Berg gleichen Namens im Osten der Türkei gemeint. Fluterzählungen sind im Nahen Osten weit verbreitet. Forscher weisen in diesem Zusammenhang auf die Katastrophengefahr hin, der sich Länder, die auf die Versorgung mit Flußwasser und eine stetige Wasserregulierung angewiesen sind, gegenübersehen, wenn das Bewässerungssystem versagt. Eine dieser Flutsagen findet sich im Gilgamesch-Epos, einem sumerischen Gedichtzyklus über den um 2700 v. Chr. am unteren Euphrat zwischen Ur und Babylon herrschenden König von Uruk (hebräisch »Erech«, heute die Ruinenstätte Warka im Irak).

In diesem Epos wird erzählt, wie Gilgamesch mit Utnapischtim, dem einzigen Überlebenden einer Sintflut, zusammentrifft, der sich durch die Warnung eines Gottes hatte retten können. Durch eine indirekte Botschaft hatte er vom Beschluß des Rates der Götter erfahren, die Menschheit durch eine Flut zu vernichten. Das Gilgamesch-Epos wurde im 19. Jahrhundert in den Ruinen der königlichen Bibliothek in Ninive gefunden, die im 7. Jahrhundert v. Chr. bei der Zerschlagung des Assyrerreichs zerstört worden war. Ein Schicksalsgenosse von Noach und Utnapischtim ist auch Ziusudra, der Held einer anderen sumerischen Sintflut-Sage.

Während Guido Reni den Bau der Arche in einem Gemälde festhielt (Leningrad, Eremitage), zeigt Bassano den Zug der Tiere, die sich zur – dank einer Rampe recht bequemen – Einschiffung versammeln (Madrid, Prado). Noachs Opfer nach der Sintflut und sein Rausch sind auf Michelangelos Deckengemälde in der Sixtinischen Kapelle im Vatikan zu sehen, ebenso das Schicksal von Noachs Zeitgenossen, die von der steigenden Flut verschlungen werden. Eine drastische Darstellung des betrunkenen Noach von Giovanni Bellini befindet sich in Besançon, eine andere von Benozzo Gozzoli im Camposanto in Pisa. Eine völlig andere Atmosphäre schuf der englische Maler John Millais auf einem Bild, dessen Motiv die zurückkehrende Taube ist: Er malte zwei der jungen Schwiegertöchter Noachs, wie sie die Taube an sich drükken (Oxford, Ashmolean Museum). Eine von dem französischen Komponisten Halévy begonnene Oper wurde nach seinem Tod von seinem Schwiegersohn Georges Bizet fertiggestellt – eine Kuriosität familiärer Zusammenarbeit. Das Bühnenwerk ›Noé‹ des französischen Schriftstellers André Obey war das erfolgreichste Stück der Avantgarde-Gruppe »Compagnie des Quinze«, die zwischen den Weltkriegen in Paris und London auftrat.

→ Stammbaum A

(Gen 5-10)

Noomi

Frau von Elimelech* und Schwiegermutter von Rut*. Mit ihrem Mann und ihren beiden Söhnen zog sie aus Betlehem ins Land der Moabiter*, wo die Söhne Moabiterinnen heirateten. Als Elimelech und die Söhne starben, beschloß Noomi, nach Betlehem zurückzukehren. Beide Schwiegertöchter zogen mit ihr, obwohl sie ihnen abgeraten hatte. Während jedoch die eine später umkehrte, bestand Rut darauf, bei ihrer Schwiegermutter zu bleiben.

(Rut)

O

Obadja
–, Prophet (S. 205)
–, Palastvorsteher Ahabs (S. 205)

Obadja
Prophet und Autor des kürzesten und zugleich düstersten Buches des Alten Testaments. Wie Habakuk* lebte er zur Zeit der Eroberung Judas* durch die Herrscher des Neubabylonischen Reiches. Charakteristisch für Obadja sind seine giftigen Worte über die Edomiter*. Als Nachkommen Esaus* (auch Edom genannt) waren die Edomiter enger mit den Israeliten verwandt als alle anderen Völker, mit denen sie nach dem Exodus im Land Kanaan auskommen mußten. Da die Edomiter östlich des Jordan lebten, waren sie dem Druck Babyloniens in höchstem Maße ausgesetzt und schließlich gezwungen, sich zu ergeben. Obadja sah das als Verrat an, und mit geradezu hämischer Begeisterung beschrieb er, wie sie bald hingemetzelt und ihre Besitztümer und ihr Land bis hinunter zum Negeb verlieren würden.
→ auch Propheten
(Obadja)

Obadja
Palastvorsteher Ahabs*, der es wagte, hundert Propheten des Herrn vor Isebels* Verfolgung zu verstecken.
(1 Kön 18)

Og
König von Baschan und einer der ersten, die den Israeliten auf ihrem Zug ins verheißene Land zum Opfer fielen. Sein Herrschaftsgebiet lag östlich des Sees Kinneret (Gennesaret). Nach dem Sieg über den Amoriterkönig Sihon* griff Mose Og von Baschan an und eroberte sein ganzes Land. Die beiden kurz hintereinander erzielten Erfolge gaben den Israeliten beträchtlichen Auftrieb, während sie bei den Völkern westlich des Jordan, die die Israeliten heranmarschieren sahen, die gegenteilige Wirkung hatten.
In der Satire ›Absalom and Achitophel‹ von John Dryden steht der Poet Thomas Shadwell für König Og, der sehr korpulent war,

wie die riesige eiserne Bettstatt, von der berichtet wird, bezeugt.

(Num 32; Dtn 3; 1 Kön 4; Neh 9)

Ohola und Oholiba

Namen zweier sinnbildlicher Frauen, die mit zahllosen Assyrern und Babyloniern sowie in Ägypten Unzucht trieben. In Ezechiels* Prophezeiung bedeuten sie die Reiche Israel* und Juda*, die sich fremden Göttern zuwandten.

(Ez 23)

Omri

König von Israel von ungefähr 876 bis 869 v. Chr., der vom Heer zum Herrscher ausgerufen worden war. Jerobeam*, der Begründer des Königreichs Israel, hatte im Reich keine starke Dynastie geschaffen. Ihm folgten vier Könige, von denen lediglich einer zwei Jahre auf dem Thron überstand. Omri konnte die Lage stabilisieren. Er setzte einen Schlußstrich unter die Vorliebe seiner Vorgänger, gegen das verschwisterte Königreich Juda Krieg zu führen, da er dies, angesichts der viel größeren Gefahren, die von den Aramäern (→ Syrien) im Norden und von den Philistern* im Süden drohten, als selbstmörderisch ansah. Auf einem Berg, den er für zwei Talente Silber kaufte, baute er Samaria, das Israels neue Hauptstadt wurde. Sein Sohn Ahab* machte sein Werk jedoch wieder zunichte.

(1 Kön 16)

Onan

Sohn von Juda*, der sich der Anordnung seines Vaters widersetzte, mit Tamar*, der Frau seines verstorbenen Bruders, Kinder zu zeugen. Um diese Pflicht zu umgehen, schlief er zwar mit seiner Schwägerin, ließ jedoch seinen Samen »zur Erde fallen und verderben« (daher der Ausdruck »Onanie«), wofür ihn Gott sterben ließ.

(Gen 38)

Onesimus

Entlaufener Sklave, mit dem sich Paulus* anfreundete und den er zum Christentum bekehrte. Paulus schickte ihn mit einem Empfehlungsschreiben – dem Brief an Philemon – zu seinem Herrn zurück. Darin bat er, Onesimus zu verzeihen und ihn freizulassen, damit er zu ihm zurückkehren könne, da er nach Paulus' Ansicht offenbar das Zeug zum Missionar hatte. Soweit das, was wir sicher über Onesimus wissen. Darüber hinaus wurden Vermutungen geäußert, nach denen er später den Erwartungen von Paulus mehr als gerecht wurde, es sogar zum Bischof von Ephesus brachte und Autor des Briefes an die Epheser war.

(Phlm; Kol 4)

P

Paulus

Vormals Saulus. Zeltmacher, Missionar, Märtyrer und Heiliger,
der um 1 bis 64 n. Chr. lebte. Nach Jesus* die bedeutendste
Person für die Begründung und Ausbreitung des Christentums.

Die frühen Jahre   Paulus wurde in Tarsus, der hellenistischen
Hauptstadt der römischen Provinz Zilizien, geboren und starb
vermutlich während der Neronischen Verfolgung nach dem Groß-
brand 64 n. Chr. in Rom. Er ist berühmt und bedeutsam wegen
seiner Reisen, seiner Briefe und seines persönlichen Glaubens.
Als Jude der Diaspora, der ungefähr ab dem vierzehnten Lebens-
jahr eine Ausbildung als Rabbi, also als jüdischer Gesetzeslehrer,
erhielt, war er stolz auf sein jüdisches Erbe; er hielt nicht nur die
Vorschriften der Pharisäer* peinlich genau ein, sondern verfolgte
sogar die Judenchristen, die das Mosaische Gesetz verletzten oder
geringschätzten. Um 32 n. Chr., also zwei Jahre nach dem Kreu-
zestod Christi, erlebte Paulus auf dem Weg nach Damaskus eine
– ihn buchstäblich – blendende Bekehrung zum Christentum. Er
hörte Jesus rufen: »Saul, Saul, warum verfolgst du mich?« und
bekannte sich auf der Stelle und rückhaltlos zum christlichen
Glauben.

Um 34 n. Chr. ging er nach Jerusalem, wo er mit Petrus*, dem
ersten unter den Aposteln, und mit Jakobus*, dem Bruder Jesu
und Kopf der Christengemeinde in der wichtigsten Stadt der Juden, zusammentraf. Nach der Bekehrung predigte er rund sech-
zehn Jahre lang im Jordantal sowie in Syrien und Zilizien, offenbar jedoch ohne erkennbare Wirkung, da er keine neuen Kirchen
oder Gemeinden gründete. Die strenggläubigen Juden, die in den
Christen lediglich jüdische Häretiker sahen, verfolgten ihn; einmal mußte er in einem Korb, der von der Stadtmauer herunterge-
lassen wurde, aus Damaskus fliehen. Seine Ausgangsbasis wurde
Antiochia, die Hauptstadt der römischen Provinz Syrien, wo bereits vor seiner Ankunft eine Gemeinde von Judenchristen bestand, von denen einige wegen ihres christlichen Glaubens aus
Jerusalem vertrieben worden waren.

Um 48 n. Chr., also vierzehn Jahre nach seinem ersten Besuch,
ging er wiederum nach Jerusalem zum sogenannten Apostelkonzil; dort sollten Streitfragen geklärt werden, die seit einiger Zeit
geschwelt hatten und dann durch einen Zwischenfall in Antiochia

zum Ausbruch kamen, als die konservativen Judenchristen mit Nachdruck – und gegen Paulus' Einwände – darauf bestanden, daß alle Christen beschnitten sein müßten. Durch diesen Konflikt erhob sich die Frage, ob nur Juden Christen werden könnten, was bedeutet hätte, daß bekehrungswillige Heiden zuerst Juden hätten werden müssen. Paulus reiste in Begleitung seines Freundes Titus*, einem Heidenchristen, der nicht beschnitten war, nach Jerusalem. Ganz offensichtlich stand Paulus im Mittelpunkt der Kontroverse, die damit endete, daß er ermächtigt wurde, seine Tätigkeit auf die ihm richtig erscheinende Weise fortzuführen. Das bedeutete einen Sieg für Paulus, sprach aber auch für die Offenheit einiger der führenden Christen in Jerusalem. Als Gegenleistung bekräftigte Paulus, daß Jerusalem das Zentrum ihrer Glaubensbewegung bleiben sollte, und er übernahm es, andere Gemeinden zu veranlassen, die Kirche in Jerusalem finanziell zu unterstützen.

Dieser Kompromiß bildete das Vorspiel zum wichtigsten Teil seines Lebens, nämlich den Missionsreisen, die die Gemeinde der Judenchristen Jerusalems zu jenem Christentum werden ließen, das die Welt umspannte. Auf diesen Reisen gründete oder förderte Paulus überall christliche Gemeinden und formte sie nach seinen eigenen Glaubensüberzeugungen. Diese Tätigkeit ist erstaunlich gut dokumentiert: Die Reisen selbst durch Lukas* in der Apostelgeschichte, die Lehrtätigkeit durch die Paulinische Korrespondenz, von der ein beträchtlicher Teil erhalten ist. (Die in der Apostelgeschichte wiedergegebene Chronologie ist allerdings nicht immer korrekt; so wird dort irrtümlich die erste Missionsreise vor dem Apostelkonzil im Jahr 48 angesetzt.)

Missionsreisen   In der Zeitspanne vom Apostelkonzil bis zu seiner Verhaftung in Jerusalem im Jahr 58, also in nur zehn Jahren, reiste Paulus nach Zypern, Kleinasien und bis nach Korinth in Europa, wobei er einige Gemeinden mehrmals besuchte. Seine letzte Reise machte er als Gefangener nach Rom, wo er starb. Die erste Reise führte ihn zusammen mit Barnabas* nach Zypern und von dort nach Perge, Ikonion, Lystra (wo man Paulus fast zu Tode steinigte) und Derbe, alles Orte im südlichen Teil Galatiens, das heute zur Türkei gehört. Wieder nach Antiochia zurückgekehrt, geriet er in eine heftige Auseinandersetzung mit Petrus, der sich aus ksicht auf die Ansichten der Judenchristen in Jerusalem weigerte, mit Nichtjuden gemeinsam zu essen. Für Paulus war diese Haltung sowohl falsch als auch feige, da damit das Mosaische Gesetz über den Glauben an Jesus, den Schlüssel zum Heil, gestellt wurde. Die meisten der Gefährten gingen wegen dieser Frage zu Paulus auf Distanz. Dazu zählte auch Barnabas, dessen Weigerung, weitere Reisen mit Paulus zu unternehmen, vermutlich durch diese Meinungsverschiedenheit beeinflußt worden war, auch wenn die beiden vor allem darüber uneins waren, ob sie Johannes Markus* wieder mitnehmen sollten. Er war ein Vetter von Barnabas und hatte sie auf ihrer ersten Reise begleitet; anschließend hatte ihm Paulus vorgeworfen, er habe sich nicht genügend eingesetzt. Nun also mußte sich Paulus neue Reisegefährten suchen, zu denen dann Silas* und Titus gehörten.

Diese zweite und höchst abenteuerliche Reise führte ihn zuerst entlang der Route, die er in Kleinasien bereits einmal zurückgelegt hatte. Dann setzte er nach Europa über – nach seinem eigenen wiederholten Bekunden immer getrieben vom Heiligen Geist, der ihm in diesem Fall im Traum durch einen Mazedonier sagen ließ: »Komm herüber nach Mazedonien, und hilf uns!« Sein erster Aufenthaltsort in Europa war Philippi, ein reger Handelsort und Militärstützpunkt, gegründet von Philipp von Mazedonien und berühmt geworden als Schauplatz der Schlacht, in der 42 v. Chr. der zukünftige Kaiser Augustus seine Gegner Brutus und Cassius besiegte und damit die römische Republik begrub. Von dort aus zog Paulus weiter in die größere Stadt Thessalonich, die der mazedonische König Kassander im 4. Jahrhundert v. Chr. gegründet hatte (und nach seiner Gemahlin Thessalonike benannte) und die später römische Provinzhauptstadt wurde. Dort kam es auf Betreiben von ihm feindlich gesinnten orthodoxen Juden zu einer schwerwiegenden Konfrontation mit den Behörden, was Paulus zwang, noch in der Nacht heimlich die Stadt zu verlassen. Auch in Beröa wurde er verfolgt und mußte nach Athen und schließlich nach Korinth weiterziehen.

Korinth war wie Thessalonich eine römische Provinzhauptstadt mit regem Handelsverkehr. Es war eine neue Stadt, die von Julius Caesar anstelle der alten griechischen Siedlung gegründet wurde, die die Römer 146 v. Chr. völlig zerstört hatten. (Die heute noch zu besichtigenden Ruinen sind meist Überreste römischer Bauten.) In römischer wie in griechischer Zeit war der Schmelztiegel Korinth eine reiche und wegen seiner lockeren Sitten berüchtigte Stadt. Prokonsul der Provinz war Gallio*, ein Bruder des stoischen Philosophen und Schriftstellers Seneca und Onkel des Dichters Lukan. Auch eine blühende jüdische Gemeinde gab es in der Vielvölkerstadt Korinth. Einige Juden, wie die Gastgeber von Paulus, Aquila* und Priszilla*, waren Christen geworden; doch die meisten waren ihnen feindlich gesinnt und zwangen Paulus durch lautstarke Unmutsäußerungen, seine wöchentlichen Auftritte in ihrer Synagoge einzustellen. Als Gallio als Schiedsrichter zwischen Paulus und seinen Gegnern auftreten sollte, lehnte er eine Einmischung in Angelegenheiten dieser Art ab. Paulus mußte daraufhin in privaten Räumen predigen und lehren. Insgesamt blieb er eineinhalb Jahre in Korinth (um 50 bis 51 n. Chr.).

Als nächstes hielt er sich kurz in Ephesus auf, stattete einen Höflichkeitsbesuch in Jerusalem ab und blieb dann für längere Zeit in Antiochia. Entsprechend seiner Zusage überbrachte er in Jerusalem die für die Muttergemeinde gesammelten Geldspenden. Außerdem willigte er auf Verlangen von Jakobus* ein, sich öffentlich zu seinem Judentum zu bekennen, was zum einen erfolgte, um Jakobus gegen den Vorwurf, Geld aus zweifelhaften Quellen anzunehmen, zu schützen, zum anderen wohl aber auch ein Versuch war, die feindselige Einstellung der Juden ihm gegenüber zu mildern. Von Antiochia aus brach er zu einer Inspektionsreise der Gemeinden in Kleinasien auf, in deren Verlauf er in Ephesus von einer Volksmenge gewaltsam angegriffen wurde. Anstifter des Aufruhrs war der Silberschmied Demetrius*, dessen Geschäft mit kleinen Tempeln der Göttin Artemis durch die christliche Ablehnung des Kultes in Gefahr geriet. Ein zweites und letztes Mal reiste Paulus dann nach Mazedonien und Griechenland. Bei der Rückkehr mied er Ephesus und reiste über die Inseln Mitylene, Chios, Samos, Kos und Rhodos nach Tyrus auf dem Festland und von dort weiter nach Jerusalem, wo der letzte Abschnitt seines Lebens begann. Paulus hatte noch rund sechs Jahre zu leben, und den größten Teil dieser Zeit verbrachte er unter Arrest.

Die feindselige Haltung der Juden in Jerusalem hatte sich nicht verändert. Sie warfen Paulus die Entweihung des Tempels vor und hätten ihn beinahe gelyncht, was nur von einem Trupp römischer Soldaten verhindert wurde, der ihn ins Gefängnis brachte. Als dann Gerüchte über einen Plan, Paulus zu töten, bekannt wurden und damit die öffentliche Ordnung gefährdet schien, wurde er mit einer Eskorte von zweihundert Soldaten und einem Brief an den Prokurator Felix* heimlich in die Provinzhauptstadt Cäsarea gebracht. Felix zauderte zwei Jahre lang, was er mit Paulus tun sollte, so lange blieb dieser im Gefängnis von Cäsarea (58 bis 60 n. Chr.). Erst Festus*, sein Nachfolger, griff den Fall wieder auf und entschied, Paulus nach Jerusalem zurückzuschicken.

Da er seiner Meinung nach in dieser Stadt keinen fairen Prozeß zu erwarten hatte, enthüllte Paulus, daß er römischer Bürger sei und damit Anrecht auf einen Prozeß in Rom habe. Mit der Wahl des Zeitpunkts hatte er aber ausgesprochenes Pech, denn als König Agrippa II.* zufällig nach Cäsarea kam und bei seinem Verhör anwesend war, teilte er dem Statthalter mit, er sähe keinen Grund, Paulus noch länger festzuhalten – wenn er nicht gerade an den Kaiser in Rom appelliert hätte. So müßte er nun einmal nach Rom gebracht werden. (Nach einer Äußerung des Königs hatte Paulus' Beredtheit es fast geschafft, ihn davon zu überzeugen, selbst ein Christ zu sein.)

Paulus' letzte Reise war stürmisch. Von Cäsarea aus segelte das Schiff nach Myra in Lyzien (Kleinasien), wo die Begleitmannschaft mit Paulus ein anderes Schiff nach Italien bestieg. Nachdem sie Kreta passiert hatten, trieben sie zwei Wochen lang in einem Sturm, bis sie schließlich vor Malta Schiffbruch erlitten. (Dieser Teil der Geschichte ist allerdings etwas suspekt. Beinahe zu dramatisch, um wahr zu sein, könnte er um des Effektes willen vom Verfasser der Apostelgeschichte oder einem späteren Bearbeiter eingefügt worden sein.) Von Malta aus gelangte Paulus schließlich über Puteoli (Pozzuoli) nach Rom, wo er von jüdischen Glaubensbrüdern empfangen wurde. In Rom konnte er sich dem Bericht zufolge frei bewegen, mit Christen zusammentreffen und sogar predigen. Mit diesen Angaben schließt die Apostelgeschichte. »Der Rest seiner Geschichte ist Schweigen«, schrieb George Moore im letzten Satz seines Romans ›Der Bach Kerith‹. Doch einer verbreiteten und glaubhaften Überlieferung zufolge starb Paulus während der Neronischen Christenverfolgung in Rom den Märtyrertod.

Die Briefe   Paulus war nicht nur Missionsreisender, sondern auch Briefeschreiber. Die Briefe, die von ihm erhalten blieben, sind älter als die Apostelgeschichte und die ältesten erhaltenen Dokumente des Christentums überhaupt. Wie viele Briefe er insgesamt schrieb, ist heute unmöglich zu sagen; ihre Wirkung war jedoch so groß, daß sie aller Wahrscheinlichkeit nach bereits um 100 n. Chr. gesammelt und veröffentlicht wurden. Bis vor kurzem nahm man an, alle ins Neue Testament aufgenommenen und nicht ausdrücklich anderen Personen zugeschriebenen Briefe (→ Petrus, Jakobus, Johannes, Judas) stammten tatsächlich von Paulus, doch neuere wissenschaftliche Forschungen haben diese allzu simple Meinung widerlegt. Einige Briefe werden heute allgemein – oder nahezu allgemein – als nichtpaulinisch angesehen.

Dazu gehören der Hebräer-Brief – von dem schon Origines im 3. Jahrhundert sagte, Gott allein wisse, wer ihn geschrieben habe – und die drei sogenannten Pastoralbriefe, also die beiden Timotheus-Briefe und der Titus-Brief. Damit bleiben zehn Paulus-Briefe übrig, die in drei Gruppen eingeteilt werden können. Erstens: Galater, 1. und 2. Thessalonicher sowie 1. und 2. Korinther. Zweitens: Römer. Drittens: die sogenannten Gefangenschaftsbriefe, also Epheser, Kolosser, Philipper und Philemon. Der erste Brief an die Thessalonicher ist vermutlich der älteste erhaltene Paulus-Brief.

Wie bei den Briefen an die Galater und an die Korinther waren die Adressaten Personen, die Paulus kannte und deren Gemeinden er besucht hatte; Zweck der Schreiben war es, in Verbindung zu bleiben. Da Paulus nicht überall zugleich sein konnte, hielt er die Kontakte, indem er Briefe schrieb und sie dem gut entwickelten Verkehrsnetz des römischen Reiches anvertraute. Anlaß der Briefe waren oft beunruhigende Berichte über Zwistigkeiten in den jungen Christengemeinden, über Nachlässigkeiten oder Zweifel hinsichtlich der rechten Lehre oder auch die Infragestellung seiner Autorität. Immer wieder ist in den Schreiben auch sein Beharren zu erkennen, daß das Christentum nicht auf Juden beschränkt werden dürfe; ein Beispiel dafür ist die Stelle, wo er diejenigen unter den Galatern tadelte, die immer noch daran festhielten, daß Heiden, die ohne vorherige Konversion zum Judentum (und ohne Beschneidung) Christen wurden, nur Christen zweiter Klasse sein könnten. Alle Briefe dieser Gruppe wurden vermutlich kurz nach seinem Besuch in den jeweiligen Gemeinden geschrieben, das heißt, die Thessalonicher-Briefe nach der Weiterreise aus Athen oder Korinth, die Korinther-Briefe Mitte der fünfziger Jahre des 1. Jahrhunderts aus Ephesus oder Mazedonien.

Der Brief an die Römer ist ein Sonderfall, da Paulus zwar beabsichtigte, nach Rom zu reisen, der Besuch aber noch nicht stattgefunden hatte und er somit die Adressaten des Briefes nicht kannte. Mit dem Schreiben stellte er sich gewissermaßen vor. Die Ursprünge der christlichen Gemeinde im kaiserlichen Rom sind unbekannt. Spätestens seit den Feldzügen von Pompeius im Osten hatten sich viele Juden in Rom niedergelassen, und zu Paulus' Zeiten gab es dort rund ein Dutzend Synagogen, die meist auf dem linken Ufer des Tiber lagen. Im Jahr 50 n. Chr. wies Kaiser Claudius die Juden und die in heidnischen Augen vermutlich von ihnen nicht zu unterscheidenden Christen aus. Sueton, der Biograph der römischen Kaiser, schrieb, Claudius sei dazu durch die subversiven Aktivitäten veranlaßt worden, die von »Chrestus« ausgelöst worden seien. Vier Jahre später ließ Nero sie wieder nach Rom zurückkehren; ihre Lage blieb jedoch unsicher angesichts der Launen eines exzentrischen Autokraten, der zur Zeit des Großbrandes 64 n. Chr. offenbar dem Wahnsinn verfallen war. Den Brief an die Römer nutzte Paulus nicht nur als Vorbereitung für seinen geplanten Besuch, sondern auch als Gelegenheit, seine Entschlossenheit darzulegen, Juden und Nichtjuden als ebenbürtige Christen aufzunehmen.

Gefangenschaftsbriefe und Freunde   Zur dritten Gruppe der Paulus-Briefe zählen jene, die aus dem Gefängnis geschrieben wurden. Aus welchem Gefängnis, ist unsicher. Zwischen 58 und 60 n. Chr. war Paulus in Jerusalem und in Cäsarea in Haft, in Rom seit seiner Ankunft um 61 n. Chr., wenn er sich dort auch relativ frei bewegen konnte. Möglicherweise wurde er zuvor auch für einige Zeit in Ephesus gefangengehalten, was aber nirgends aufgezeichnet ist. Einer der vier Gefangenschaftsbriefe ist ein kurzes Schreiben über eine persönliche Angelegenheit; es ist an Philemon* adressiert und betrifft den entlaufenen Sklaven Onesimus*. Bei einem anderen Brief, nämlich den an die Epheser, wiesen eingehende Untersuchungen darauf hin, daß es sich um einen nach Paulus' Tod verfaßten Rundbrief handelt, der als allgemeine Zusammenfassung der Paulinischen Lehre oder als Einführung dazu an mehrere Gemeinden geschickt wurde. (In den frühen Texten fehlt der Hinweis auf die Epheser als Adressaten des Briefes; zudem werden darin nicht – wie in den anderen Gefangenschaftsbriefen – die Gefährten von Paulus erwähnt.) Die Briefe dieser Gruppe geben auch Hinweise auf die Schar von Glaubensbrüdern, die Paulus während seiner Missionsreisen umgab.

Timotheus, der Mitverfasser der früher geschriebenen zwei Thessalonicher-Briefe, scheint der engste Gefährte gewesen zu sein. Alle Gefangenschaftsbriefe außer dem Epheser-Brief weisen ihn und Paulus als gemeinsame Absender aus. Möglicherweise war er auch mit Paulus im Gefängnis. Ausdrücklich als Mitgefangene werden Aristarch* und Epaphras genannt. Vier weitere Freunde ließen Grüße übermitteln: Johannes Markus, Lukas, Demas* und Jesus Justus, die also ganz offensichtlich mit Paulus zusammen waren. Zwei andere, nämlich Tychikos* und Onesimus, wurden von Paulus nach Kolossä oder vielleicht auch in das nahegelegene Laodizea geschickt, wo sich zwei weitere Freunde – Philemon und Archippus – befanden. Noch viele andere werden in den Briefen erwähnt. Zwar ist zu vermuten daß Paulus eine Menge von seinen Leuten verlangte – man denke nur an Demas, der ihn »aus Liebe zu dieser Welt« verließ –, aber er vergaß sie auch nicht. Doch am Ende blieb nur Lukas bei ihm, der möglicherweise, aber nicht sicher mit dem Evangelisten identisch ist.

Charakter und Wirkung   Paulus' christlicher Glaube formte sich im Moment seiner überwältigenden Bekehrung. Zwar war er bereits zuvor ein religiöser Mensch und ein strenggläubiger und praktizierender Pharisäer, doch seit dem Augenblick der Erleuchtung auf der Straße nach Damaskus war er völlig erfüllt von seinem Glauben an Jesus. Während für die zwölf Apostel der christliche Glaube aus dem Judentum erwuchs und ihm nahe blieb, war für Paulus, der den Menschen Jesus nie getroffen hatte, aber in einer engen Verbindung zum auferstandenen Christus stand, der christliche Glaube etwas grundsätzlich anderes als der jüdische. Nach Auffassung der Juden lag der Weg zum Heil in der sorgfältigen Einhaltung des Mosaischen Gesetzes und in der nicht weniger sorgfältigen Ausübung des Tempeldienstes. Nach Paulus' Auffassung war es dagegen der Glaube, der die Menschen rettete. Mit Jesus hatte sich alles geändert: Vor seinem Tod und seiner Auferstehung konnten sterbliche Menschen nicht mehr tun, als nach dem Gesetz zu leben. Doch seit diesen Ereignissen waren die Vorschriften des Gesetzes abgelöst worden durch die Forderung, einfach, aber rückhaltlos zu glauben. Die Welt bestand nicht endlos, sondern war in der Zeit begrenzt, vom Moment der Schöpfung bis zum Ende, das nahe war. Gott hatte Jesus in dieser Endzeit in die Welt geschickt, damit er durch sein Leiden einen neuen Weg zum Heil aufzeige. Von nun an konnte nur noch der Glaube retten, nichts sonst. Es war Paulus' Mission, dies allen klarzumachen. Er war kein Theologe oder Systematiker, sondern ein Missionar, der den Glauben verbreiten wollte, und zwar nicht im Wettstreit mit anderen Glaubensbekenntnissen, sondern allein aus dem inneren Zwang heraus, so vielen Menschen wie möglich deutlich zu machen, wie Leben und Tod Jesu die Welt verändert hatten.

Und mit »Welt« meinte er alle Menschen, nicht etwa nur die Juden. Dies ist der zweite Grundzug seines Glaubens, und er führte zu Kontroversen. Die Juden in der Diaspora, zu denen auch Paulus gehörte, waren zu jenem Zeitpunkt bereits zahlreicher als die Juden in Judäa, und sie lebten inmitten des hellenistischen Kulturraums, der seit kurzem von Rom beherrscht wurde. Die ersten Christen waren ausschließlich Juden des verhältnismäßig abgelegenen jüdischen Kernlandes, die erst allmählich feststellten, daß es da ein Problem gab: das Verhältnis ihrer Sekte zum Judentum. Sie waren in dieser Frage gespalten. Einige von ihnen, darunter der erste christliche Märtyrer Stephanus*, gerieten in Konflikt mit den orthodoxen jüdischen Führungs- und Bevölkerungskreisen, für die die Tempelriten und die Einhaltung der Gesetze ausschlaggebend waren, wie genau oder weniger genau man sie auch immer beachtete. Juden, die zugleich Christen waren, mußten sich entweder höchst unauffällig verhalten oder mit Verfolgung rechnen. Einige von ihnen flohen nach Antiochia (wo zuerst die Bezeichnung »Christen« aufkam) und kamen dort mit den Juden der Diaspora in Kontakt, die bereits im Begriff waren, sich vom Geist des Ursprungslandes zu lösen. Für sie war der Tempel weit weg (sie trafen sich in Synagogen – ein griechischer Name), und der Ausschließlichkeitsanspruch Jerusalems erschien ihnen als Ärgernis. Darüber hinaus war die Trennung zwischen Juden und Nichtjuden, wie sie in Jerusalem Realität war, an Orten wie Tarsus oder Antiochia zumindest im täglichen Umgang ohne Bedeutung.

Zu Paulus' Bekehrung und Hintergrund gehört noch ein dritter Aspekt: sein Temperament. Sieht man die zwölf Apostel als Mannschaft, so war Paulus fast ein Einmann-Unternehmen. Er war leidenschaftlich, manchmal auch schroff und unfair; ein Mensch, der – von einer einzigen Idee besessen – vorpreschte, aber vor allem auch ein Mensch mit einem außergewöhnlich weiten geistigen Horizont, keineswegs ein Phrasendrescher. Er war auch ein mutiger Mensch, denn trotz römischer Vorherrschaft und Straßenbaukunst waren Kleinasien und Griechenland für Reisende damals kein einfaches Terrain; oft gab es keinerlei staatliche Aufsicht zur Wahrung der Sicherheit, und häufig zeigten sich die Menschen feindselig gegenüber einem Mann, der in den Augen der Juden ein Abtrünniger war, der sowohl das Gesetz verworfen hatte als auch die Beschneidung als dessen äußeres Symbol – Zeichen, aber auch Bedingung des Bundes, den Gott mit Abraham* geschlossen hatte.

Ein Mann wie Paulus sorgte für Kontroversen, und nach seinem Tod wurde er zumindest in den Jahren der ersten Generationen öfter von Häretikern (wie beispielsweise Marcion) gerühmt als von jenen, die sich zur orthodoxen Christenheit formierten. Doch allein der Inhalt des gegen Ende des 1. Jahrhunderts n. Chr. zusammengestellten Neuen Testaments zeigt, wie sehr Paulus das Christentum geprägt hat: Abgesehen von den Evangelien, der Offenbarung und einer Handvoll nichtpaulinischer Briefe, ist das Neue Testament von Paulus oder handelt von ihm. Wenn sein Einfluß auch nachgelassen hat, so war er doch zu jeder Zeit bedeutsam und hat ähnlich geartete Menschen, von Augustinus bis Luther, inspiriert. Andererseits hat jeder Aufschwung der Paulinischen Richtung auch wieder seine Gegner auf den Plan gerufen, die im Kern Paulus nicht verzeihen wollen, den historischen Jesus in den Hintergrund geschoben zu haben. Im 19. Jahrhundert warf Nietzsche Paulus in einer für sein Jahrhundert nicht untypischen Art vor, er habe Leben, Lehre und Leiden Jesu ausradiert. Für eine gewisse Gruppe von Theologen sind Konflikte dieser Art zwar quälend, aber doch auch das tägliche Brot. Für den Historiker sind sie Beispiel der gesunden Komplexität allen menschlichen Tuns. Und dem Christentum haben sie kaum geschadet.

Die Künstler hat Paulus in geringerem Maße inspiriert als andere Menschen vergleichbaren Formats. Seine grandiose Bekehrung jedoch war ein willkommenes Thema für die Maler der dramatischen Richtung, wie zum Beispiel Michelangelo (Vatikan, Capella Paolina), Caravaggio, der ihn neben einem Pferd auf dem Boden liegend zeigt (Rom, S. Maria del Popolo), Ludovico Caracci (Bologna, Pinacoteca), Pieter Bruegel d. Ä. (Wien, Kunsthistorisches Museum). Sein größtes musikalisches Denkmal erhielt er von Mendelssohn-Bartholdy mit dem Oratorium ›Paulus‹.

(Apg 8-28)

Paulus Sergius → Sergius

Petrus
Apostel, Heiliger und legendärer Gründer der christlichen Kirche in Rom. Er hieß eigentlich Simon, erhielt aber den Beinamen »Petrus« (griechisch) oder »Kefas« (aramäisch), was in beiden Sprachen »Fels« bedeutet. Petrus, Bruder von Andreas* und Fischer in Galiläa, stand unter den zwölf Aposteln an erster Stelle. Zwar war Johannes der »Lieblingsjünger«, doch Petrus war der Fels, auf den Jesus* seine Kirche bauen wollte. In allen

Evangelien ragt er aus dem Kreis der Apostel heraus, und in der Apostelgeschichte, wo die späteren Taten aufgezeichnet sind, hat nur Paulus* größeres Gewicht. Diese besondere Bedeutung ist allerdings eine zweischneidige Sache: So versuchte Petrus, als Jesus während eines Sturmes auf dem See Gennesaret auf dem Wasser wandelte, es ihm nachzutun – und scheiterte jämmerlich, bis Jesus ihn mit der Bemerkung »du Kleingläubiger« rettete. Doch immerhin – die anderen Apostel versuchten es nicht einmal.

Zusammen mit Jakobus* und Johannes*, den Söhnen des Zebedäus*, bildete Petrus die Kerngruppe der zwölf Apostel. Nur sie nahm Jesus mit in das Haus von Jaïrus*, dessen Tochter er ins Leben zurückrief; sie waren auch Zeugen der Verklärung Jesu und sie begleiteten Jesus weiter als die übrigen im Garten Getsemani, wo er in den Stunden vor dem Verrat und der Gefangennahme betete. Einem der Berichte zufolge waren es Petrus und Johannes, die Jesus vorausschickte, um für den Einzug in Jerusalem vor ihrem letzten Paschafest eine Eselin und ein Fohlen zu holen. Petrus und Johannes waren es auch, die als erste Apostel am leeren Grab eintrafen, Johannes kam als erster dort an, Petrus ging als erster hinein. Nach der Auferstehung nahmen sie es in die Hand, die Jünger zusammenzuhalten, sie in all ihrer Verwirrung und Angst wieder aufzurichten und die Erfüllung des Auftrags Jesu, hinauszugehen und vom kommenden Reich Gottes zu künden, in Angriff zu nehmen. Vor allem aber spielte Petrus bei zwei zentralen Begebenheiten eine herausragende Rolle: Er war der erste, der auf die Frage Jesu offen bekannte, daß Jesus der Messias, der Sohn Gottes sei. Und nachdem er sich seiner unbegrenzten Treue zu Jesus gerühmt hatte, erlitt er die tiefe Demütigung, aus Angst gleich dreimal zu leugnen, Jesus überhaupt zu kennen. Als ein Hahn, wie von Jesus vorausgesagt, nach dem dritten Mal krähte, brach er in bitteres Weinen aus.

Nach der Auferstehung setzte Petrus sein Leben aufs Spiel. Als Jakobus, der Sohn des Zebedäus, auf Befehl von Herodes Agrippa I. verhaftet und hingerichtet wurde, wurde auch Petrus gefangengenommen, dann aber von einem Engel aus dem Gefängnis befreit (→ Rhode). Vor allem auch öffentlich beim ersten Pfingstfest trat er als Führer der Gemeinde in Jerusalem auf, vollbrachte Wunder, unternahm Missionsreisen in Judäa und Syrien und unterstützte Paulus bei dessen Bemühen, das Christentum auch auf Heiden auszudehnen, ohne sie zu verpflichten, sich vorher beschneiden zu lassen und Juden zu werden. (Kornelius*, der erste getaufte Heide, wurde von Petrus selbst getauft.) Zu einem nicht mehr feststellbaren Zeitpunkt ging Petrus nach Rom, wo er um 64 n. Chr. während der Neronischen Verfolgung den Märtyrertod erlitt. Wie Eusebius, Autor einer frühen Kirchengeschichte, berichtet, wurde Petrus mit dem Kopf nach unten gekreuzigt. Die Überlieferung, sein Grab befinde sich unter der Peterskirche in Rom, wird von einigen Wissenschaftlern gestützt und wurde vom Papst 1968 erneut bekräftigt.

Von den beiden Petrus-Briefen im Neuen Testament kann der zweite – eine schroffe Polemik, die dem Aufbau nach im 2. Jahrhundert n. Chr. in Ägypten verfaßt wurde – nicht als authentisch betrachtet werden. Der erste Brief dagegen stammt möglicherweise von Petrus selbst, doch darf man nicht vergessen, daß Schriften dieser Art nicht selten Namen wichtiger Personen angefügt wurden, um ihnen größere Aufmerksamkeit zu sichern. Die Geschichte der Begegnung von Jesus und Petrus außerhalb Roms, bei der Petrus fragte: »Quo vadis?« (»Wohin gehst du?«,) und Jesus antwortete: »Um nochmals gekreuzigt zu werden« findet sich in den sogenannten Petrus-Akten, die nicht in die kanonischen Schriften aufgenommen wurden. Als einzigem Apostel wird von Petrus in der Bibel berichtet, er habe eine Frau gehabt.

Die Darstellungen des Apostels Petrus in der Kunst sind zu zahlreich, um hier mehr als eine bescheidene Auswahl bieten zu können: Zu nennen sind die Szenen aus seinem Leben von Raffael (Hampton Court, Gemäldegalerie); die Verleugnung Jesu von Rembrandt (Amsterdam, Rijksmuseum) und von Duccio (einem der Glanzstücke seiner Werke im Dommuseum in Siena); Petrus im Gefängnis von Filippino Lippi (Florenz, S. Maria del Carmine); die Kreuzigung von Michelangelo (Vatikan, Capella Paolina), Guido Reni (Vatikan) und Guercino (Modena, Pinacoteca); und schließlich das Bild von Stanley Spencer, auf dem Jesus Petrus die Füße wäscht (Carlisle, Art Gallery). Das besondere Verhältnis zu Johannes hat Masaccio auf einer Freskenfolge hervorgehoben, die sich in der Brancacci-Kapelle in S. Maria del Carmine in Florenz befindet. Bildhauer und Maler statten Petrus mit den gekreuzten Schlüsseln als Emblem aus.

(Mt 10, 14, 16-17, 19, 26; Mk 3, 8-11, 14; Lk 6, 8-9, 12, 18, 22, 24; Joh 1, 6, 13, 18, 20-21; Apg 1-5, 8-12)

Pharisäer, Sadduzäer, Zeloten, Essener
In den letzten zwei Jahrhunderten vor Christi Geburt gab es im Judentum verschiedene Sekten und Religionsparteien, unter de-

nen die Pharisäer und die Sadduzäer zu den bedeutendsten zählten. Beide waren relativ kleine, elitäre Gruppierungen. Die Pharisäer als intellektuelle Elite zeichneten sich durch Frömmigkeit und Schriftgelehrtheit aus und betonten die strenge Befolgung des Mosaischen Gesetzes. Ihr Name leitet sich von dem hebräischen Wort »peruschim« her, das »Abgesonderte« bedeutet.

Die Sadduzäer dagegen waren mehr eine gesellschaftliche Elite, die sich vor allem aus den Schichten der Reichen und der Priester, also der Herrschenden, zusammensetzte. Auch sie orientierten sich strikt am Mosaischen Gesetz, lehnten jedoch die mündliche Überlieferung (die mündliche Tora) ab. Außerdem verwarfen sie unter anderem den Glauben an die Auferstehung der Toten. Der Name ist möglicherweise von Zadok*, dem obersten Priester Salomos*, abgeleitet.

Eine dritte Gruppe, die Zeloten, wird in der Bibel nur beiläufig erwähnt. Kennzeichnend für sie war ihr rigider, kämpferischer Konservatismus. Die Zeloten scharten sich im 1. Jahrhundert v. Chr. hinter Judas den Galiläer (Apg 5), später hinter seinen Sohn Menahem und seinen Enkel Eleasar. Mit an Sicherheit grenzender Wahrscheinlichkeit war es diese Gruppe, die sich während des Aufstandes gegen die Römer in den Jahren 66 bis 70 n. Chr. nach Masada zurückzog und dort bis zum Massenselbstmord 74 n. Chr. standhielt.

Eine stillere, kontemplativere Gemeinschaft bildete die Sekte der Essener, die im Neuen Testament nicht erwähnt werden. Im Gegensatz zur Meinung des englischen Schriftstellers Thomas de Quincey, der in zwei langen Essays nachwies, daß es die Essener nie gegeben hat, ist man heute weitgehend der Ansicht, daß sie mit der Sektengemeinschaft von Qumran identisch sind, deren umfangreiche Bibliothek ab 1947 in elf Höhlen am Toten Meer gefunden wurde.

Philemon
Adressat eines Paulus-Briefes, in dem es um den entlaufenen Sklaven Onesimus* geht. Philemon hatte unter den Christen in Kleinasien eine einflußreiche Stellung inne.

(Phlm)

Philippus
–, Apostel (S. 221)
–, Tetrarch (S. 221)

Philippus
Einer der zwölf Apostel. Wie die meisten von ihnen ist auch er im Neuen Testament nur eine schemenhafte Figur; klarer erscheint er auf einem herrlichen Freskenzyklus von Filippino Lippi in der Strozzi-Kapelle in der Kirche S. Maria Novella in Florenz. Der Legende nach starb er im Alter von siebenundachtzig Jahren in Phrygien den Märtyrertod, aber erst, nachdem er in Skythien einen Drachen durch die schiere Macht seiner Persönlichkeit unterworfen hatte.
Auf einem Gemälde, mit dem der spanische Maler Ribera das Martyrium von Philippus darstellte, wird er gerade auf das Kreuz gehoben, an dem er sterben soll.

(Mt 10; Mk 3; Lk 6; Joh 1, 6, 12, 14; Apg 1)

Philippus
Auch Herodes Philippus genannt. Tetrarch von Ituräa zwischen 4 v. Chr. und 34 n. Chr. Nach dem Tod seines Vaters Herodes des Großen* erhielt er die nördlichen Teile des Reiches, dazu Gebiete jenseits der Nordgrenze. Obgleich er ein fähiger Herrscher war, ist er vor allem bekannt wegen der Heirat mit seiner Nichte Salome* (deren Vater ebenfalls Herodes Philippus hieß, aber nicht Tetrarch war).
→ auch Stammbaum F

(Lk 3)

Philister
Die Herkunft der Philister ist umstritten, doch nimmt man heute am ehesten Kleinasien, Kreta oder Gebiete nördlich davon als Ursprungsort an. Ungefähr im 13. Jahrhundert v. Chr. erreichten sie den südwestlichen Teil Asiens und kamen dort den Israeliten zuvor, die nach ihrem Auszug aus Ägypten in etwa dieser Zeit nach Asien zurückkehrten. Die fünf wichtigsten Städte der Philister waren Aschdod, Aschkelon, Ekron, Gat und Gaza. Sie waren miteinander verbündet und lieferten sich immer wieder Kämpfe mit den Israeliten, stießen bis ins judäische Gebirgsland vor, um dann wieder zurückgedrängt zu werden. Ein gefährlicher Einfall der Philister führte Samuel* die Notwendigkeit vereinter Gegenwehr der Stämme Israels vor Augen und trug zum Entstehen des Königtums, zuerst unter Saul*, dann unter David*, bei. Zwar hatten schon in früherer Zeit einzelne Richter* Israels – zum Beispiel Debora* und Gideon* – Bedrohungen durch andere

Völker standhalten können, indem sie einige der zwölf Stämme zum gemeinsamen Kampf zusammenriefen.

Doch im 11. Jahrhundert v. Chr. war die Gefahr beträchtlich größer, zum einen, weil die Philister ein zäherer Gegner als die Kanaaniter* oder die Midianiter* waren, zum anderen, weil sie ihre Angriffe aus dem Westen mit Aktionen der Ammoniter* kombinierten, die die Israeliten vom Ostufer des Jordan her bedrängten. Der Triumph Simsons* im Kampf gegen die Philister war aufsehenerregend, aber nicht von Dauer. Das gleiche gilt für Sauls Anfangserfolg, den ihm David durch seinen Sieg über Goliat* eintrug. Als Saul und David in Streit gerieten, fand David Zuflucht bei dem König der Philisterstadt Gat; doch sowohl Saul als auch er führten systematisch Feldzüge gegen die Philister und unterwarfen sie von Zeit zu Zeit. Im ganzen gesehen bewahrten die Philister jedoch ihre Unabhängigkeit, bis sie von Assyrien* und, nach dem Untergang des assyrischen Reiches, nacheinander von Babylonien*, Persien, Alexander dem Großen und dem nachfolgenden Seleukidenreich in Syrien und schließlich von den Römern unterworfen wurden. Die Götter oder Baale* der Philister waren Dagon, Astarte und Beelzebul (oder Beelzebub, »der Herr der Fliegen«). Kaiser Hadrian gab der römischen Provinz Judäa nach dem jüdischen Aufstand von 132 bis 135 n. Chr. den Namen Palästina, die griechische Bezeichnung für das Land der Philister. Im 17. Jahrhundert kam in Deutschland der Gebrauch des Wortes »Philister« für einen unkultivierten Menschen oder Spießbürger auf.

In einer Reihe von Klavierstücken kontrastierte Robert Schumann derartige Philister mit den »Davidsbündlern«, also jenen, die mit David, dem Prototyp des Musikers und kultivierten Menschen, im Bunde waren.

Phönizier

In der Bibel auch Sidonier genannt. Sie gehörten zu den Kanaanitern* und gründeten im 2. Jahrtausend v. Chr. Stadtstaaten an der östlichen Mittelmeerküste und auf vorgelagerten Inseln (die heute Teil des Festlands sind). Die bedeutendsten dieser Stadtstaaten waren Tyrus und Sidon. In der zweiten Hälfte des 2. Jahrtausends waren die Städte Ziel von Angriffen der Hetiter im Norden und der Ägypter im Süden, doch der Zusammenbruch jener Reiche führte zu einer Periode der Unabhängigkeit und wirtschaftlichen Wohlstands. Die Könige von Tyrus gewannen die Oberherrschaft über die anderen Phönizierstädte. So war Hiram* als König von Tyrus Salomo* ebenbürtig, mit dem er Bündnisse schloß und eine gemeinsame Handelsflotte bis zur äußersten Spitze des Roten Meeres entsandte.

Die Phönizier waren berühmt für ihre Tüchtigkeit als Seefahrer, Händler und Kolonisatoren. Ihre bekannteste Kolonie war Karthago, der Legende nach im 9. Jahrhundert v. Chr. von Dido gegründet, die aus Tyrus floh, als König Pygmalion, ihr Bruder, ihren Ehemann getötet hatte. In jenem Jahrhundert begann auch aufgrund der mit zunehmender Härte geführten Raubzüge der Assyrer die Unabhängigkeit der Stadtstaaten zu schwinden. Der Zusammenbruch des assyrischen Reiches ließ sie, wie Juda*, zum Opfer eines kurzzeitigen Wiederaufflammens der ägyptischen Expansionspolitik werden. Es folgte die Unterwerfung durch die Babylonier, die Perser, Alexander den Großen und die Seleukiden als seine Nachfolger in Syrien sowie schließlich durch die Römer. Jede phönizische Stadt hatte ihren eigenen Stadtgott, der in der phönizischen Sprache Baal* genannt wurde. Man ließ daneben jedoch auch die Götter der Nachbarvölker gelten.

Pilatus

Pontius Pilatus war von 27 bis 36 n. Chr. Statthalter oder Prokurator von Judäa, der fünfte seit Bestehen der Provinz. Entstanden war sie im Jahr 6 n. Chr., als Kaiser Augustus das Königreich von Herodes dem Großen* wegen der Unfähigkeit des Herodes-Sohnes Archelaus* zur Provinz machte. Auch Pilatus war für sein Amt nicht sehr geeignet. Er erregte den Zorn der Juden, als er – aus Schwäche oder Arroganz – als erster darauf bestand, das Bild des Kaisers auf den Fahnen der Legionen zur Schau zu stellen, als sie von Cäsarea an der Küste in ihre Winterquartiere nach Jerusalem marschierten. Daß er dann auf den Protest hin klein beigab, verschlimmerte die Lage nur noch. Nachdem er die Juden noch häufiger vor den Kopf gestoßen hatte und in ähnlicher Weise zwischen Taktlosigkeit und unnötigem Auftrumpfen hin- und hergeschwankt war, wurde er seines Amtes enthoben.

Er hatte das Pech, in jenes Dilemma zu geraten, das ihm die Jesus* feindlich gesinnten Hohenpriester bescherten. Sie hatten Jesus wegen Vergehen gegen das Mosaische Gesetz für schuldig erklärt und verlangten von Pilatus, das für solche Fälle vorgesehene Todesurteil über ihn zu verhängen. Pilatus scheint gespürt zu haben, daß er damit einen relativ harmlosen Gefangenen der bösartigen Verfolgung seiner sektiererischen Feinde ausliefern sollte. Er versuchte, aus der unangenehmen Lage herauszukommen, indem er von seinem Recht Gebrauch machte, einmal im Jahr einen Gefangenen freizulassen, den die Menge wählen konnte. Doch das Volk – oder zumindest eine bestimmte Gruppe – machte ihm einen Strich durch die Rechnung, als sie nicht die Freilassung Jesu, sondern die Freilassung eines anderen Gefangenen, nämlich Barabbas*, verlangte.

Pilatus wusch daraufhin seine Hände in Unschuld und ließ den Dingen ihren Lauf, wobei er vermutlich erwartete, daß nach ein oder zwei Monaten niemand mehr davon reden würde. Pilatus' Ende liegt im dunkel. Man sagt, er habe Selbstmord begangen, um sich dem Zorn des neuen Kaisers Caligula über seine Inkompetenz zu entziehen oder auch – aber das ist eine ziemlich verwegene Mutmaßung – um sich dem Zorn von Tiberius wegen der Gottestötung zu entziehen. Einer späteren Überlieferung zufolge wurde seine Leiche in den Tiber geworfen und ins Meer gespült. Sie trieb dann die Rhône aufwärts bis Vienne, wo sie ans Ufer angeschwemmt wurde. Man nahm an, daß der zwischen Vienne und Luzern gelegene Berg Pilatus nach ihm benannt sei, was jedoch vermutlich schlichter Volksglaube ist und eine Fehlinterpretation von »Mons pileatus«, was lateinisch »mit einem Hut (oder Wolken) bedeckt« bedeutet. Eine gnädigere Überlieferung, der sich auch Origines anschloß, besagt, daß Pilatus sich zum Christentum bekehrte. In der Liturgie der griechisch-orthodoxen und der äthiopischen Kirche wird seiner als Märtyrer gedacht.

Der Anfang von Francis Bacons Essay ›Über Wahrheit‹: »›Was ist Wahrheit?‹ fragte Pilatus spöttisch und wartete die Antwort gar nicht ab« bezieht sich auf den im Johannes-Evangelium erwähnten Wortwechsel zwischen Pilatus und Jesus. Das Verhör Jesu und die Konsequenzen, die es für Pilatus hatte, hat Michail Bulgakow in seine moderne russische Parabel ›Der Meister und Margarita‹ eingeflochten. Pilatus' berühmteste Handlung, das Händewaschen, ist auf einem Bild von William Turner zu sehen (London, Tate Gallery).

(Mt 27; Mk 15; Lk 3, 23; Joh 18-19)

Pinhas
–, Sohn von Eleasar* (S. 224)
–, Sohn von Eli* (S. 225)

Pinhas
Priester wie sein Vater Eleasar* und sein Großvater Aaron*. Er

tötete Simri* zusammen mit der Prostituierten Kosbi* aus Midian. Die Tat versöhnte Gott, der die Israeliten in der Wüste Sinai mit einer schweren Plage geschlagen hatte, weil sie begonnen hatten, mit den Moabiterinnen Unzucht zu treiben und an Opferfesten für deren Gott Baal-Pegor teilzunehmen.

(Num 25)

Pinhas
Einer von Elis* mißratenen Söhnen.
→ Eli

(1 Sam 1-2; 4)

Pontius Pilatus → Pilatus

Potifar
Wohlhabender Hofbeamter des ägyptischen Pharao, der Josef* von den Ismaelitern* (oder Midianitern*) kaufte, an die ihn seine Brüder verschachert hatten. Potifars Frau versuchte Josef zu überreden, mit ihr zu schlafen. Als er sie zurückwies, erzählte sie ihrem Mann, Josef habe sie verführen wollen. Daraufhin ließ dieser ihn ins Gefängnis werfen. Während in der Bibel für Potifars Frau kein Eigenname genannt wird, trägt sie in einer persischen Quelle den Namen Suleika.
Jacopo da Pontormo malte den Verkauf Josefs an Potifar (London, National Gallery), Tintoretto die Enttäuschung von Potifars Frau (Madrid, Prado). Im Höllenteil von Dantes ›Göttlicher Komödie‹ muß Potifars Frau wegen ihrer verleumderischen Anschuldigungen ewige Qualen erleiden.

(Gen 37, 39)

Priszilla → Aquila und Priszilla

Propheten
Prophetie bedeutet, in die Zukunft zu schauen und davon zu künden. Es gibt zahlreiche Quellen für Prophezeiungen: Auslegung ungewöhnlicher Geschehnisse oder natürlicher Phänomene (wie die Eingeweide von Vögeln), Träume und Trancezustände, ein sechster Sinn oder auch göttliche Eingebung. Die alttestamentarischen Propheten waren von Gott inspiriert; er ließ sie in die Zukunft schauen und erlegte ihnen auf, das Kommende zu verkünden. Mit der Enthüllung der Zukunft untrennbar verbunden war die Anprangerung gegenwärtiger Übel. Die von den Prophe-

ten vorhergesagte Zukunft war nahezu ausschließlich düster, und zwar deshalb, weil die Israeliten der Sünde verfallen waren, als sie den von ihrem Gott verlangten Monotheismus aufgaben. Die Anprangerung der Sünden des Volkes machte einen erheblichen Teil der Botschaft der Propheten aus, wobei diese Sünden teils religiöser, teils moralischer und sozialer Art waren. Die Propheten waren die wichtigsten Wahrer des Monotheismus in Israel, was zuerst bedeutete, daß die Israeliten keinen anderen Gott als den eigenen verehren durften, und später, daß es außer dem eigenen gar keinen anderen Gott gab. Die grimmigeren unter den Propheten ließen für den Menschen kaum einen Hoffnungsschimmer übrig, während die anderen Gottes Erbarmen mit dem Reumütigen verkündeten.

Gleichzeitig übten die Propheten auch Gesellschaftskritik, prangerten Machtmißbrauch und Ungerechtigkeit an, verurteilten den Materialismus der Großen und Mächtigen und boten den Armen und Unterdrückten Trost. Gesellschaftspolitisch waren sie konservative Reformer, deren Sehnsucht nach der Lebensweise der Vergangenheit sich in heftiger und radikaler Kritik an der Sittenverderbnis der Gegenwart entlud. Die ersten Propheten waren Menschen mit einer besonderen Gabe; sie wurden von Königen sehr geschätzt, wenn sie zum Beispiel am Vorabend der Schlacht deren Ausgang vorhersagen konnten. Sie gehörten zu der in der Gesellschaft fest verankerten Gruppe der Seher und waren so zahlreich, daß sich unter ihnen auch viele Scharlatane befanden.

Obwohl uns nur wenige Namen überliefert sind, waren die Propheten doch Mitglieder eines anerkannten Berufsstandes und ganz und gar nicht die exzentrischen Einzelgänger, als die sie der Zufall schriftlicher Überlieferung gelegentlich erscheinen läßt. Neben der Beratung von Königen konnten sie auch aktiv an der Absetzung des einen und Einsetzung des anderen Herrschers mitwirken. Beispiele dafür sind Samuel*, Natan*, Elija* und Elischa*, die das Königreich Israel* formten. Durch ihr Festhalten an der Einheit der zwölf Stämme und an der Einzigartigkeit des Gottes Israels schufen sie die wichtigsten Voraussetzungen dafür, daß sich die Israeliten gegen ihre Nachbarn behaupteten. Das Auftreten dieser Propheten ist in den Geschichtsbüchern dargelegt, die das 1. und 2. Buch Samuel und das 1. und 2. Buch der Könige umfassen. Später gaben ihre Nachfolger, angefangen mit Amos*, der Religion Israels eine moralische Dimension und transzendierten damit deren rein rituellen Charakter, den sie als zu eng kritisierten.

Drei von ihnen, nämlich Jesaja*, Jeremia* und Ezechiel*, wurden später die »großen« Propheten genannt, zu denen im Alten Testament noch zwölf »kleine« hinzukamen. Diese fünfzehn sind gemeint, wenn vom Gesetz und den Propheten als der für Juden verbindlichen Richtschnur für ein rechtmäßiges Leben die Rede ist. Die drei großen Propheten lebten im 8. (Jesaja), 7. (Jeremia) und 6. Jahrhundert v. Chr. (Ezechiel). Weitere wichtige Vertreter der frühen Zeit waren neben Amos* auch Hosea* und Micha*. Deuterojesaja (→ Jesaja), der in vielerlei Hinsicht inspirierendste aller Propheten, war ein Zeitgenosse Ezechiels. Die späteren Propheten waren alle zutiefst geprägt durch das babylonische Exil*, das bei ihnen einen engstirnigen, rachsüchtigen Nationalismus auslöste, der unter anderem bei Haggai*, Sacherja* und Obadja* zutage tritt. Viele der uns überlieferten Prophetenbücher sind Sammlungen von Aussprüchen verschiedener Personen aus verschiedenen Epochen. Niedergelegt wurden sie etwa im 2. Jahrhundert v. Chr.

Ihre Bedeutung   Die Propheten des Alten Testaments waren außergewöhnliche Menschen. Die besten unter ihnen waren große und kühne Denker, in ungewöhnlichem Maße begabt mit Weitblick, Mut und Charakterstärke. Ihr hoher moralischer Anspruch verwandelte die Religion der Israeliten, und ihre politische Wirkung sicherte das Überleben eines kleinen Volkes durch alle Wechselfälle der Geschichte. Ihnen gemeinsam war die beharrlich vertretene Ansicht, daß es um die Gesellschaft, aus der sie selbst kamen und an die sie sich wandten, nicht gut bestellt war, wobei sie bei ihrer Kritik keinen Unterschied machten zwischen Arm und Reich. Sie zweifelten nicht daran, daß die Ursache für die Verderbtheit, die sie überall sahen, in der Abwendung von Gott lag. Doch neben der rituellen Erneuerung predigten sie auch die moralische Umkehr. Obwohl es zwischen Religion und Moral keine stringente Verbindung gibt und sich in den alten Religionen des Nahen Ostens auch keine erkennen läßt, stellten die Propheten eben diese Verbindung her und entwickelten so die Vorstellung eines Gottes, der nicht nur Inbegriff des Allmächtigen, sondern auch des Guten war – eine der großen spirituellen und intellektuellen Leistungen in der Geschichte der Menschheit. Paradoxerweise übten die am wenigsten sympathischen und ethisch farblosesten Propheten kaum weniger Wirkung aus als die übrigen, wenn auch auf andere Art.

Das traumatische Erlebnis des babylonischen Exils*, dem die Rückkehr nach Jerusalem folgte, brachte zwei Erwartungen bei den Menschen hervor: Die einen sahen in der Rückkehr den Auftakt zur Wiederherstellung des Königreiches Juda, das sich unter Führung des einen und alleinigen Gottes und seines auserwählten Volkes rasch zu einem Weltreich ausdehnen würde. Für die anderen hatte die Rückkehr erheblich begrenztere Auswirkungen; nach ihrer Auffassung konnten die Israeliten nur überleben, wenn sie an allem, was sie von anderen Völkern unterschied, eifersüchtig festhielten – was auf das Gegenteil von Ausdehnung und Verbreitung hinauslief. Obgleich die Hauptvertreter dieser zweiten Richtung als Propheten eine unangenehme Bitterkeit an den Tag legten, läßt sich durchaus die Meinung vertreten, daß Israel ohne sie seine Identität verloren hätte und untergegangen wäre.

Publius

Hochgestellte Persönlichkeit mit dem Titel »der Erste« auf Malta, dessen Vater von Paulus* geheilt wurde, als sich dieser nach einem Schiffbruch auf der Insel aufhielt (nach neuerer Erkenntnis: aufgehalten haben soll).

(Apg 28)

Pul

Im Alten Testament der Name des assyrischen Königs Tiglat-Pileser III. (747 bis 739 v. Chr.). In der kurzen Zeit seiner Herrschaft gab er dem Assyrer-Reich seine größte Ausdehnung. Es reichte vom Persischen Golf und dem Roten Meer im Süden bis zum Kaspischen Meer und Schwarzen Meer im Norden, umfaßte Teile Ägyptens, der (heutigen) Türkei und Persiens ebenso wie das Zweistromland und die Länder der Armenier, Kanaaniter, Israeliten und Phönizier. Er besiegte die als Usurpatoren an die Macht gekommenen Könige Menahem und Pekach von Israel und zwang König Ahaz von Juda, ihm Tribut zu zahlen und zu ihm nach Damaskus zu kommen. Seine Nachfolger waren Salmanassar V., Sargon II. und Sanherib.

→ Assyrien

(2 Kön 15-16; 2 Chr 28)

Q

Quirinius
Auch Quirinus, Kyrenios. Dem Evangelisten Lukas* zufolge war er Statthalter der römischen Provinz Syrien während der Steuerzählung zur Zeit der Geburt Jesu*. Möglicherweise ist er identisch mit Publius Quintilius Varus, der später als jener Feldherr in die Geschichte einging, der im Jahr 9 n. Chr. bei der Schlacht im Teutoburger Wald gegen den Cheruskerfürsten Armin alle seine Legionen verlor. Es war die schlimmste Niederlage der Römer während der Herrschaft des Augustus. Ob es sich aber bei Quirinius und Quintilius Varus tatsächlich um ein und dieselbe Person handelte, läßt sich nicht stichhaltig nachweisen.

(Lk 2)

R

Rabschake

Assyrische Bezeichnung für den Posten des Obermundschenks und damit Titel eines hohen Würdenträgers im assyrischen Reich. In der Bibel wird ein Rabschake als Leiter einer Delegation erwähnt, die der assyrische König Sanherib zu Hiskija*, dem König von Juda, entsandte. Seine Aufgabe war es, Hiskija entweder selbst dazu zu bringen, sein Bündnis mit Ägypten aufzugeben und Assyrien wieder Tribut zu zahlen oder über Hiskijas Kopf hinweg an das Volk von Juda zu appellieren, um so die Rückkehr Judas ins assyrische Lager zu erreichen. Beides schlug fehl.

→ Assyrien, → Schebna, → Hiskija

(2 Kön 18-19)

Rahab

Eine Dirne in Jericho mit Spürsinn für politische Entwicklungen. Als zwei von Josua* ausgesandte israelische Kundschafter sich heimlich bei ihr einquartierten, beschloß sie – beeindruckt von den Siegen, die die Israeliten bereits auf der anderen Seite des Jordan errungen hatten –, sich auf ihre Seite zu schlagen. Sie versteckte die beiden Spione zwischen aufgeschichteten Flachsstengeln auf dem Dach und ließ sie später an einem Seil die Stadtmauer hinab, die sich an ihrem Haus befand. Als Gegenleistung erhielt sie die Zusicherung, man werde sie und ihre Familie bei der Eroberung und Zerstörung von Jericho verschonen, wenn sie ihr Haus mit einer roten Schnur markiere. Tatsächlich waren Rahab und ihre Familie die einzigen der Stadt, die mit dem Leben davonkamen.

(Jos 2, 6)

Rahel

Jüngere und attraktivere der beiden Töchter Labans* und, wie ihre Schwester Lea*, Ehefrau ihres Vetters Jakob*. Rahel brachte zwei Söhne zur Welt: Josef* und Benjamin*. Bei der Geburt Benjamins starb sie und wurde in Betlehem begraben.

Die beiden Schwestern Rahel und Lea sind auf einem Bild des englischen Malers und Dichters Rossetti zu sehen, der dabei auf Dantes Charakterisierung in der ›Göttlichen Komödie‹ (Läuterungsberg, XXVII. Gesang) zurückgreift und Lea als aktiven,

Rahel als kontemplativen Menschentyp darstellt (London, Tate Gallery). Giambattista Cignaroli malte Rahels Tod im sentimentalen Stil des Rokoko (Venedig, Accademia).

→ auch Laban, → Jakob, → Stammbaum C

(Gen 29-33, 35)

Rebekka

Frau und Kusine von Isaak*, dessen Vater Abraham* sie für ihn aus seinem Heimatland holen ließ, damit Isaak eine Frau des eigenen Stammes und keine Kanaaniterin heiratete. Isaak und Rebekka hatten Zwillingssöhne, von denen Esau* als der Ältere der Liebling des Vaters und Jakob* der Liebling der Mutter war. Später, als Isaak alt und blind geworden war, brachte Rebekka ihn dazu, Jakob (und nicht dem Erstgeborenen Esau) den väterlichen Segen zu geben und damit das Erbe zu übertragen.

Von Claude Lorrain stammt das Bild ›Landschaft mit der Hochzeit Isaaks und Rebekkas‹, bei dem es dem Maler, wie der Titel bereits andeutet, mehr auf die Darstellung der Natur als der Menschen ankam (London, National Gallery).

→ auch Esau, → Stammbaum B

(Gen 24, 26-28)

Rechab

–, Truppenführer Ischbaals (S. 231)
–, Abstinenzler (S. 231)

Rechab

Truppenführer des Königs Ischbaal*, der seinen Herrn ermordete, weil er sich von David* dafür eine Belohnung versprach. Doch als er und sein Komplize Baana* mit Ischbaals Kopf in der Hand vor David erschienen, gab dieser statt einer Belohnung den Befehl, beide für den Mord zu töten.

(2 Sam 4)

Rechab

Ein Abstinenzler, der seinem Sohn Jonadab und dessen Kindern gebot, niemals Wein zu trinken. Die Nachkommen Rechabs, die Rechabiter, hielten sich auch dann noch an diese Anweisung, als Jeremia* ihnen Wein vorsetzte und sie zum Trinken aufforderte.

(Jer 35)

Reguël → Jitro

Rehabeam

Sohn von Salomo* und der Ammoniterin Naama, König von Juda
von etwa 932 bis 915 v. Chr. Es gelang ihm nicht, die Einheit des
Reiches zu wahren, das sein Vater und sein Großvater David*
geschaffen hatten. Nachdem sich die zehn Nordstämme gegen ihn
erhoben und Jerobeam* zum König ausgerufen hatten, verblie-
ben Rehabeam nur die Stämme Juda und Benjamin mit ihren
Gebieten im südlichen Teil des Landes. Diese Aufspaltung, die
nie mehr überwunden werden konnte, wird in der Bibel darauf
zurückgeführt, daß Salomo im Alter nachlässig bei der Einhaltung der Vorschriften wurde und auch fremdrassische oder -stäm-
mige Frauen in die Schar seiner Ehefrauen und Nebenfrauen aufnahm. Aber Gott wollte die von David begründete königliche
Abstammungslinie nicht ganz dem Untergang weihen und ließ sie
deshalb in dem kleineren Königreich Juda weiterbestehen. Rehabeam trug auch selbst dazu bei, daß die zehn Stämme ihn ablehnten. Als er vom Volk, das unter den harten Maßnahmen
seines Vaters gelitten hatte, gefragt wurde, wie er es mit seiner
Regierung halten wolle, befragte Rehabeam zuerst ältere Männer, die ihm zur Zurückhaltung rieten, und dann jüngere, die eine
harte Linie befürworteten. Obwohl er selbst bereits über vierzig
war, zog er den Rat der jüngeren Männer vor und teilte seinen
künftigen Untertanen mit, daß sie, wo sein Vater sie mit Peit-
schen gezüchtigt habe, von ihm Skorpione (eine Art Geißel) zu
erwarten hätten. Mit dem Ruf »In deine Zelte, Israel!« sagten
sich die zehn Nordstämme von ihm los.
Die Könige Judas stammten ausnahmslos direkt von Rehabeam
ab und führten damit die königliche Linie Davids fort. Anders als
Israel hatte Juda damit eine für Stabilität sorgende Dynastie, die
nur einmal durch die illegitime Thronbesteigung Ataljas* unterbrochen wurde. Doch Juda war nur ein kleines Bergreich, durch
die Philisterstädte von der Küste und der Küstenstraße abgeschnitten und zum vorsichtigen Taktieren zwischen mächtigeren
Nachbarn gezwungen. Zudem fühlte es sich nur allzu leicht durch
die liberalere und weltoffenere Haltung der Bevölkerung des
Flachlands provoziert. Judas Feinde waren zuerst Syrien*, dann
Assyrien* und schließlich Babylonien, das Juda auslöschte. Zu Rehabeams achtzehn Frauen gehörte auch seine Kusine Maacha,
eine Tochter Abschaloms*.
Eine Zeichnung Holbeins zeigt Rehabeam vor dem Volk in einer

Haltung, die zur Ablehnung geradezu herausfordert (Basel, Kunstmuseum). In der angelsächsischen Welt steht die englische Namensform »Rehoboam« heute für eine besonders große Wein- oder Champagnerflasche (ähnlich auch → Jerobeam).

→ auch Joschafat, → Usija, → Hiskija, → Joschija

(1 Kön 11-12, 14; 2 Chr 10-13)

Richter

Die Richter waren charismatische Führer Israels, die Gott von Zeit zu Zeit bestimmte, um das Volk aus Not und Bedrängnis zu erretten, in die es wegen seiner Sünden geraten war. Die Richter waren meist Helden, die in einer Krisensituation das Kommando übernahmen und sich dessen würdig erwiesen. Sie traten zwischen dem 12. und 10. Jahrhundert v. Chr. auf, also in der Periode zwischen der Eroberung des verheißenen Landes und der Schaffung eines geeinten Königreichs unter Saul* und David*. Die Israeliten, die das verheißene Land eroberten und aufteilten, stellten eine lose Vereinigung von Stämmen dar, die sich in Gebieten niederließen, deren vorherige Herrscher zwar besiegt, aber nicht völlig vernichtet oder vertrieben worden waren. Als Folge davon schwankte man später zwischen Konflikt und Koexistenz: Gemeinsamer Handel, friedliches Zusammenleben und Einheiraten wechselten mit Spannungen und politischen Rivalitäten, die durch den strikten Monotheismus noch verstärkt wurden, den die Israeliten der Vielgötterei ihrer Nachbarn entgegenstellten.

Es kam immer wieder vor, daß sich der eine oder andere Stamm der Israeliten wieder dem Götzendienst zuwandte und den Baal* eines Nachbarvolkes anbetete. Ein solcher Rückfall wurde vom Gott Israels dadurch bestraft, daß er die Schuldigen in die Gewalt jener Stämme oder Völker gab, die die Israeliten bei der Einnahme des Landes besiegt hatten. In diesen längeren oder kürzeren Zeiten der Unterjochung sandte Gott dann einen Retter in Gestalt eines Richters – das Blatt wendete sich, die heidnischen Unterdrücker wurden nicht nur besiegt, sondern in großer Zahl getötet, und für die reumütigen Israeliten brach unter dem wachsamen Auge des Richters wieder eine Zeit des Wohlstands an. Wenn der Richter dann starb, begann der Kreislauf – Ungehorsam, Strafe, Rettung – wieder von neuem. Er wurde erst durchbrochen, als aus dem ursprünglich lockeren Zusammenhalt der Stämme ein zentral regiertes Königreich Israel hervorging, das unter Davids Sohn Salomo* eine blühende regionale Macht wurde.

Die Israeliten betrachteten die heidnischen Völker, mit denen sie abwechselnd Handel und Krieg führten, als entfernte Verwandte, die im Land geblieben waren, als die Kinder Israels (alias Jakobs*) nach Ägypten zogen. So galten die Kanaaniter* als Nachkommen Kanaans*, des Sohnes von Ham*, die Moabiter* und Ammoniter* als Nachkommen von Moab* und Ammon*, den Söhnen von Lot*, und die Edomiter* als Nachkommen von Edom oder Esau*. Nur die Philister* waren sowohl nach ihrer Rasse als auch nach ihrer Religion für die Israeliten ein fremdes Volk.

→ Stammbaum B und C, → auch Ehud, → Debora, → Gideon, → Jiftach, → Simson, → Samuel

(Ri)

Rizpa

Nebenfrau Sauls*, die für böses Blut zwischen seinem Sohn Ischbaal* und dessen Heerführer Abner* sorgte. Ischbaal warf Abner vor, sich Rizpa genommen zu haben; Ergebnis des darauf folgenden Streites war, daß beide mit ihrem bis dahin gemeinsamen Feind David* Frieden schlossen. So trug Rizpa, ohne es zu wollen, zum Ende des sieben Jahre dauernden Krieges bei, der nach Sauls Tod ausgebrochen war.

Tennysons Gedicht ›Rizpa‹ ist ein Werk seiner fruchtbaren Altersjahre, das die zum Klischee gewordene Bezeichnung »ergreifend« im echten Wortsinn verdient.

(2 Sam 3, 21)

Rhode

Ein Mädchen mit schwachen Nerven im Haus von Maria, der Mutter von Johannes Markus*. Dort hatte sich eine Anzahl von Christen versammelt, um für Petrus* zu beten, den König Herodes* hatte verhaften lassen. Als Petrus, der aus dem Gefängnis entkommen war, draußen ans Tor klopfte und Rhode hinausging, erkannte sie seine Stimme, war jedoch so entgeistert, daß sie schnurstracks ins Haus zurücklief, um die Neuigkeit zu verkünden, die man ihr aber nicht glaubte. Petrus mußte erneut anklopfen.

(Apg 12)

Ruben

Ältester der zwölf Söhne Jakobs*. Seine Mutter war Lea*. Obwohl er verhinderte, daß seine Brüder ihren Plan, Josef* zu töten,

ausführten, warf ihm sein Vater Unzuverlässigkeit vor. Das Sied-
lungsgebiet seines Stammes lag östlich des Jordan.
→ Stammbaum C
(Gen 29-30, 35, 37, 42-50; Jos 4, 13, 22)

Rut
Eine Moabiterin, die zur Ahnfrau von König David* wurde. Sie
war mit Machlon verheiratet, dem Sohn Elimelechs* und Noomis*, die wegen einer Hungersnot aus Betlehem ins Land der
Moabiter* ausgewandert waren. Als Elimelech und seine zwei
Söhne starben, beschloß Noomi, nach Betlehem zurückzukehren.
Zuerst zogen ihre beiden Schwiegertöchter mit ihr, obwohl Noomi sie gedrängt hatte, ihr Leben und ihr Geschick nicht an eine
alte Frau, die ihnen nichts mehr geben konnte, zu binden. Ruts
Schwägerin Orpa ging schließlich zu ihrer Familie zurück, während Rut sich weigerte, Noomi zu verlassen: »Dränge mich nicht,
dich zu verlassen und umzukehren. Wohin du gehst, dahin gehe
auch ich, und wo du bleibst, da bleibe auch ich. Dein Volk ist
mein Volk, und dein Gott ist mein Gott.« Sie kamen nach Betlehem, als dort gerade die Gerstenernte begann. Rut ging auf die
Felder, um hinter den Schnittern Ähren nachzulesen, damit sie zu
essen hatten. Durch Zufall geriet sie auf ein Feld, das Boas*,
einem Verwandten ihres Schwiegervaters Elemelech, gehörte.
Als er erfahren hatte, wer sie war und wie sie für ihre Schwiegermutter gesorgt hatte, nahm er sich ihrer an und gab seinen Schnittern sogar Anweisung, aus den Garbenbündeln Halme herauszu-
ziehen und für sie liegenzulassen. Als dann das Getreide auf der
Tenne gedroschen wurde, legte sich Rut anschließend auf Noomis
Veranlassung unbemerkt zu Boas' Füßen schlafen. Als dieser es
nachts bemerkte, war er zutiefst gerührt, daß sie sich zu ihm und
nicht zu einem jüngeren Mann gelegt hatte.
Boas wollte einen Acker, den Noomi und Rut von Elimelech
geerbt hatten, kaufen, ließ aber einem anderen Mann, der mit
den Frauen enger verwandt war, den Vortritt. Doch der andere
verzichtete auf sein Anrecht und übertrug es, der Tradition gemäß, indem er seinen Schuh auszog und ihn an Boas übergab. So
erwarb Boas den Acker und heiratete Rut, um das Geschlecht
weiterzuführen, das sonst nach dem Tod Elimelechs und seiner
beiden Söhne erloschen wäre. Rut und Boas bekamen einen
Sohn, den sie Obed nannten. Er wurde der Vater Isais* und der
Großvater Davids*. Damit gelangte über Rut ein Nachkomme
Moabs*, des Sohnes von Lot*, in die Ahnenreihe Israels. Der

Verfasser dieser hübschen Geschichte mit dem glücklichen Ausgang verfolgte mit ihr neben der Unterhaltung noch einen anderen Zweck. Er wandte sich damit indirekt gegen die von Esra* und Nehemia* verhängten strengen Ehegesetze, die Verbindungen mit Ammonitern* und Moabitern* untersagten.

Die Gestalt der Rut hat den romantischen Dichter John Keats zu einem unauslöschlichen Bild in seinem Gedicht ›Ode an eine Nachtigall‹ inspiriert:

    Ruth, als sie, vor Heimweh krank,
    Umwogt von fremdem Korn in Tränen stand.

Rut übte offenbar vor allem auf Organisten einen besonderen Reiz aus. Der bedeutende englische Organist und Komponist Samuel Wesley, Sohn des Hymnenkomponisten Charles Wesley, schrieb ein Oratorium dazu. Der 1822 in Lüttich geborene César Franck begann seine Laufbahn als Verfasser von Orchester- und Chorwerken mit einer ähnlichen Komposition.

(Rut)

S

Saba

Die Königin von Saba ist in der Bibel namenlos; andere Quellen nennen sie Balkis oder Bilkis. Verglichen mit ihrer Berühmtheit, nimmt sie in der Bibel nur einen überraschend bescheidenen Raum ein, nämlich ganze elf Verse im 1. Buch der Könige, die im 2. Buch der Chronik wiederholt werden. Dort ist von Salomos* Ruhm und Reichtum die Rede. Von beiden erzählte man sich so großartige Dinge, daß die Königin von Saba sich persönlich davon überzeugen wollte. Sie reiste nach Jerusalem und stellte dort fest, daß die Wirklichkeit die Berichte noch übertraf. Als Geschenke brachte sie Gold und Gewürze mit, und Salomo »gewährte der Königin von Saba alles, was sie wünschte und begehrte« – ein Satz, der die Nachwelt zu den kühnsten Spekulationen veranlaßte.

Nüchternere Überlegungen galten der Frage, wo die Königin von Saba herkam. Einige Stimmen plädieren für Arabien, genauer gesagt, das Gebiet des heutigen Jemen, andere siedeln sie jenseits des Roten Meeres im heutigen Äthiopien an. Das im südwestlichen Arabien gelegene Saba (oder Scheba) war zwar wohlhabend genug, um als Reich der großen Königin gelten zu können, doch erst einige Jahrhunderte nach Salomos Lebzeiten. Nach einer Überlieferung, die bis auf den jüdischen Geschichtsschreiber Josephus Flavius zurückgeht und im Mittelalter in Europa allgemein akzeptiert wurde, war die Königin jedoch Afrikanerin. In Äthiopien sah man daher auch keine Hindernisse für die Überzeugung, die Königin von Saba sei die Stammutter ihres Königshauses, zu dem väterlicherseits Salomo beigetragen habe.

Am Portal der Kathedrale von Chartres und an manch anderer Stelle wird die Königin mit afrikanischem Gefolge gezeigt. Einer zählebigen Legende zufolge hatte sie einen mißgebildeten Fuß, der in Westeuropa gewöhnlich mit Schwimmhäuten dargestellt wurde, woraus sich die französische Bezeichnung »La Reine Pédauque« (von »pied d'oie«, also Gänsefuß) ableitete. In Chartres ist ihr Fuß vom Kleid bedeckt, bei anderen Darstellungen an oder in französischen Kirchen jedoch sichtbar. Ein herrliches, im 12. Jahrhundert entstandenes Skulpturen-Paar aus Corbeil, das sich heute im Louvre befindet, bringt auf eindrucksvolle Weise Majestät durch Würde zum Ausdruck. Von Salomo erzählt man, die umlaufenden Geschichten über die Füße der Königin hätten ihn so beschäftigt, daß er einen Fußboden aus Kristall legen ließ, bei dem die Königin dann, im Glauben, es handle sich um Wasser, ihr Kleid angehoben habe – ein wenig charmanter Trick Salomos. Auf Tintorettos Gemälde erscheint sie, jeder Zoll eine Königin (Madrid, Prado). Das Bild vom Empfang bei Salomo, das Piero della Francesca schuf, befindet sich als Fresko in der Kirche S. Francesco in Arezzo. Veronese malte dieselbe Szene in dem für ihn charakteristischen üppigen Stil (Turin, Galleria Sabauda). Mit einem ebenso typischen beschwingten Auftakt beginnt Händel seine musikalische Version, und Karl Goldmarks quirlige Oper ›Die Königin von Saba‹ ist fast schon eine Operette. Robert Browning läßt in seinem Gedicht ›Salomon und Balkis‹ keinen Zweifel daran, daß die Königin von Salomo Handfesteres als Weisheit wollte, und William Butler Yeats' zauberhaftes Gedicht ›Salomon an Saba‹ macht aus den beiden eindeutig ein Liebespaar.

(1 Kön 10; 2 Chr 9)

Sacharja

Prophet des späten 6. Jahrhunderts v. Chr., der wie Haggai* all seine Energien darauf verwandte, die von Serubbabel* und Jeschua angeführte Gruppe von Rückkehrern aus dem babylonischen Exil* nach Jerusalem zu unterstützen, den Wiederaufbau des Tempels voranzutreiben und die Rückbesinnung auf die religiösen Gebote zu fördern. Er hatte Visionen über die Entfaltung einer neuen Weltordnung und die Erscheinung eines (namenlosen) Messias, der den Weltfrieden bringen würde. Das Buch Sacharja enthält Teile, die nicht vor dem 5. Jahrhundert v. Chr., vermutlich sogar erheblich später, verfaßt sind. Sie sind zutiefst abstoßende, haßerfüllte Schmähungen gegen die Nachbarvölker, die klingen, als wolle man mit einer auftrumpfenden Demonstration der eigenen Überlegenheit das ängstliche Gefühl überspielen, von Feinden umringt zu sein. Diese Kapitel (in denen an einer Stelle auch der Preis von dreißig Silberstücken erwähnt ist, der dann im Neuen Testament wieder von Bedeutung sein wird) zeigen, wie die Rolle der Propheten im Laufe der Zeit entartete und sie statt religiöser und moralischer Ermahnungen engstirnigen, rachsüchtigen Chauvinismus predigten.
→ auch Propheten

(Sach; Esra 5)

Sadduzäer → Pharisäer

Salome
–, Tochter von Herodias (S. 239)
–, Mutter von Jakobus* und Johannes* (S. 240)

Salome
Eine der berühmtesten Frauen des Neuen Testaments, die dort allerdings nicht mit Namen genannt wird. Ihr Vater war ein enterbter Sohn von Herodes dem Großen*, ihre Mutter war Herodias*. Salome heiratete ihren Onkel, den Tetrarchen Philippus*, und in zweiter Ehe Aristobul, einen entfernten Vetter. Unsterblich geworden ist sie durch die Geschichte ihres betörenden Tanzes, der ihrem Stiefvater Antipas* so gefiel, daß er versprach, ihr jeden Wunsch, und sei es die Hälfte des Reiches, zu erfüllen. Auf Veranlassung ihrer Mutter verlangte sie den Kopf Johannes' des Täufers; er hatte Herodias' gesetzwidrige Heirat mit Herodes Antipas öffentlich kritisiert, was sie als Demütigung empfand und auf Rache sinnen ließ. Über Salome ist ansonsten außer der Tatsache, daß sie in ihrer zweiten Ehe Kinder hatte, nichts bekannt. Einer späteren Legende zufolge kam sie ums Leben, als sie in einen eiskalten Fluß stürzte und ihr Kopf zwischen Eisschollen eingeklemmt und vom Körper abgetrennt wurde – eine Geschichte, die zu passend ist, um wahr zu sein.
Ein Mosaik in der Markuskirche in Venedig zeigt das Festmahl des Herodes und Salomes Tanz. Diesen Höhepunkt ihres Lebens malte unter anderen auch Filippo Lippi, allerdings mit all der Schicklichkeit, die der Ort, für den das Bild bestimmt war, nämlich der Dom von Prato, erforderte. Der französische Maler Gustave Moreau gestaltete die Szene mit düsterer Melodramatik (Cambridge/Massachusetts, Fogg Art Museum). Benozzo Gozzoli betont auf seinem Bild die Herzlosigkeit Salomes, indem er nicht nur darstellt, wie sie Herodes Antipas den Kopf verdreht, sondern gleichzeitig auch auf einer kleinen Vignette in ihrem Rücken zeigt, wie Johannes der Kopf abgeschlagen wird (Washington, National Gallery). Tizian schließlich malte eine triumphierende Salome, die den Kopf des Täufers auf einer Schale in die Höhe reckt wie eine Siegestrophäe, die ein Tennisstar vor dem Publikum präsentiert (Madrid, Prado). Flauberts Erzählung ›Herodias‹ endet damit, daß drei Männer den Kopf von Johannes wegbringen wollen und er ihnen so schwer wird, daß sie ihn abwechselnd tragen müssen. Jules Massenets Oper ›Hériodiade‹,

die diese Erzählung verarbeitet, durfte in London erst dann aufgeführt werden, als man die schrecklichen Ereignisse vom Heiligen Land nach Äthiopien verlegt hatte. Oscar Wildes 1893 auf
französisch geschriebene Tragödie ›Salome‹, die Lord Alfred
Douglas ins Englische übersetzte und Aubrey Beardsley illu-
strierte, wurde in England erst 1931 zur Aufführung freigege-
ben. Oscar Wilde, dessen Stück auch als Libretto für die gleich-
namige Oper von Richard Strauss verwendet wurde, hatte die
Bibelgeschichte abgeändert und zu Herodias' Rache noch eine
sinnliche Leidenschaft hinzugefügt, die Salome für den behaar-
ten Prediger hegte. Der offensichtliche choreographische Reiz
der Geschichte entzündete die Phantasie des französischen Komponisten Florent Schmitt, dessen Werk ›La tragédie de Salomé‹
das Ballett-Gegenstück zur Oper seines Zeigenossen Richard
Strauss bildete. In seinem Gedicht ›Herodias' Tochter‹ nennt
Henry Vaughan Salome eine »junge Hexe« und deutet ihren ei-
sigen Tod an.

(Mt 14; Mk 6)

Salome
Mutter der beiden Apostel Jakobus* und Johannes*, der Söhne
des Zebedäus*. Sie war eine der Frauen, die bei der Kreuzigung
Jesu* unter dem Kreuz standen. Nach dem Markus-Evangelium
gehörte sie auch zu jenen Frauen, die nach dem Sabbat mit wohl-
riechenden Ölen zum Grab gingen, um den Leichnam zu salben,
und das Grab leer fanden. Ihnen wurde – von einem Engel oder
von Jesus selbst – aufgetragen, den Jüngern zu sagen, sie sollten
nach Galiläa gehen, wo sie ihn sehen könnten. Salome war möglicherweise eine Schwester von Maria*, der Mutter Jesu.
→ auch Maria

(Mt 27; Mk 15–16; Lk 23–24; Joh 19)

Salomo
Sohn Davids* und König von Israel (etwa 968 bis 928 v. Chr.),
dessen Reichtum und Weisheit sprichwörtlich wurden. Seine
Thronfolge war zwar umstritten, aber nach Zerschlagung des gegnerischen Lagers begann eine lange und außergewöhnlich fruchtbare Herrschaft, in der Salomo es vorzog, Reichtümer anzusam-
meln statt Kriege zu führen. Da sein Vater ihn auf dem Sterbebett
nochmals als Thronfolger benannte, konnte Salomo seinen älteren Bruder Adonija*, der mit Hilfe mächtiger Männer an Davids*
Hof versucht hatte, sich des Thrones zu bemächtigen, aus dem

Feld schlagen. Salomo gelang es, sich durchzusetzen und seine Gegner zu vernichten. Am Anfang seiner Regierungszeit forderte Gott ihn in einem Traum auf, eine Bitte zu äußern. Salomo bat um Weisheit – eine Antwort, die Gott so gut gefiel, daß er ihm nicht nur Weisheit, sondern obendrein noch langes Leben und Reichtum gab. Einmal führte man zwei Dirnen vor Salomo. Beide hatten ein Kind geboren, von denen jedoch nur eines überlebte, und beide behaupteten nun, Mutter des noch lebenden Kindes zu sein. Das »salomonische« Urteil lautete, das Kind entzweizuschneiden und jeder Frau eine Hälfte zu geben. Als die eine daraufhin auf ihren Anspruch verzichtete, erwies sie sich damit als die wahre Mutter und erhielt das Kind.

Salomo setzte den bereits von David gefaßten Plan, einen Tempel zu bauen, in die Tat um: Er sollte sechzig Ellen lang, zwanzig Ellen breit und dreißig Ellen hoch sein (eine Elle betrug rund fünfzig Zentimeter), außerdem mit Gold überzogen und bis zur Decke mit prächtigen Gerätschaften gefüllt sein. Außer dem Tempel, dessen Bau sieben Jahre dauerte, schuf Salomo auch prachtvolle Paläste für sich und seine Hauptfrau, die Tochter des ägyptischen Pharao. Er hob ganze Armeen von Arbeitern aus, die er zum Frondienst in den benachbarten Libanon schickte, wo sie immer einen Monat arbeiteten und dann wieder zwei Monate zu Hause sein konnten. Bei all seiner Bautätigkeit wurde Salomo von Hiram*, dem König der Phönizierstadt Tyrus (zu dessen Reich der Libanon gehörte), unterstützt. Gegen Lebensmittel und Öl lieferte er Zedern- und Zypressenholz. Außerdem schickte er Handwerker, die an den Bauten mitarbeiteten. Als Belohnung trat Salomo zwanzig Städte in Galiläa an Hiram ab, die ihm jedoch, als er sie in Augenschein nahm, nicht besonders gut gefielen. Nach der feierlichen Tempelweihe sprach Gott erneut zu Salomo und sagte ihm zu, ihm und seinen Nachkommen auf ewig die Königswürde in Israel zu übertragen, vorausgesetzt, sie hielten sich treu an alle Gebote und Gesetze.

Salomo baute wiederum mit Hirams Hilfe auch eine Flotte. Beide Könige entsandten eine gemeinsame Schiffsbesatzung nach Ofir am äußersten Ende des Roten Meeres, um Gold, Bauholz und Edelsteine zu holen. Von Salomos Ruhm beeindruckt, stattete ihm die Königin von Saba* einen Besuch ab, bei dem ihre Erwartungen noch übertroffen wurden. Doch ein Schatten lag auf dem glanzvollen Bild: Wie alles andere betrieb Salomo auch sein Liebesleben im großen Stil, und unter seinen siebenhundert Frauen und dreihundert Nebenfrauen befanden sich viele fremdrassige und fremdgläubige. Sie verführten Salomo dazu, das Verbot der Rassenmischung und der Anbetung fremder Götter zu ignorieren. Gott war zornig wegen dieser Verstöße und kündigte Salomo den Verlust des Königreiches an, milderte die Strafe jedoch ab mit der Zusage, daß dies erst nach Salomos Tod eintreten würde. Auch sollte Salomos Nachkommen nicht alles genommen werden, sondern ein Teil des Reiches bleiben. Gott ließ die Bedrohung Israels durch die Edomiter* wieder aufleben, und zwar durch Hadad*, der seit einer – ihm von David und Joab* zugefügten – Niederlage in Ägypten auf eine Gelegenheit zum Zurückschlagen wartete. Auch andere alte Feinde regten sich wieder, und in Israel selbst, wo Salomos Geschmack am Luxus schwere Lasten für das Volk bedeuteten, sah Jerobeam* die Chance, Salomos Sohn das Erbe streitig zu machen. Er flüchtete nach Ägypten, um dort Salomos Tod abzuwarten und dann zu versuchen, die Macht in jenen Teilen des Landes zu übernehmen, in denen das Königshaus an Unterstützung im Volk verloren hatte.

Traditionell wurde Salomo als Verfasser Tausender von Sprichwörtern und Hunderter von Liedern betrachtet, was heute jedoch nicht mehr aufrechterhalten wird. Zu den ihm zugeschriebenen Werken gehörten das Buch der Sprichwörter, das Buch Kohelet, das Hohelied (→ Schulamit) und das (in der Luther-Bibel zu den Apokryphen gerechnete) Buch Weisheit, eine hellenistisch-jüdische Schrift aus dem 3. Jahrhundert v. Chr., in der sich unter anderem die zutiefst tröstlichen Worte finden: »Die Seelen der Gerechten sind in Gottes Hand, und keine Qual kann sie berühren.«

Es fehlte in der Geschichte nicht an Künstlern, die Salomos Herrlichkeit und Weisheit priesen. Neben zahllosen Schnitzwerken und Glasmalereien des Mittelalters befaßten sich die besten Maler der Renaissance mit ihm. Ein Beispiel ist das entsprechend großartige ›Urteil Salomos‹ in Kingston Lacy (Dorset), ein Werk, das früher Giorgione, nun aber ganz oder zumindest zum Teil Sebastiano del Piombo zugeschrieben wird. Außerdem lassen sich das von Raffael entworfene und von seinen Schülern ausgeführte Bild im Vatikan und Rubens' dramatisches Werk nennen, auf dem das Kind des Salomonischen Urteils mit dem Kopf nach unten am Fuß gehalten wird (Madrid, Prado). Der englische Maler Duncan Grant stellte Salomo mit der Königin von Saba dar (London, Tate Gallery). Für Händel war Salomo ein besonders willkommenes Thema – als Symbolgestalt für weltlichen Reichtum, mit der er bei seinem Gönner, dem Königshaus Hannover in

London, entsprechenden Anklang fand. Salomos Ruhm, der sich mit dem Alexanders des Großen messen kann, ließ seinen Namen bis an die seltsamsten Orte gelangen, wie das Buch ›König Salomos Schatzkammer‹ des englischen Schriftstellers Rider Haggard und zahlreiche Berggipfel im Norden des Iran bezeugen, die den Namen »Takht-e-Sulaiman« (Salomos Thron) tragen.

(1 Kön 1–11; 1 Chr 22–23, 28–29; 2 Chr 1–9)

Samariter
Bewohner von Samarien, auch Name einer Sekte. Samaria wurde unter König Omri* von Israel zur Hauptstadt ausgebaut. Die Eroberung der Stadt durch den assyrischen König Sargon II. im Jahr 722 v. Chr. bedeutete zugleich das Ende des Königreiches Israel. Nachdem Samaria von den Assyrern neu besiedelt, von Alexander dem Großen erobert, von seinen Nachfolgern, den Seleukiden, in deren Reich eingegliedert und von Pompeius eingenommen worden war, erlebte die Stadt unter Herodes dem Großen*, der sie unter dem Namen Sebaste wiederum zur Hauptstadt machte, eine neue Blüte.
Die Samariter, die sich selbst als Rest der 722 v. Chr. untergegangenen zehn Stämme Israels betrachteten, bildeten eine eigene Sekte, die sich abspaltete, als die Juden im 5. Jahrhundert v. Chr. aus dem babylonischen Exil* nach Jerusalem zurückkehrten (→ Esra, Nehemia). Zwischen jenen, die zurückkehrten, und jenen, die weder nach Ninive noch nach Babylon verschleppt worden waren, kam es zu Spannungen, da die Juden, die nicht im Exil gewesen waren, die Rückkehrer als selbstgerecht und elitär betrachteten, außerdem wandten sie sich gegen das rigorose Verbot der Mischehe, das Esra* und Nehemia* proklamierten. Die Samariter erkannten nur die fünf Bücher des Mose als Offenbarungsbuch an. In der Zeit der Makkabäer* verschärften sich die Konflikte mit den orthodoxen Juden. Eine kleine Gemeinde der Samariter hat bis heute in Nablus (dem früheren Sichem) überlebt.

Samariter (der barmherzige Samariter)
Gleichnis Jesu über die Nächstenliebe: Ein Mann wurde auf einer Reise von Jerusalem nach Jericho von Räubern überfallen und halbtot am Straßenrand liegen gelassen. Ein Priester kam vorbei, sah ihn und ging weiter. Nach einem Leviten, der sich ebenso verhielt, kam ein Mann aus Samarien. Als er das Opfer sah, hatte er Mitleid mit ihm, leistete Erste Hilfe und brachte den Mann zu

einer Herberge. Er gab dem Wirt Geld, beauftragte ihn, für den Mann zu sorgen, und sagte zu, ihm, falls nötig, mehr zu bezahlen, wenn er zurückkam. Jesus erzählte diese Geschichte, um zu zeigen, daß man einen Menschen nach dem beurteilen sollte, was er tut, und nicht nach dem, was er ist. Im Mittelalter wurde das Gleichnis propagandistisch ausgenutzt, indem man den gleichgültigen Priester und den ebenso gleichgültigen Leviten als Juden herausstrich und ihnen Jesus als Samariter gegenüberstellte.

Ein Gemälde von Domenico Fetti aus dem 17. Jahrhundert zeigt den barmherzigen Samariter, wie er – vor dem Hintergrund exotisch anmutender Bäume – das Opfer auf seinen Esel lädt (New York, Metropolitan Museum).

(Lk 10)

Samariterin (die samaritische Frau)
Als Jesus* allein am Jakobsbrunnen saß, bat er eine samaritische Frau um einen Schluck Wasser. Sie reagierte mit Erstaunen, denn normalerweise wollten Juden mit Leuten aus Samarien nichts zu schaffen haben. Jesus sagte ihr, daß sie, wenn sie wüßte, wer er sei, ihn um Wasser bitten würde, da Wasser von ihm den Durst für immer stillte, während Wasser aus dem Brunnen ihn nur für eine Zeitlang löschte. Die Frau bat Jesus um das Wasser, von dem er sprach. Im Laufe der Unterhaltung erkannte sie, daß sie mit einem Propheten sprach, und als die Rede auf die Erwartung des Messias kam, sagte Jesus zu ihr, er sei der Messias.

Rembrandt gestaltete die Szene am Jakobsbrunnen rund ein Dutzend Mal (eines der Bilder befindet sich im Barber Institute in Birmingham). Der englische Kunsthistoriker Kenneth Clark wies darauf hin, daß die Aufmerksamkeit, die Rembrandt dem Brunnen zumaß, zeige, daß er sich der Bedeutung als Symbol der Reinheit bewußt war. Eine Darstellung des Gesprächs zwischen Jesus und der samaritischen Frau im manieristischen Stil stammt von dem italienischen Maler Alessandro Allori und ist in der Kirche S. Maria Novella in Florenz zu sehen. Die Frau aus Samarien erscheint auch kurz in der Schlußszene von Goethes Faust, die Thema des zweiten Satzes der 8. Sinfonie von Gustav Mahler ist.

(Joh 4)

Samson.→ Simson

Samuel

Der letzte der Richter* Israels, der die ersten zwei Könige, Saul*
und David*, einsetzte. Samuels Eltern waren Elkana und Hanna*; während Elkana Kinder von einer zweiten Frau hatte, war
Hanna lange Zeit kinderlos und darüber sehr unglücklich. Durch
die Fürsprache des Priesters Eli* bekam sie schließlich einen
Sohn, den sie Samuel nannte. Noch als Kind übergab sie ihn Eli
als Diener. Eines Nachts sprach Gott zu Samuel, der zuerst dachte, Eli habe ihn gerufen, bis Gott noch ein zweites und drittes Mal
zu ihm sprach. Eli hatte erkannt, wer gesprochen hatte, und überredete Samuel, ihm den Inhalt der Botschaft zu erzählen. So erfuhr er, daß Samuel nach ihm die Stelle als Priester einnehmen
sollte, da seine eigenen Nachkommen wegen ihrer Verfehlungen
sterben würden. Als die Philister* die Bundeslade eroberten, kamen Elis Söhne ums Leben (→ Eli). Mit Samuel als Führer konnten die Israeliten endlich die Philister besiegen und die Küsten-
städte zurückerobern.

Das Volk verlangte nun nach einem König (bezüglich eines früheren Anlaufs dazu → Abimelech) und bestand auch dann noch
darauf, als Samuel ihnen ihr Schicksal unter einem König und
dessen Beamten in den düstersten Farben schilderte. Als er aber
von Gott die Weisung erhielt:»Setz ihnen einen König ein!«,
gehorchte Samuel. Dieser erste König Israels war Saul, der sich
jedoch als Enttäuschung erwies, vor allem, als er – gegen den
Befehl Gottes – Agag* und die Amalekiter* zu nachsichtig behandelte. Samuel mußte eingreifen und hieb Agag höchstpersön-
lich in Stücke. Saul teilte er mit, daß Gott bereue, ihn zum König
Israels erwählt zu haben, und ihn verworfen habe. Nach dieser
Begegnung mit Saul war es Samuels Aufgabe, einen Nachfolger
für das Königsamt zu finden und einzusetzen. Die Wahl fiel auf
David. Nach seinem Tod erschien Samuel noch einmal als Geist,
als er auf Sauls Verlangen von der Totenbeschwörerin von En-
Dor* herbeigerufen wurde. Dabei sagte Samuel Sauls bevorstehende Niederlage und seinen Tod voraus.

Die Salbung Davids durch Samuel war ein von Malern und Bild-
hauern häufig aufgegriffenes Thema, so an der Westfassade des
Domes von Orvieto, die schon für sich genommen so etwas wie
ein Kompendium biblischer Gestalten darstellt. Holbein wählte
für ein Bild Samuels heikelstes Unternehmen, nämlich den Moment, als er König Saul mitteilte, daß Gott ihn verworfen habe
(Basel, Kunstmuseum).

(1 Sam 1–4, 7–13, 15–16, 25, 28)

Saphira. → Hananias

Sara
–, Frau von Abraham* (S. 246)
–, Tochter von Raguël (S. 246)

Sara
Frau von Abraham*, die ursprünglich Sarai hieß. Sie und Abraham heirateten, bevor sie aus Ur wegzogen und sich auf die weite Wanderung nach Kanaan begaben. Sie bekam bis ins hohe Alter keine Kinder und mußte deshalb lachen, als sie mit anhörte, wie drei in Männergestalt auftretende Engel Abraham sagten, sie werde ein Kind bekommen. Doch sie wurde tatsächlich schwanger und brachte einen Sohn, Isaak*, zur Welt. Zur weniger schönen Seite von Saras Charakter gehört, wie sie sich gegen ihre Magd Hagar* verhielt.
→ Stammbaum B
(Gen 11–12, 16–25)

Sara
Einzige Tochter von Raguël, die Tobias, den Sohn Tobits*, heiratete, nachdem der böse Dämon Aschmodai siebenmal die Hochzeitsnacht mit sieben anderen Bräutigamen torpediert hatte.
→ Tobit
(Tob 3, 7–8, 10–12)

Saul
Sohn von Kisch* aus dem Stamm Benjamin*. Seine Geschichte beginnt damit, daß er auf der Suche nach den verirrten Eselinnen seines Vaters durchs Land streift, und sie endet mit dem Tod durch das eigene Schwert. In der Zeit dazwischen wurde er von Gott auserwählt und von Samuel* zum ersten König über alle Stämme Israels gesalbt. Doch als er sich als zu nachsichtig gegen die Amalekiter* zeigte, das heißt, nicht genug von ihnen tötete, wurde er von Gott verworfen. Der letzte Teil seines Lebens war bestimmt von den Kriegen gegen die Philister* und vom Konflikt mit David*, den er abwechselnd liebte und zu töten versuchte. Dieser Konflikt wurde noch tragischer durch die Tatsache, daß sein eigener Sohn Jonatan* eine große Zuneigung zu David hegte.
Saul, der im 11. Jahrhundert v. Chr. lebte, war »jung und schön« und »überragte alle um Haupteslänge«. Samuel war von Gott

über Sauls Kommen und über seine Bestimmung informiert worden und empfing ihn mit Ehrenbezeigungen, die weit über Sauls Alter und Stand lagen. Er sagte ihm, wo die verirrten Eselinnen seines Vaters zu finden waren, und salbte ihn zum »Fürsten über sein (= des Herrn) Erbe«. Nachdem Samuel alle Stämme zusammengerufen und ihnen Saul präsentiert hatte, »jubelte das ganze Volk und sagte: Es lebe der König!« Damit wurde in Israel von Gott und dem Volk das Königtum eingeführt. Nach Sauls erster Erprobung als Heerführer – dem Sieg über Nahasch*, den König der Ammoniter*, der die Israeliten vom Osten her bedrängte, während die Philister das gleiche im Westen taten – wurde die Errichtung des Königtums erneut bestätigt und Saul in Gilgal offiziell zum König ernannt. Dann wandten sich Saul und Jonatan den feindlichen Philistern und Amalekitern im Westen und Südwesten zu. Sauls Feuerprobe, die er nicht bestand, kam im Krieg gegen die Amalekiter. Gott hatte ihn angewiesen, die Amalekiter völlig zu vernichten; doch nach dem Sieg schonte Saul das Leben des Amalekiter-Königs Agag* und ließ auf Wunsch der Israeliten auch die besten der erbeuteten Tiere am Leben. Erzürnt über diese Halbherzigkeit schickte Gott Samuel aus, der Agag niedermachte (»Und Samuel hieb vor den Augen des Herrn in Gilgal Agag in Stücke«) und Saul mitteilte, er sei von Gott verworfen worden. Es war die letzte Begegnung zwischen Saul und dem lebenden Samuel.

Saul wurde schwermütig und hoffte, durch einen Mann, »der die Zither zu spielen versteht«, seine Stimmung zu verbessern. Dieser Mann sollte David sein. Saul war von ihm so angetan, daß er ihn zu seinem Waffenträger und zu einem seiner Heerführer ernannte. Später aber, vor allem nach Davids Sieg über Goliat* und seiner entsprechend großen Popularität, wurde Saul eifersüchtig auf David und mißtraute ihm. Er gab ihm seine jüngere Tochter Michal* zur Frau, um ihn auf einem Umweg in die Hände der Philister fallen zu lassen. Er verlangte nämlich als Brautgabe die Vorhäute von einhundert Philistern und hoffte, die Philister würden David töten. Doch David tötete zweihundert von ihnen und bekam Michal, die ihn liebte und ihm später das Leben rettete. In den letzten Jahren seiner Herrschaft schwankte Saul ständig zwischen dem Versuch, David zu töten, und der Reue darüber (→ David). Vom Unglück verfolgt, wandte er sich verkleidet und verzweifelt an die Totenbeschwörerin von En-Dor*, die für ihn den Geist Samuels heraufbeschwor. Dieser erinnerte Saul an sein Versagen im Fall Agag und sagte ihm sowohl seine bevorstehende Niederlage gegen die Philister als auch seinen Tod voraus. Sauls drei Söhne Jonatan, Abinadab und Malkischua wurden im Kampf mit den Philistern getötet; Saul stürzte sich in sein eigenes Schwert, nachdem sein Waffenträger sich geweigert hatte, ihn zu durchbohren. »Saul und Jonatan, die Geliebten und Teuren, im Leben und Tod sind sie nicht getrennt«, sang David in seiner Totenklage. Die Philister schlugen dem toten Saul den Kopf ab und hängten seinen Leichnam an eine Mauer in Bet-Schean. Später holten Männer aus Jabesch-Gilead die Leichen Sauls und seiner Söhne und verbrannten sie. Die Gebeine vergruben sie unter einem Baum. Viele Jahre danach überführte David die Gebeine zur Begräbnisstätte von Sauls Vater Kisch.

Sauls vielversprechende Laufbahn endete mit Mißerfolg und seelischem Zusammenbruch. Er ist eine tragische Gestalt mit sehr menschlichen Zügen, die man eher bemitleidet als verurteilt. Rembrandt vermittelt auf einem Bild die drückende Atmosphäre und düstere Katastrophenstimmung um den brütenden König, der in der Musik Linderung sucht (Den Haag, Mauritshuis). Das Gemälde ›Selbstmord Sauls‹ von Pieter Bruegel d. Ä. im Kunsthistorischen Museum in Wien bietet ein phantastisches Panorama – die sich zur Flucht wendende Armee und am Rande der sterbende Saul. Bei den Romantikern stand Saul hoch im Kurs. In dem Gedicht ›Sauls Gesang vor seiner letzten Schlacht‹ von Byron erlangt der König am Ende seine Würde wieder. Saul ist auch Hauptperson der eindrucksvollsten Tragödie des italienischen Dichters Vittorio Alfieri. Robert Browning hebt in seiner Version hervor, daß Sauls gepeinigte Seele zwar nicht von David, doch von Jesus* geheilt wird. Was nach der Lektüre des Gedichtes ›Saul‹ vor allem im Gedächtnis bleibt, ist jedoch eher menschlicher als theologischer Art – das Bild des jungen David, der, müde vom nächtelangen Zitherspiel und niedergedrückt vom Gefühl der Unzulänglichkeit, tieftraurig nach Hause stolpert. Händels Auffassung vom Thema war weniger kompliziert; er schrieb einen berühmten und angemessenen Trauermarsch für den schwermütigen König und steht in seinem Oratorium voll und ganz auf der Seite Sauls.

(1 Sam 9–31; 1 Chr 10)

Schadrach

Einer der drei Gefährten Daniels*, die auf Befehl des Königs Nebukadnezzar* in einen Feuerofen geworfen wurden. Sein ursprünglicher Name war Hananja. Die beiden anderen Gefährten hießen Meschach* und Abed-Nego*.

(Dan 1–3)

Scheba

Benjaminiter*, der nach der fehlgeschlagenen Rebellion Abschaloms* einen neuen Aufstand gegen David* anzettelte. David sandte Joab* und Abischai* aus, die Abel-Bet-Maacha, die Stadt, in die sich Scheba geflüchtet hatte, belagerten. Die Einwohner schlugen, um ihre Stadt vor der Zerstörung zu retten, Scheba den Kopf ab und warfen ihn Joab über die Stadtmauer zu.

(2 Sam 20)

Schebna

Leiter einer dreiköpfigen Delegation, die König Hiskija* von Juda entsandte, um mit dem Rabschake*, dem Abgesandten des assyrischen Königs Sanherib, zu verhandeln. In der verzweifelten Hoffnung, das assyrische Joch abzuschütteln, hatte Hiskija die Tributzahlungen an Assyrien eingestellt und sich mit Ägypten verbündet. Der Auftrag des Rabschake war es, Hiskija mit Drohungen wieder ins assyrische Lager zurückzuzwingen. Die Verhandlung fand außerhalb der Stadtmauer Jerusalems statt, aber in Hörweite der Bewohner, die auf der Mauer standen. Als Reaktion auf die drohenden Worte der Assyrer, die unter anderem auch den Zweck verfolgten, die Leute auf der Stadtmauer einzuschüchtern, baten Schebna und seine Kollegen, mit ihnen nicht judäisch, sondern aramäisch zu sprechen, das sie (aber nicht das Volk) verstehen konnten. Doch der Rabschake weigerte sich. Äußerst besorgt über das Ergebnis der Verhandlung baten Hiskija und seine Ratgeber Jesaja* um Hilfe. Der Prophet versuchte, sie zu beruhigen, und versprach ihnen, daß Gott Jerusalem verteidigen werde. Dieses Versprechen wurde eingelöst, als Sanheribs Armee in der Nacht vom Engel des Herrn vernichtet wurde. Kurz darauf wurde Sanherib selbst in seiner Hauptstadt Ninive von seinen Söhnen ermordet.
→ auch Assyrien und Babylonien

(2 Kön 18–19; Jes 22)

Scheschbazzar

Angesehener Jude aus Babylon, den der Perserkönig Kyrus* als Statthalter in Jerusalem einsetzte und mit der Rückführung der wertvollen Gerätschaften beauftragte, die Nebukadnezzar* aus dem Tempel in Jerusalem geraubt hatte.

(Esra 1, 5)

Schiloniter
Bewohner von Schilo, dem heiligsten Ort der Israeliten, bis David* Jerusalem eroberte und zu seiner Hauptstadt machte.
→ auch Josua, → Eli, → Ahija, → Benjaminiter

Schimi
Entfernter Verwandter von Saul*, der David* Steine und Beleidigungen an den Kopf warf, als alles darauf hindeutete, daß David von seinem Sohn Abschalom* gestürzt werden würde. Als David die Oberhand behielt, kroch Schimi vor ihm zu Kreuze, und David verzieh ihm seine Verwünschungen. Doch auf dem Sterbebett riet er seinem Nachfolger Salomo*, Schimi beseitigen zu lassen. Drei Jahre lang ließ Salomo ihn, unter der Bedingung, daß er die Stadt nicht verließ, unbehelligt in Jerusalem leben. Als Schimi dann aber zwei Sklaven davonliefen und er sie verfolgte, um sie zurückzuholen, ließ ihn Salomo nach seiner Rückkehr töten.

(2 Sam 16, 19; 1 Kön 1–2)

Schischak
Auch Schoschenk I. Der erste Pharao der 22. Dynastie in Ägypten. Er festigte nach einer Periode des Niedergangs erneut die ägyptische Machtstellung, plünderte um 925 v.Chr., also kurz nach Salomos* Tod, Jerusalem und stellte dort – wenn auch nur vorübergehend – die ägyptische Vorherrschaft wieder her.

(1 Kön 11; 2 Chr 12)

Schulammit
Bezeichnung oder Name der rein literarischen Figur eines jungen Mädchens von bezaubernder Schönheit, zugleich Symbol einer Erotik, die frei von jeglichem vulgären Beigeschmack ist. Schulammit erscheint in einer Sammlung von Liebesliedern, die den Schluß nahelegen, daß sie sich dort wiederfindet, wo sie anfängt, nämlich in den Armen eines einfachen Bauernburschen, dem sie trotz erregender Aussichten auf ein glanzvolleres Leben treu geblieben ist. Das Hohelied Salomos oder Lied der Lieder mit der an Schulammit gerichteten Liebeslyrik hat die Kommentatoren immer wieder verwirrt und irritiert, wohl vor allem deshalb, weil es sich in einer Sammlung religiöser Bücher befindet. Es gehört

zur großen literarischen Gattung der Allegorien, bei denen abstrakte Gedanken in die Sprache der Liebe gekleidet werden – wobei zwar der Anreiz klar, die wirkliche Bedeutung aber letztlich nicht so klar ist. Das Hohelied wurde viele Jahrhunderte nach Salomos* Tod verfaßt und hat deshalb keinen Bezug zu Salomo, außer daß es von der Faszination seines Namens zeugt.

(Hld)

Schunemiterinnen

Zwei Frauen aus Schunem errangen sich einen Platz in der Bibel. Die eine, Abischag*, wurde dazu bestimmt, David* im Alter Gesellschaft zu leisten und ihn im Bett warm zu halten. Die andere, die ohne Namen blieb, beherbergte Elischa*, wofür sie mit einem Kind belohnt wurde, obwohl ihr Mann schon alt war. Das Kind starb, doch Elischa rief es ins Leben zurück, indem er seinen Mund auf dessen Mund, seine Augen auf dessen Augen und seine Hände auf dessen Hände legte.

(1 Kön 1; 2 Kön 4)

Sebulon

Einer der zwölf Söhne Jakobs* und damit Ahnherr einer der zwölf Stämme Israels. Die Siedlungsgebiete seines Stammes und des Stammes seines Bruders Issachar* lagen im Norden des verheißenen Landes westlich des Sees Kinneret (Gennesaret).
→ Stammbaum C

(Gen 30, 35, 42–50; Jos 19)

Sem

Noachs* ältester Sohn, der zum Stammvater und Namensgeber der semitischen Völker wurde. Ihm und seinem Bruder Jafet* gelang es, durch Rückwärtsgehen ihren nackt und betrunken im Zelt liegenden Vater zuzudecken, ohne seine Blöße zu sehen. Einer der Nachkommen Sems war Abraham*.
→ Stammbaum A

(Gen 5–11)

Semiten

Eine der großen Völkergruppen der Erde, die der Überlieferung nach von Sem*, dem ältesten Sohn Noachs*, abstammt. In der Fachsprache wird die Bezeichnung »semitisch« für eine Sprachengemeinschaft verwendet, die im Nahen Osten sowie im Norden und Nordosten Afrikas beheimatet ist. Semitische Sprachen sind unter anderem das Hebräische (→ Hebräer) und das moderne Arabisch. Nahezu alle Personen im Alten Testament sind semitischer Abstammung.

→ auch Stammbaum A

Sergius Paulus

Bekehrungswilliger, aber noch unschlüssiger Prokonsul von Zypern, der seine Bedenken über Bord warf, als der Zauberer Barjesus*, der sich den Missionierungsbemühungen von Paulus* und Barnabas* entgegenstellte, mit Blindheit geschlagen wurde.

(Apg 13)

Serubbabel

Abkömmling des königlichen Hauses David* und, zusammen mit dem Priester Jeschua, Anführer der ersten Gruppe von Juden, die aus dem babylonischen Exil heimkehrten, um Jerusalem wieder aufzubauen. Die Geschichte der Rückkehr der Juden läßt sich nicht leicht rekonstruieren, da die hauptsächlichen Quellen, vor allem die Bücher Esra und Nehemia, hoffnungslos verderbt und in einiger Hinsicht offenkundig falsch sind. Es steht jedoch fest, daß der Perserkönig Kyrus*, der Babylon im Jahr 538 v. Chr. einnahm, die Juden zur Heimkehr nach Jerusalem ermutigte; neben der Hoffnung auf religiöse Toleranz und politische Eigenständigkeit nahmen sie dabei auch die goldenen und silbernen Gefäße mit, die Nebukadnezzar* aus dem Tempel in Jerusalem geholt hatte.

Serubbabels Gruppe, die aus Leviten*, Benjaminitern* und Judäern bestand, wurde von den anderen Stämmen, die während des Exils westlich des Jordan geblieben waren, nicht besonders freundlich aufgenommen, vor allem, nachdem Serubbabel ihr Angebot, beim Wiederaufbau von Stadt und Tempel mitzuhelfen, zurückgewiesen hatte. Sie meldeten dem König in Babylon, Serubbabel plane die Wiedererrichtung eines unabhängigen Königreiches in Juda. Der König ordnete Nachforschungen in den Staatsarchiven an und erklärte dann, Serubbabels Arbeiten in Jerusalem seien von höchster Stelle genehmigt und sollten fortgesetzt werden. Unterstützt von den Propheten Haggai* und Sacharja* führten Serubbabel und Jeschua ihr Werk fort, bis die Bewegung gegen Ende des Jahrhunderts offenbar zum Stillstand kam. Esra* und Nehemia* nahmen später die Erneuerungsbestrebungen wieder auf.

(Esra 2–4; Neh 12)

Set

Sohn von Adam* und Eva* und Vorfahre von Metuschelach* und Noach*. Nach einer nicht in die Bibel aufgenommenen Legende erhielt Set vom Erzengel Michael einen Zweig vom verbotenen Baum im Paradies, um seinen sterbenden Vater Adam zu heilen. Bei seiner Rückkehr war sein Vater bereits tot. Set pflanzte den Zweig auf Adams Grab, wo er zu einem Baum heranwuchs, aus dessen Holz das Kreuz gemacht wurde, an dem Jesus* starb. Diese »Legende des heiligen Kreuzes« hat Agnolo Gaddi für die Kirche Santa Croce in Florenz als Fresko gemalt.

→ Stammbaum A

(Gen 4–5)

Sichem

Sohn des Landesfürsten Hamor, eines Nachbarn von Jakob*. Sichem vergewaltigte Jakobs Tochter Dina*. Hamor und er baten Jakob nachträglich, ihm Dina zur Frau zu geben, doch Dinas Brüder Simeon* und Levi* waren anderer Meinung und machten Sichem und seine Leute statt dessen mit dem Schwert nieder.

→ Dina

(Gen 33–34)

Sichemiten

Bewohner der Stadt Sichem, die Abimelech* bei seinem Versuch, König zu werden, unterstützten, sich dann aber gegen ihn erhoben. Abimelechs Mutter war aus Sichem.

Sihon

König der Amoriter*, dessen Herrschaftsbereich mit der Hauptstadt Heschbon östlich des Toten Meeres lag. Als er Mose* und den Israeliten den friedlichen Durchzug durch seine Gebiete verweigerte, wurde er angegriffen und besiegt. Der Vormarsch der Israeliten kam zu einem für Sihon sehr ungünstigen Moment, da er kurz zuvor durch einen Sieg über die Moabiter* seinen Machtbereich erweitert, aber noch nicht genügend gefestigt hatte.

(Num 32; Dtn 2; 1 Kön 4; Neh 9)

Silas

Einer der wichtigsten Mitarbeiter von Paulus* bei dessen Missionstätigkeit. Zusammen mit Judas Barsabbas* wurde er von der Christengemeinde in Jerusalem mit Paulus* und Barnabas* nach Antiochia entsandt. Während Judas Barsabbas nach Jerusalem zurückkehrte, blieb Silas bei Paulus, der ihn anstelle von Johannes Markus* zum Reisegefährten wählte, nachdem er mit diesem auf der ersten gemeinsamen Reise aneinandergeraten war.

(Apg 15)

Silpa

Dienerin von Jakobs* Frau Lea* und Mutter seiner Söhne Gad* und Ascher*.

→ auch Bilha, → Stammbaum C

(Gen 29–30, 37)

Simeon

–, Sohn von Jakob* (S. 254)

–, Makkabäer (S. 254)

–, Mann in Jerusalem (S. 254)

Simeon

Der zweite der zwölf Söhne Jakobs*. Seine Mutter war Lea*. Zusammen mit seinem Bruder Levi* verübte er an Sichem* und seinen Leuten grausame und heimtückische Rache für die Vergewaltigung ihrer Schwester Dina*. Dafür wurden sie von Jakob auf dem Sterbelager verflucht und dazu verurteilt, mit ihren Stämmen in ganz Israel verstreut zu werden.

(Gen 29, 34–35, 42–50; Jos 19)

Simeon

Bruder von Judas dem Makkabäer*. Er regierte das Makkabäer-Reich zwischen 142 und 134 v. Chr. und trug ab 140 v. Chr. auch den Titel des Hohenpriesters.

→ Makkabäer, → Stammbaum E

(1 Makk 5, 9, 12-16; 2 Makk 8)

Simeon

Gerechter und frommer Mann in Jerusalem, dem offenbart wurde, daß das Kind Jesus* der Messias sei. Das Kind auf seinen Armen haltend, lobte er Gott und dankte ihm mit den Worten, die seither als das »Nunc dimittis« bekannt sind: »Nun läßt du, Herr, deinen Knecht . . . in Frieden scheiden.«

T. S. Eliots ›Gesang für Simeon‹ greift, unter Verwendung von Sätzen aus dem Neuen Testament, diese biblische Geschichte auf.

(Lk 2)

Simon
Der im Neuen Testament häufige Name ist eine Variante von Simeon*, der als Name sowohl im Alten wie im Neuen Testament vorkommt.
– → Petrus (S. 217)
– der Zelot (S. 255)
– der Aussätzige (S. 255)
– von Zyrene (S. 255)
– Bruder Jesu (S. 255)
–, Zauberer (S. 255)
– Simon der Gerber (S. 256)

Simon der Zelot
Auch Simon Kananäus, einer der zwölf Apostel. Im Johannes-Evangelium wird er nicht genannt. Unsicher ist, wie er den Märtyrertod erlitt: ob er gekreuzigt oder in zwei Teile zersägt wurde. Sein Attribut ist die Säge.
Zur Bezeichnung »Zelot« → auch Pharisäer
(Mt 10; Mk 3; Lk 6; Apg 1)

Simon der Aussätzige
In sein Haus in Betanien kehrte Jesus* auf dem Weg nach Jerusalem ein. Es war der Ort, wo Maria*, die Schwester Martas*, Jesus aus einem Alabastergefäß kostbares Öl über das Haar goß.
(Mt 26; Mk 14; Lk 10; Joh 11-12)

Simon von Zyrene
Vom Feld zurückkehrender Mann, der gezwungen wurde, das Kreuz Jesu* zur Richtstätte zu tragen.
(Mk 15; Lk 23)

Simon
Einer der drei angeblichen Brüder Jesu*.
→ Jakobus der Kleine

Simon
Zauberer oder Magier aus Samaria, der vom Diakon Philippus (→ Stephanus) bekehrt und getauft wurde. Er versuchte, sich gegen Bezahlung von den Aposteln die Macht zu verschaffen, durch Handauflegen zu heilen, wurde aber von Petrus* belehrt, daß diese Gabe nicht für Geld zu kaufen sei.
(Apg 8)

Simon der Gerber
Gastgeber von Petrus* in Joppe.
(Apg 9-10)

Simri
–, aus dem Stamm Simeon (S. 256)
–, König Israels → Jerobeam

Simri
Israelit aus dem Stamm Simeon, der in der Wüste Sinai die Prostituierte Kosbi* ins Lager der Israeliten mitbrachte. Er wurde zusammen mit der Midianiterin von dem Priester Pinhas* getötet. Pinhas versöhnte mit der Tat Gott, der die Israeliten mit einer schweren Plage geschlagen hatte, weil sie begonnen hatten, mit den Moabiterinnen Unzucht zu treiben und an Opferfesten für deren Gott Baal-Pegor teilzunehmen. Der Plage waren vierundzwanzigtausend Menschen zum Opfer gefallen.
(Num 25)

Simson
Sohn von Manoach* und Richter* Israels, der zur Symbolfigur übermenschlicher Kraft wurde und zum klassischen Beispiel für die Verwundbarkeit des Mannes durch die Frau. In seinem Leben spiegeln sich die Auseinandersetzungen Israels mit seinen damaligen Unterdrückern, den Philistern*, wider. Simson hatte in der Stadt Timna eine Philisterin gesehen, die er zur Frau haben wollte. Auf dem Weg kam ihm plötzlich ein junger Löwe entgegen, den er mit bloßen Händen zerriß. Als er nochmals, dieses Mal mit seinen Eltern, nach Timna ging, fand er den Kadaver des Löwen und einen Bienenschwarm mit Honig darin. Er aß von dem Honig und gab auch seinen Eltern davon. Bei einem Gelage vor der Hochzeit gab Simson seinen dreißig Trinkgenossen dann ein Rätsel auf. Wenn sie es während des siebentägigen Festes lösen könnten, wollte er ihnen dreißig Hemden und dreißig Festgewänder geben; wenn nicht, sollte er sie von ihnen bekommen. Das Rätsel lautete: »Vom Fresser kommt Speise, vom Starken kommt Süßes.« Die ratlosen Gäste brachten Simsons zukünftige Frau dazu, ihm die Lösung (nämlich »Löwe« und »Honig«) zu entlocken, so daß er die Wette verlor.
Simson ging nach Aschkelon, erschlug dort dreißig Philister und beglich mit deren Kleidern seine Wettschuld. In biblischen Zeiten gab es im westlichen Asien durchaus noch Löwen – Tiglat-Pile-

ser I. von Assyrien (→ Assyrien und Babylonien) erlegte über
siebenhundert. Und die Vorstellung, daß Bienen aus verfaulen-
dem Fleisch entstehen könnten, war sowohl unter den Griechen
und Römern als auch unter den Juden verbreitet.

Unterdessen hatte Simsons zukünftiger Schwiegervater seine
Tochter einem anderen Mann zur Frau gegeben. Simson fing dreihundert Füchse, band sie paarweise an den Schwänzen zusammen, befestigte jeweils zwischen zwei Schwänzen eine Fackel,
zündete sie an und trieb die Füchse als Brandstifter in die Getrei-
defelder der Philister. Diese wiederum ließen ihre Wut an der
Frau aus, die Simson hatte heiraten wollen, und verbrannten sie
und ihren Vater im eigenen Haus. Simson rächte sich und »schlug
ihnen mit gewaltigen Schlägen die Knochen entzwei«. Schließlich
gerieten Simsons eigene Leute über das, was vor ihren Augen
geschah, in solche Unruhe, daß sie Simson fesselten und den
Philistern übergaben, um sie zu beschwichtigen. Doch Simson
zerriß die Stricke und erschlug tausend Philister mit dem Backen-
knochen eines Esels. Dann zog er in die Philisterstadt Gaza, wo er
während des Besuchs bei einer Prostituierten umzingelt wurde.
Als man ihm am Stadttor auflauerte, packte er die Flügel des
Tores, riß sie mitsamt den Pfosten heraus und zog damit von
dannen.

Als nächstes verliebte er sich in Delila*, die daraufhin von den
Philistern gedrängt wurde, ihm das Geheimnis seiner phänomena-
len Kraft zu entlocken. Er speiste sie mehrmals mit falschen Erklärungen ab, gestand dann aber, daß sein Haar noch nie geschnitten worden sei, denn wenn ein Schermesser seinen Kopf
berühre, würde ihn seine Kraft verlassen, und er wäre wie jeder
andere Mensch. Während er schlief, schnitt Delila ihm die Lok-
ken ab, die Philister stachen ihm die Augen aus, und schließlich
wurde er ins Gefängnis gebracht, wo er die Kornmühle drehen
mußte. Doch sein Haar begann wieder zu wachsen, und als die
Philister bei einem Fest nach ihm schickten, um ihren Spaß mit
ihm zu treiben, ließ er sich von einem Jungen zu den Säulen des
Hauses führen, in dem das Fest stattfand, stemmte sich dagegen
und brachte das Haus zum Einstürzen. Er selbst und dreitausend
Philister kamen dabei ums Leben.

Mit schwelgerischer Pracht haben sowohl Rubens als auch Sebastiano del Piombo den verhängnisvollen Moment gemalt, da dem
starken Helden, schlafend auf den Knien der Geliebten, Haar
und Kraft genommen wird (beide Bilder in der National Gallery,
London). Erschreckend realistisch ist die Szene der Blendung bei

Rembrandt (auf einem Gemälde im Städel, Frankfurt), der sich mehrmals der Simson-Geschichte zuwandte, so auch mit einer Darstellung der Rätselfrage vor der Hochzeit (Dresden, Staatliche Gemälde-Galerie). In Miltons Tragödie ›Samson Agonistes‹ ist der Held zu Beginn bereits geblendet und steht mit leeren Augenhöhlen als Sklave unter Sklaven an der Kornmühle in Gaza; das Stück schließt mit Simsons schrecklicher Rache, bei der er selbst umkommt. Eine verkürzte Fassung der Tragödie lieferte Händel den Text für sein Oratorium. Saint-Saëns' erfolgreichste Oper ›Samson und Dalila‹ wurde zuerst von Liszt in Deutschland aufgeführt, da sie die Franzosen als zu modern ablehnten. Die eigenartigste Simson-Darstellung stammt von dem italienischen Maler Guido Reni, der ihn triumphierend und seltsam elegant, ja fast tänzerisch auf einem Teppich von Leichen zeigt (Bologna, Pinakothek).

(Ri 13-16)

Sisera

Heerführer von Jabin*, dem König von Kanaan. Sein Heer wurde von Barak* und Debora* geschlagen, er selbst wurde von Jaël* getötet, die ihm mit einem Hammer einen Zeltpflock durch die Schläfe schlug.

→ Debora

(Ri 4-5)

Sosthenes

Synagogenvorsteher in Korinth. Als sich Paulus* dort aufhielt, zeigten sich die meisten Juden ihm gegenüber feindlich gesinnt und gingen gewaltsam gegen ihn vor. Sie versuchten, den römischen Prokonsul Gallio* dazu zu bringen, Paulus auszuweisen oder ins Gefängnis zu stecken. Doch Gallio wollte sich nicht in ihre Auseinandersetzungen hineinziehen lassen und kümmerte sich selbst dann nicht darum, als Sosthenes in seiner Gegenwart verprügelt wurde. Vermutlich gehörte Sosthenes zu den wenigen Juden in Korinth, die Paulus willkommen hießen oder ihn zumindest anhören wollten. Der Name eines anderen Sosthenes erscheint später als Mitabsender im ersten Paulus-Brief an die Korinther.

(Apg 18, 1 Kor 1)

Stephanus

Erster christlicher Märtyrer. Er war einer von sieben Diakonen, die von den zwölf Aposteln ausgewählt wurden, um als Prediger das Wort Gottes und die Auferstehung Jesu* zu verkünden. Die anderen waren Philippus, Prochorus, Nikanor, Timon, Parmenas und Nikolaus aus Antiochia. Wegen seiner Missionstätigkeit wurde Stephanus aus Jerusalem hinausgetrieben und gesteinigt.

Rembrandt malte den Tod des Märtyrers (Lyon, Musée des Beaux Arts), und Edward Burne-Jones gestaltete ein Glasfenster zu diesem Thema (Morton, Lincolnshire, St. Pauls-Kirche). Der ›Legenda aurea‹ (→ Markus) zufolge wurde Stephanus' Leichnam von Gamaliël* geborgen, im 5. Jahrhundert wieder aufgefunden und zum Teil nach Rom und zum Teil (ein Arm) nach Capua gebracht.

(Apg 6-7)

Susanna

Reizvolle Frau des wohlhabenden Jojakim, der in Babylon ein großes Haus mit schönem Garten besaß. Dort trafen sich die besseren Kreise der Stadt, darunter auch zwei Älteste, die das Richteramt bekleideten. Beide hatten sich in Susanna verliebt und wollten sie verführen. Nach einer Versammlung verließen sie einmal beide mit Absicht als letzte das Haus, verabschiedeten sich und gingen weg, drehten dann aber beide heimlich wieder um. Als sie sich so direkt wieder in die Arme gelaufen waren, gestanden sie sich ihre Absichten und überraschten gemeinsam Susanna im Garten. Sie wollte gerade ein Bad nehmen und war allein, da sie ihre Mädchen ins Haus geschickt hatte, um Öl und Salben zu holen. Die beiden Ältesten wollten sie zwingen, mit ihnen zu schlafen. Anderenfalls, so ihre Drohung, würden sie überall verkünden, sie hätten sie mit einem jungen Mann ertappt. Als Susanna laut um Hilfe rief, machten sie ihre Drohung wahr und verleumdeten sie. Es kam zu einer Verhandlung, bei der Susanna wegen Ehebruchs zum Tode verurteilt wurde. Doch dann setzte sich Daniel* für sie ein und bestand darauf, die beiden Ältesten getrennt zu vernehmen. Bei der Fangfrage, unter welcher Art von Baum sie Susanna denn mit dem jungen Mann gesehen hätten, verwickelten sie sich in Widersprüche und entlarvten sich so als Lügner.

Die Vorstellung von den beiden lüsternen Alten, die es gar nicht erwarten können, sich auf die strahlend schöne Susanna zu stürzen, war für die Maler ein unwiderstehliches Sujet. In allen Facetten der Geschichte wurde Susanna dargestellt: Auf dem Bild von Tizian bewundert sie sich gerade selbst in einem Spiegel (Wien, Kunsthistorisches Museum); Paolo Veronese und Jacopo Bassano zeigen sie im Augenblick des überraschten Zurückschreckens (Madrid, Prado bzw. Nîmes, Musée des Beaux Arts); bei Domenichino wird sie gerade überrascht und gepackt (München, Alte Pinakothek), bei Tintoretto gepackt und gestreichelt (Madrid, Prado). Den besten Blick auf Susanna bekommen die beiden Ältesten von Guido Reni (Florenz, Uffizien), während Guercino sie beim – noch unbemerkten – Anschleichen gemalt hat (Madrid, Prado). Die Szene vor Gericht wird unter den Händen des französischen Malers Antoine Coypel zum grandiosen Schauprozeß (Madrid, Prado). Daniels Verteidigung der Susanna greift Shakespeare im ›Kaufmann von Venedig‹ auf, wo sowohl Shylock als auch Graziano im Moment, da sie zu gewinnen scheinen, Porzia als neuen Daniel bejubeln, der ihnen zu ihrem Recht verhilft. Die biblische Susanna-Geschichte wirkte so eindringlich, daß man sie schließlich als wahre Geschichte ansah. Dieser Auffassung war auch der große Theologe Origines, bis er von einem seiner Briefpartner eines Besseren belehrt wurde.

(Dan 13)

Syrien

Der nördliche Teil der zwischen Ägypten und Kleinasien (der heutigen Türkei) gelegenen Gebiete, die im Süden vom verheißenen Land begrenzt wurden, in dem die Israeliten mit den Kanaanitern und anderen Feinden um die Vorherrschaft kämpften. Im Westen erstreckte sich Syrien bis zu den Küstenstädten der Phönizier*, im Osten bis in die Wüste und zum Euphrat. Das Entstehen des Aramäerreiches, das Syrien einschloß und dessen Hauptstadt Damaskus war (und das daher auch Aram-Damaskus genannt wurde), fiel zeitlich ungefähr zusammen mit dem Auszug der Israeliten aus Ägypten (also um 1200 v.Chr.). Aramäer und Israeliten, die sich beide gegen die anderen Völker und Stämme behaupten konnten, führten wiederholt Krieg gegeneinander, und zwar bereits zu einer Zeit, als die großen Reiche im Zweistromland und am Nil noch nicht als Eroberer in Erscheinung traten. War Israel in einer starken Position, bedeutete das Ärger für die Aramäer und umgekehrt.

Im 10. Jahrhundert v.Chr. nahm David* Damaskus ein, im 9. Jahrhundert wurden die Aramäer von den Königen Omri* und

Ahab* von Israel (um 876 bis 851 v. Chr.) vernichtend geschlagen. Das Vordringen der Assyrer von Osten her zwang die beiden traditionellen Feinde, ihre Konflikte untereinander hintanzustellen. Durch die Schlacht von Karkar im Jahr 853 v. Chr. konnte der assyrische Vormarsch gebremst werden. Doch die alten Streitigkeiten brachen wieder auf, und im 8. Jahrhundert besetzte das mit Juda verbündete Israel für kurze Zeit Damaskus. Als der (in der Bibel Pul* genannte) Usurpator Tiglat-Pileser III. das assyrische Reich durch Expansionskriege weiter ausdehnte, wurde das Aramäerreich 732 v. Chr. endgültig vernichtet. Israel ereilte das gleiche Schicksal zehn Jahre später. Auch der sich über die nächsten hundert Jahre hinziehende Niedergang Assyriens konnte Syrien nicht retten; es geriet nacheinander unter babylonische, persische, mazedonische und schließlich römische Herrschaft. Zu Beginn der christlichen Zeitrechnung war nicht mehr Damaskus, sondern Antiochia die wichtigste syrische Stadt. Dort praktizierte Lukas* als Arzt, und Paulus* machte es einige Jahre lang zum Zentrum seiner Missionstätigkeit.

→ auch Ben-Hadad, → Hasaël

T

Tabita
Oder (griechisch) Dorkas. Frau in Joppe, die bis zu ihrem Tod viele gute Werke tat und von Petrus* wieder ins Leben zurückgerufen wurde, nachdem man ihm all die Röcke und Mäntel gezeigt hatte, die sie für andere genäht hatte.
Ihre Wiederbelebung ist eine der Szenen der Freskenfolge, mit der Masaccio das Leben des Apostels in der Brancacci-Kapelle der Kirche S. Maria del Carmine in Florenz darstellte.

(Apg 9)

Tamar
–, Schwiegertochter von Juda* (S. 262)
–, Tochter von David* (S. 262)

Tamar
Kanaaniterin, die mit Judas* ältestem Sohn Er verheiratet war. Als er kinderlos starb, wies Juda seinen zweitältesten Sohn Onan* an, Kinder mit Tamar zu zeugen; doch dieser widersetzte sich seiner Pflicht dadurch, daß er zwar mit Tamar schlief, dabei aber seinen Samen »zur Erde fallen und verderben« ließ. Dafür ließ Gott ihn sterben. Judas dritter Sohn Schela war zu jung, um mit Tamar Kinder zu zeugen. Nachdem sie so ihren Kinderwunsch dahinschwinden sah, kam sie auf die Idee, Juda selbst zu verführen. Sie verhüllte ihr Gesicht und gab sich als Dirne aus. Als Juda mit ihr schlafen wollte, verlangte sie als Pfand für die versprochene Bezahlung seinen Siegelring und andere Besitzstücke. Tamar wurde schwanger, worauf Juda sie wegen außerfamiliären Geschlechtsverkehr zum Tode verurteilte. Daraufhin präsentierte sie die von ihm erhaltenen Pfänder und wurde begnadigt. Von den Zwillingen Perez und Serach, die sie zur Welt brachte, wurde Perez zum Vorfahr von David*, der somit sowohl kananitisches Blut als auch – über Rut* – moabitisches Blut in sich hatte.
→ Stammbaum C

(Gen 38; Rut 4)

Tamar
Tochter von David*. Ihr Halbbruder Amnon* verliebte sich leidenschaftlich in sie. Um an sie heranzukommen, stellte er sich –

einem Rat seines Freundes und Vetters Jonadab* folgend –
krank und bat, von Tamar gepflegt zu werden. Er vergewaltigte
sie, haßte sie jedoch gleich darauf und ließ sie von seinem Diener hinauswerfen. Tamar wurde von ihrem Bruder Abschalom*
gerächt, der Amnon zwei Jahre später eine tödliche Falle stellte.
Ein Bild von Eustache Le Sueur (von dem man lange Zeit fälschlicherweise annahm, es stelle Tarquinius und Lucretia dar) zeigt
Amnon, der Tamar mit einem Messer bedroht (New York Metropolitan Museum).

(2 Sam 13)

Terach
Vater von Abraham*, Nahor* und Haran*. Terach stammte von
Sem* ab (zwischen ihnen lagen sieben Generationen) und war
Familienoberhaupt während der Auswanderung aus Ur. Abra-
ham war der einzige Sohn, der ihn dabei begleitete, da Haran
bereits gestorben war und Nahor in Ur zurückblieb. Terach sie-
delte sich in Haran an, wo er starb.
→ Stammbaum A

(Gen 11)

Tertullus
Redner, der vom Hohepriester Hananias* mit der Anklage gegen
Paulus* beauftragt wurde.

(Apg 24)

Thaddäus
Auch Lebbäus Thaddäus, einer der zwölf Apostel. Er wird im
Matthäus- und im Markus-Evangelium genannt. Im Lukas-Evangelium und in der Apostelgeschichte heißt er Judas (Judas Thaddäus), Sohn von Jakobus. Im Johannes-Evangelium wird er nicht
erwähnt.

(Mt 10; Mk 3; Lk 6; Apg 1)

Theophilus
Ihm widmete Lukas* sein Evangelium und die Apostelgeschichte.
Aus der Formulierung der Anrede läßt sich schließen, daß er eine
Person von hohem Rang gewesen sein muß, vielleicht ein römi-
scher Senator oder Statthalter.

(Lk 1; Apg 1)

Thomas

Genannt Didymus oder Zwilling, einer der zwölf Apostel. Nach
dem Johannes-Evangelium war Thomas nicht dabei, als Jesus*
nach der Auferstehung den Aposteln erschien und ihnen seine
Wunden zeigte. Sie erzählten Thomas, was geschehen war, doch
er weigerte sich, ihnen zu glauben, wenn er es nicht mit eigenen
Augen sah. Als sie wieder versammelt waren, erschien ihnen Jesus erneut (und auch diesmal bei verschlossener Tür) und zeigte
seine Wunden – Thomas sah es, legte seine Hand in die Seite Jesu
und glaubte. Später wurde von ihm erzählt, er habe das Evangelium bis ins südliche Indien gebracht. Falls das stimmt, was eher
unwahrscheinlich ist, so muß er wieder zurückgekehrt sein, denn
seit frühchristlicher Zeit werden seine Reliquien in Edessa in Syrien verehrt.
Guercinos Bild ›Die Ungläubigkeit des heiligen Thomas‹ (London, National Gallery) zeigt Thomas, wie er Jesus mit dem Finger
berührt. Eine andere Version dieser Szene stammt von Gerard
van Honthorst (Madrid, Prado). Ein großes Gemälde von Cima
da Conegliano, das den seine Zweifel überwindenden Thomas
zeigt, ist nach über zehnjähriger, sorgfältiger Restaurierung wieder in der National Gallery in London zu sehen.

(Mt 10; Mk 3; Lk 6; Joh 11, 14, 20-21; Apg 1)

Tiglat-Pileser III.

König von Assyrien.
→ Pul

Timotheus

Sohn eines griechischen Vaters und einer jüdischen Mutter. Er
war einer der engsten Gefährten von Paulus*, Mitabsender mehrerer Paulus-Briefe und Adressat der beiden Timotheus-Briefe.
Ganz offenbar war er ein wertvoller Mitarbeiter und treuer
Freund von Paulus. Darüber hinaus haben wir jedoch keine gesi-
cherten Informationen über ihn.

(Apg 16-18; Röm 16; 1 Kor 4, 16; 2 Kor 1; Phil 2; Kol 1; 1 Thess 1, 3; 2 Thess 1;
1 Tim; 2 Tim; Phlm)

Titius Justus → Justus

Titus

Heidenchrist aus Antiochia, der zusammen mit Paulus* im Jahr
48 am Apostelkonzil in Jerusalem teilnahm, bei dem es um die

Aufnahme Unbeschnittener in die christliche Gemeinde ging. Paulus weigerte sich, Titus beschneiden zu lassen, und zeigte so seine Entschlossenheit, Heiden wie Juden für den christlichen Glauben zu gewinnen. Titus begleitete Paulus auf dessen zweiter größeren Reise und wurde einer seiner wichtigsten Mitarbeiter.

(2 Kor 7-8, 12; Gal 2; 2 Tim 4)

Tobias
Sohn von → Tobit.

Tobit
Jude, der während des babylonischen Exils in Ninive seinen Glaubensgenossen beistand und ihnen dabei auch unerlaubte Dienste leistete. Als dies bekannt wurde, verlor er seine Arbeit und verarmte. Durch einen Regierungswechsel änderte sich seine Lage, da ihn der neue König Asarhaddon (→ Assyrien und Babylonien) schätzte. Eines Tages sandte Tobit seinen Sohn Tobias aus, um einen Armen zu suchen, der mit ihnen am Pfingsttag das Festmahl teilen sollte. Tobias kam mit der Nachricht zurück, daß man einen Juden erdrosselt und seine Leiche auf dem Marktplatz liegen gelassen hatte. Trotz entsprechender Verbote ging Tobit hinaus, um den Toten zu begraben. Da er bei dieser Tat der Nächstenliebe durch die Berührung des Toten unrein geworden war, legte er sich außerhalb seines Hauses für die Nacht nieder. Während er schlief, ließen Sperlinge Kot auf seine Augen fallen, was ihn erblinden ließ. Erst acht Jahre später sollte er wieder sehen können.

Früher einmal hatte Tobit bei einem Mann in der Stadt Rages in Medien (dem heutigen Rhey bei Teheran) zehn Talente Silber zur Aufbewahrung hinterlegt. Er sandte nun seinen Sohn aus, um den Mann aufzusuchen und das Geld zu holen. Da Tobias den Weg nicht kannte, engagierte er für eine Drachme pro Tag einen Reisebegleiter, bei dem es sich um den – unerkannt bleibenden – Erzengel Rafael handelte. Auch ein Hund war auf der Reise dabei. Als sie zum Tigris kamen, schoß ein Fisch aus dem Wasser, der Tobias verschlingen wollte. Der Engel wies ihn an, den Fisch zu packen, aufzuschneiden und dann Herz, Leber und Galle herauszunehmen und sie aufzubewahren. Der Rest des Fisches wurde verspeist. Nach Ankunft in der medischen Hauptstadt Ekbatana führte Rafael Tobias zu Raguël, einem Vetter von Tobias, bei dem sie übernachten wollten. Raguël hatte als einziges Kind eine Tochter namens Sara*, was in den Köpfen aller Beteiligten Heiratsgedanken aufsteigen ließ. Doch mit Sara hatte es seine eigene Bewandtnis. Sie hatte bereits siebenmal geheiratet, aber jedes Mal hatte Aschmodai, ein böser Dämon, den Vollzug der Ehe verhindert und den Bräutigam in der Hochzeitsnacht getötet. Angesichts der Gefahr, zum achten Opfer zu werden, zögerte Tobias mit dem Jawort. Doch Rafael überredete ihn, das Risiko einzugehen und wies ihn an, Herz und Leber des Fisches im Brautgemach zu verbrennen.

Der Rat wurde befolgt, der Dämon spürte den Geruch und floh in den hintersten Winkel Ägyptens. Am nächsten Morgen kam das Paar zu aller (außer Rafaels) Überraschung quicklebendig und glücklich aus dem Brautgemach. Rafael reiste dann nach Rages weiter, wo er die zehn Talente holte. Als sie endlich wieder in Ninive eintrafen, erhielt Tobit durch Bestreichen seiner Augen mit der Galle des Fisches das Augenlicht zurück. Tobias verbrachte seine späteren Lebensjahre in Ekbatana, wo er lange genug lebte, um mit Genugtuung von der Zerstörung Ninives zu hören.

Diese hübsche, mit Abschweifungen durchsetzte Geschichte hat alles, was eine gute Geschichte braucht: sympathische Leute, einen Engel, einen Teufel und einen Hauch von Zauberei, dazu noch ein Tier und schließlich einen glücklichen Ausgang. Es waren Geschichten dieser Art – auch die Erzählungen von Rut* und Susanna* gehören dazu, die allerdings ohne den Zauberhauch auskommen müssen –, die das Alte Testament so menschlich erscheinen ließen und dafür sorgten, daß es einer Generation nach der anderen ans Herz wuchs. So schrieb im 12. Jahrhundert ein gewisser Matthäus von Vendôme das Bibelepos ›Tobias‹ in lateinischen Versen, das zwar dem Bischof und Dekan von Tours gewidmet, doch deutlich für ein breiteres Publikum gedacht war und damit so etwas wie ein mittelalterliches Gegenstück zu der moderneren, durch die Negro Spirituals erzielten Popularisierung darstellte.

Tobias mit Engel und Hund als einträchtige Weggefährten haben Filippino Lippi (Washington, National Gallery), Pollaiuolo (Turin, Galleria Sabauda) und Tizian (Venedig, San Marziale) zu Bildern angeregt. Auf dem Bild von Giovanni Girolamo Savoldo ist der Fisch ein freundliches Geschöpf, das unvorsichtigerweise aus Neugier seine Nase aus dem Wasser steckt (Rom, Villa Borghese). Botticelli stellt Tobias gleich drei Engel zur Seite (Turin, Galleria Sabauda). Rembrandt mochte die Geschichte so sehr, daß er sie zum Thema mehrerer Bilder machte; so malte er einen

in loderndem Gelb entschwebenden Engel und dazu einen Tobias, der ihm aus der Ecke des Bildes mit offenem Mund zuschaut
(Paris, Louvre), oder auch den blinden Tobit mit seiner Frau in
trauter Zweisamkeit (Amsterdam, Rijksmuseum). Tobit und seiner Frau gelang es sogar, daß der italienische Maler Francesco
Guardi beim Malen venezianischer Paläste und Kanäle eine Pause
einlegte (Venedig, San Raffaelle). Für sein Debut in Wien präsentierte Haydn ein Tobias-Oratorium in italienischer Sprache.

(Tob)

Tubal-Kajin
Sohn von Lamech* und dessen zweiter Frau Zilla. Als Schmied
wurde er zum Stammvater aller Erz- und Eisenhandwerker und
damit auch zum Patron all jener, die Schwerter zu Pflugscharen
machen.
→ Stammbaum A

(Gen 4)

Tychikus
Gefährte von Paulus* bei dessen letztem Besuch in Jerusalem und
im Gefängnis.

(Apg 20, Kol 4; Eph 6; 2 Tim 4; Tit 3)

U

Urija

Hetiter, Ehemann von Batseba* und Opfer von Davids* sexueller Unersättlichkeit. Als David Batseba vom Dach seines Hauses aus sah, wollte er sofort mit ihr schlafen. Danach schickte er den betrogenen, ahnungslosen Urija mit einem Brief zu seinem Heerführer Joab*; darin wurde Joab angewiesen, Urija beim Kampf in die vorderste Reihe zu stellen, wo er, wie beabsichtigt, ums Leben kam – der dunkelste Fleck in Davids Lebensbilanz. Urija war nur indirekt Hetiter*, denn zu seiner Zeit war dieses Volk bereits untergegangen (das letzte hetitische Reich endete ungefähr 1200 v. Chr.). Doch die Bezeichnung wurde weiterhin für Bewohner jener Gebiete verwendet, die ehemals die südlichste Spitze des Hetiterreichs ausmachten.

Rembrandt stellte Urija und David auf einem Bild dar (Leningrad, Eremitage). Ein Beispiel für einen Schicksalsgenossen in der modernen Literatur gab Kipling in seinem Gedicht ›Urija‹ mit der Figur des Jack Barrett.

(2 Sam 11)

Usija

Auch Asarja genannt, König von Juda von etwa 786 bis 758 v. Chr. Im Alter wurde er mit Aussatz geschlagen, weil er sich im Tempel Funktionen angemaßt hatte, die nur den Priestern zustanden. Am Anfang seiner Herrschaft führte er erfolgreiche Eroberungszüge durch und festigte dabei Judas Herrschaft über die Edomiter*, über einige Städte der Philister* und die Nomaden des Negev. Dadurch sicherte er Juda im Süden bis zur ägyptischen Grenze ab. Doch es zeichnete sich bereits der Aufstieg eines noch größeren Eroberers ab: Assyrien (→ Assyrien und Babylonien). Juda stand vor dem Problem, sich entscheiden zu müssen, ob es angesichts dieser Gefahr ein Bündnis mit Israel und Syrien eingehen oder genau das vermeiden sollte. Usija konnte oder wollte keinen Ausweg aus diesem Dilemma finden und überließ die Entscheidung seinen Nachfolgern. Sein Enkel Ahas, der von etwa 735 bis 715 v. Chr. König in Juda war, mußte die Sache dann ausbaden: Als er sich weigerte, einem Bündnis gegen Assyrien beizutreten, brachte ihm das einen Einfall Israels und Syriens ein; und als er sich dann an Assyrien um Schutz wandte, geriet

Juda unter dessen Oberherrschaft und endete als Satelliten-
staat.

→ auch Hiskija, → Joschija

(2 Kön 15; 2 Chr 26; Jes 1; Am 1; Sach 14)

Uz und Bus

Zwei der acht Kinder Nahors*, des Bruders von Abraham*.

(Gen 22)

V

Verlorener Sohn

Hauptfigur eines der bekanntesten Gleichnisse Jesu*. Er war der jüngere von zwei Söhnen und verlangte vom Vater die Auszahlung seines Erbteils. Ein paar Tage später zog er in ein fernes Land, wo er sein Vermögen verschleuderte. Als eine Hungersnot kam, verdingte er sich als Schweinehirt und sank in seiner Verzweiflung so tief, daß er die Schweine um die armseligen Futterschoten beneidete, die sie zum Fressen bekamen. Er beschloß, wieder nach Hause zurückzukehren. Sein Vater, der ihn bereits tot geglaubt hatte, sah ihn von weitem kommen und befahl seinen Knechten, Kleider, Schuhe und Schmuck für ihn zu holen und dazu noch das beste Mastkalb zu schlachten, um ein fröhliches Fest zu feiern. Sein älterer Bruder war wütend über diese Behandlung des Verschwenders und beklagte sich beim Vater, daß er ihm nie auch nur einen Ziegenbock geschenkt habe, um mit seinen Freunden ein Fest zu feiern, und das, obwohl er ihm jahrelang gehorcht und schwer für ihn gearbeitet habe. Der Vater antwortete ihm, daß er als Ältester einmal alles, was er habe, erben würde, und er sich einfach freuen wolle, daß ein Sohn, den er tot geglaubt habe, lebend zurückgekehrt sei.

Dem Thema des verlorenen Sohnes galt Rembrandts letztes großes Gemälde (Leningrad, Eremitage). Das schlichte Pathos des alten Mannes, der über den Kopf des knienden Sohnes hinweg mit starrem Blick aus dem Bild schaut, ist eine Art der Interpretation, die Betonung des Festes und der triumphalen Freude, zum Beispiel bei Bassano und Poussin, eine andere (beide Madrid, Prado). Murillo malte zwei verschiedene Versionen und zeigt sowohl die Höhen als auch die Tiefen der Laufbahn des Sohnes (Madrid, Prado, und Dublin, National Gallery of Ireland). Rodins Skulptur, ursprünglich als Teil seines Werkes ›Das Höllentor‹ entworfen, verkörpert die Qualen der Verzweiflung. Der französische Schriftsteller André Gide und der französische Komponist Darius Milhaud schufen gemeinsam ein Werk für Singstimmen und kleines Orchester; Prokofieff verwendete den Stoff für ein Ballett, Ponchielli für eine Oper.

(Lk 15)

W–Z

Waschti

Frau des Perserkönigs Artaxerxes*, die sich weigerte, seinem von sieben Hofbeamten überbrachten Befehl zu folgen, bei einem Festmahl vor ihm, seinen Gästen und dem Volk zu erscheinen, um ihre Schönheit bewundern zu lassen. Sie wurde vom König verstoßen, weil sie mit ihrem Ungehorsam anderen Ehefrauen ein schlechtes Bespiel gegeben hatte.

(Est 1-2)

Xerxes I. → Artaxerxes

Zachäus

Reicher Zöllner in Jericho, der etwas klein geraten war. Er stieg deshalb auf einen Maulbeerfeigenbaum, um einen besseren Blick auf den von der Menge umringten Jesus* zu ergattern. Jesus rief ihn herunter, weil er in seinem Haus einkehren wollte. Als die Leute murrten und vorbrachten, daß Zachäus ein Sünder und damit wohl kein geeigneter Gastgeber sei, wies Jesus darauf hin, daß er gekommen sei, die Verlorenen zu retten. Zachäus gab die Hälfte seines Vermögens den Armen und wollte jedem, von dem er als Zöllner zuviel gefordert hatte, das Vierfache zurückerstatten.

(Lk 19)

Zacharias

Priester und Mann von Elisabet*. Beide waren schon im vorgerückten Alter und hatten keine Kinder. Als Zacharias eines Tages im Tempel das Opfer darbrachte, sah er den Erzengel Gabriel an der rechten Seite des Altars stehen. Dieser verhieß ihm und seiner Frau einen Sohn, einen neuen Elija*. Zacharias wollte ein Zeichen für dieses scheinbar unmögliche Ereignis, worauf ihn der Engel für seinen Unglauben tadelte und dazu verurteilte, bis zur Geburt des Kindes stumm zu sein. Das Kind wurde Johannes* – der spätere Täufer – genannt, und Zacharias erlangte die Sprache zurück.

Jan Prevost malte ihn mit äußerst erstauntem Gesichtsausdruck, elegant gekleidet nach der Mode der flämischen Renaissance (Madrid, Prado). Einen Blick durch ein Fenster nahe der Themse wählte Stanley Spencer für sein Bild von Zacharias und Elisabet, das beide bei einfachen Tätigkeiten am Haus zeigt.

(Mt 23; Lk 1, 11)

Zadok

Priester, der zusammen mit dem Propheten Natan* eine entscheidende Rolle spielte, als es galt, nach dem Tod Davids* Salomo* gegen seinen Bruder Adonija* und dessen Anhänger als Thronfolger durchzusetzen. Zadok wurde dafür mit dem Amt des obersten Priesters belohnt, das bis zur Zeit der Makkabäer* in seiner Familie blieb. Die Sadduzäer (→ Pharisäer) haben möglicherweise von ihm ihren Namen erhalten.

»Zadok, der Priester, und Natan, der Prophet, salbten Salomo zum König . . .«, so beginnt die Hymne, die Händel für die Krönung von Georg II. 1727 in der Westminster Abbey komponierte.

(1 Kön 1-2; 1 Chr 15-16, 18)

Zebedäus

Vater der beiden Apostel Jakobus* und Johannes*. Seine Frau Salome* versuchte, für ihre Söhne Sonderplätze im Himmel zugesagt zu bekommen und handelte sich damit von Jesus* eine Rüge ein. Sie war eine der Frauen, die bei der Kreuzigung Jesu unter dem Kreuz standen.

(Mt 4, 10, 20, 27; Mk 1, 3, 15-16; Lk 5; Joh 21)

Zefanja

Prophet und vermutlich Urenkel von König Hiskija*. Er war ein gebildeter, mit kompromißloser Direktheit sprechender Mann, der seine Angriffe auf die in Juda in der zweiten Hälfte des 7. Jahrhunderts v. Chr. herrschende Schicht konzentrierte. Daneben wandte er sich auch mit kraftvollen Worten gegen die Philister* und die (im Niedergang begriffenen) Assyrer*. Zefanjas Stimme ist eine Stimme der Rache und des Pessimismus, die vom bevorstehenden Tag des göttlichen Zorns spricht. Wie Amos* sah jedoch auch Zefanja die Rettung einiger weniger voraus, die das Haus Davids* fortführen würden.

→ auch Propheten

(Zef)

Zelofhad

Mann, dessen Land an seine Töchter fiel, da er keine Söhne hatte. Daraus ergab sich die – Mose* zur Entscheidung vorgelegte – Frage, was mit dem Land einer Tochter geschehen würde, wenn sie außerhalb ihres Stammes heiratete und der Besitz so möglicherweise dem Stamm verlorenging. Mose verfügte, daß die Töchter Zelofhads sich innerhalb des Stammes frei einen Mann wählen konnten; sie durften jedoch nicht außerhalb des Stammes heiraten, da der Erbbesitz verbunden bleiben müsse und nicht von einem Stamm auf den anderen übergehen dürfe.

(Num 36; Jos 17)

Zeloten → Pharisäer, → Simon der Zelot

Zippora
Tochter des Midianiter-Priesters Jitro* und Frau von Mose*.

(Ex 2, 4)

Zofar
Mann aus Naama; einer der drei Freunde, die Ijob* trösten wollten.

(Ijob 2, 11, 20, 42)

Anhang

Stammbäume

A. Von Adam zu den Söhnen Noachs

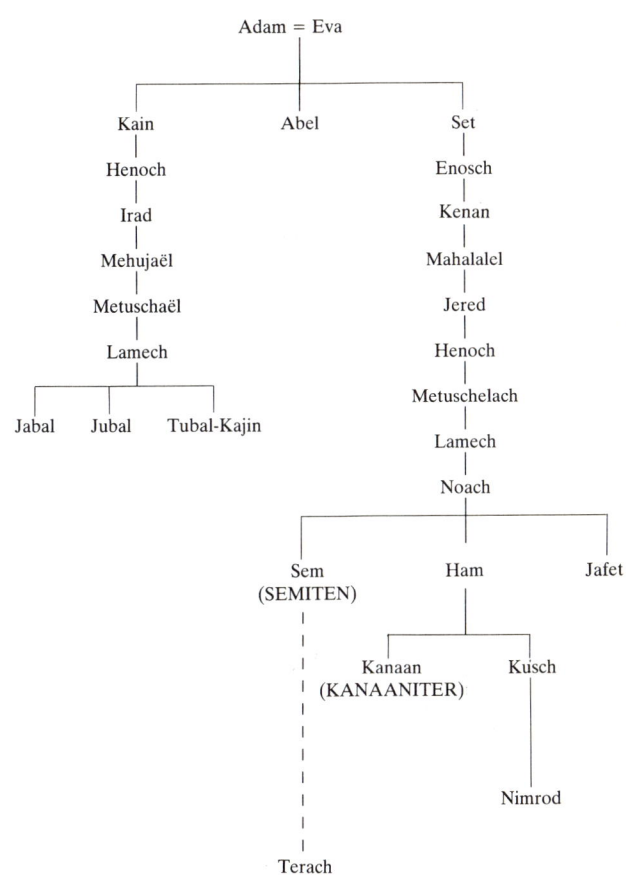

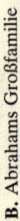

B. Abrahams Großfamilie

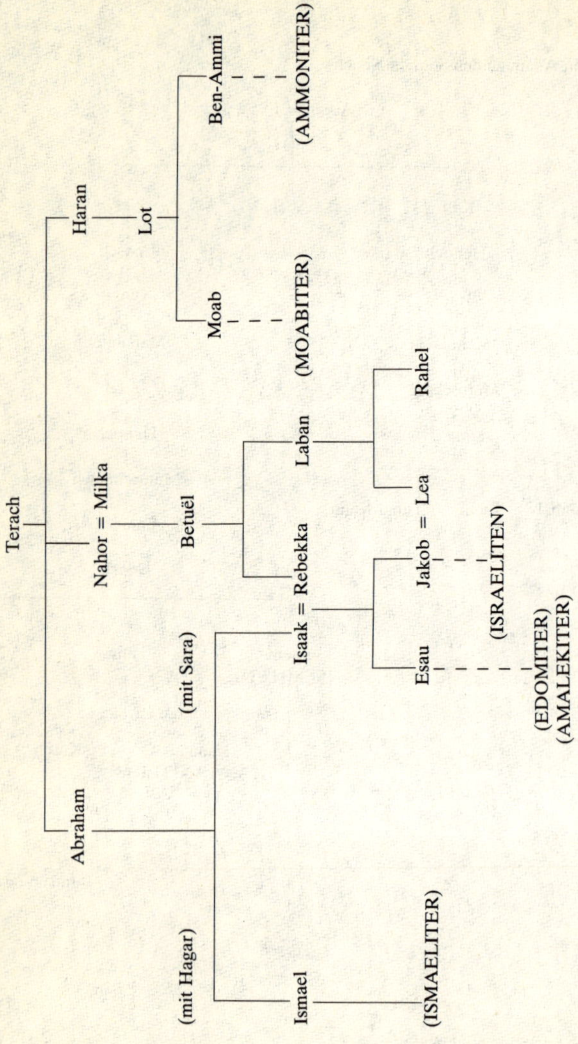

Terach

Abraham — Nahor = Milka — Haran

(mit Hagar) — (mit Sara)

Ismael   Isaak = Rebekka   Betuël   Lot

(ISMAELITER)

Esau   Jakob = Lea   Laban — Moab   Ben-Ammi

Lea   Rahel

(MOABITER)   (AMMONITER)

(EDOMITER)
(AMALEKITER)

(ISRAELITEN)

C. Die Kinder Israels

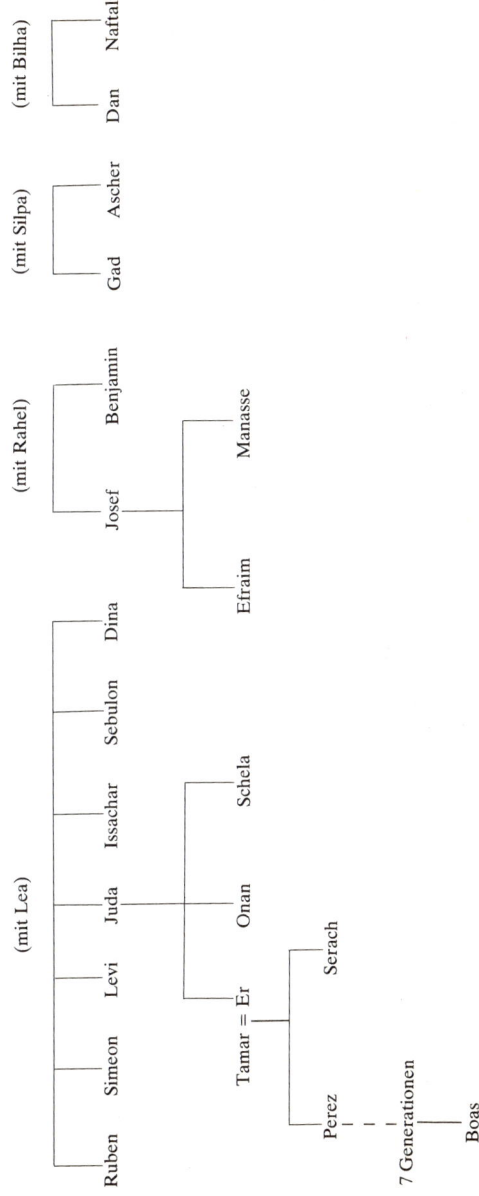

D. Rut und der Stamm Isais (Wurzel Jesse)

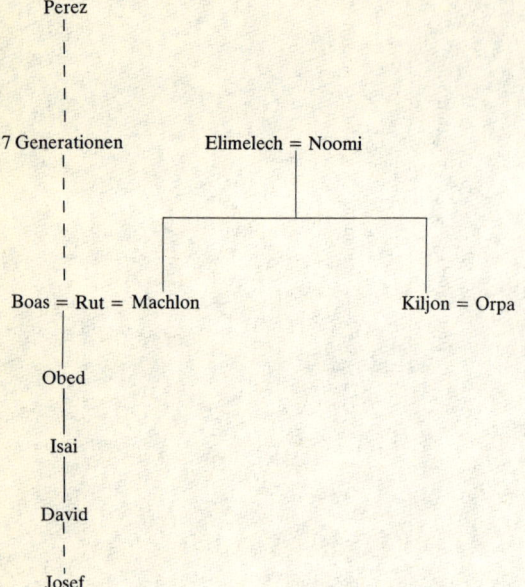

E. Die Makkabäer

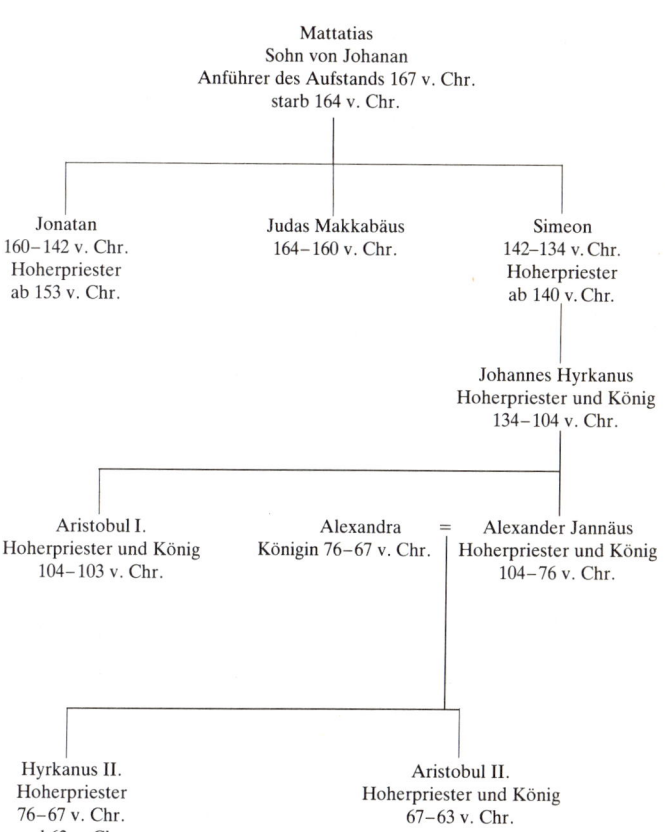

Mattatias
Sohn von Johanan
Anführer des Aufstands 167 v. Chr.
starb 164 v. Chr.

Jonatan
160–142 v. Chr.
Hoherpriester
ab 153 v. Chr.

Judas Makkabäus
164–160 v. Chr.

Simeon
142–134 v. Chr.
Hoherpriester
ab 140 v. Chr.

Johannes Hyrkanus
Hoherpriester und König
134–104 v. Chr.

Aristobul I.
Hoherpriester und König
104–103 v. Chr.

Alexandra
Königin 76–67 v. Chr.

=

Alexander Jannäus
Hoherpriester und König
104–76 v. Chr.

Hyrkanus II.
Hoherpriester
76–67 v. Chr.
und 63 v. Chr.

Aristobul II.
Hoherpriester und König
67–63 v. Chr.

F. Herodes und seine Dynastie

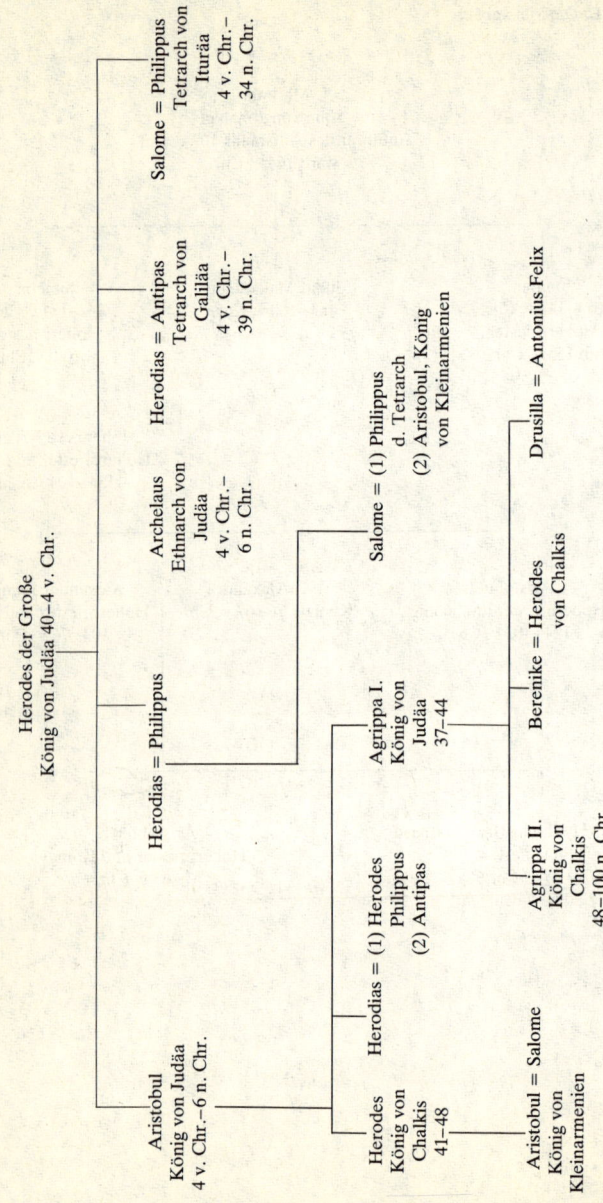

Herodes der Große
König von Judäa 40–4 v. Chr.

Aristobul
König von Judäa
4 v. Chr.–6 n. Chr.

Herodias = Philippus

Archelaus
Ethnarch von
Judäa
4 v. Chr.–
6 n. Chr.

Herodias = Antipas
Tetrarch von
Galiläa
4 v. Chr.–
39 n. Chr.

Salome = Philippus
Tetrarch von
Ituräa
4 v. Chr.–
34 n. Chr.

Herodes
König von
Chalkis
41–48

Herodias = (1) Herodes
Philippus
(2) Antipas

Agrippa I.
König von
Judäa
37–44

Salome = (1) Philippus
d. Tetrarch
(2) Aristobul, König
von Kleinarmenien

Aristobul = Salome
König von
Kleinarmenien

Agrippa II.
König von
Chalkis
48–100 n. Chr.

Berenike = Herodes
von Chalkis

Drusilla = Antonius Felix

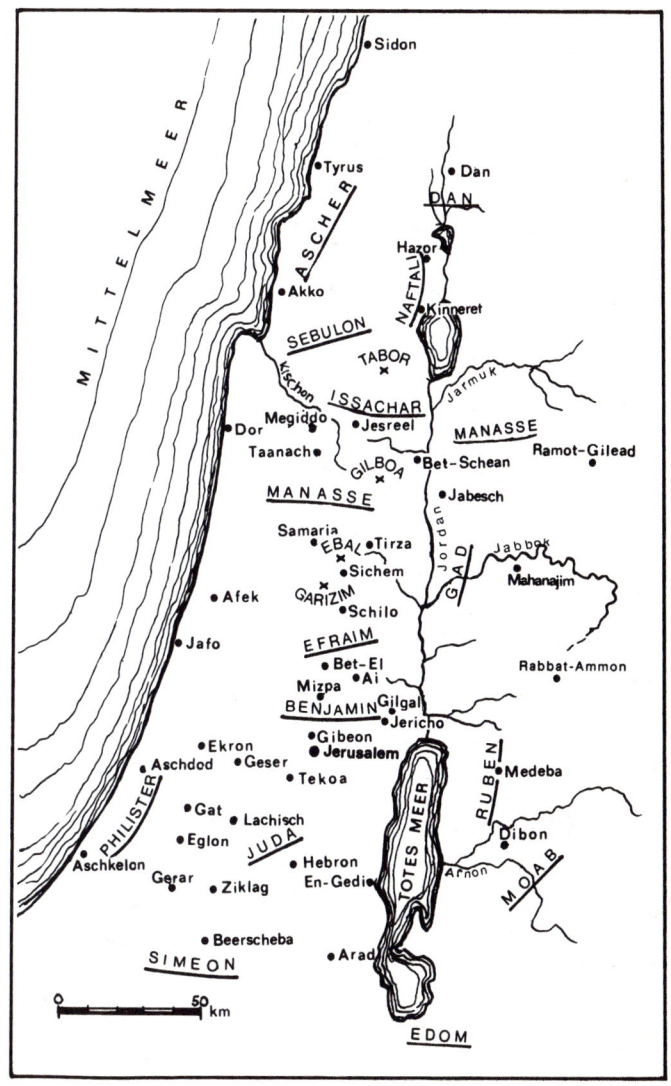

Siedlungsgebiete der israelitischen Stämme

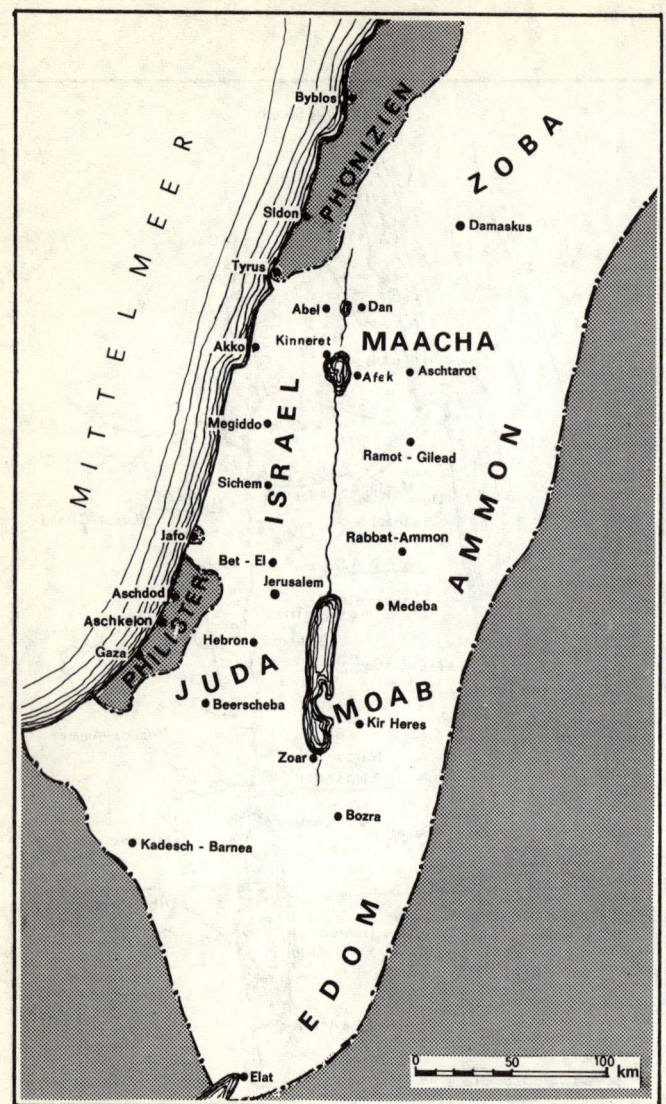

Das Reich Davids

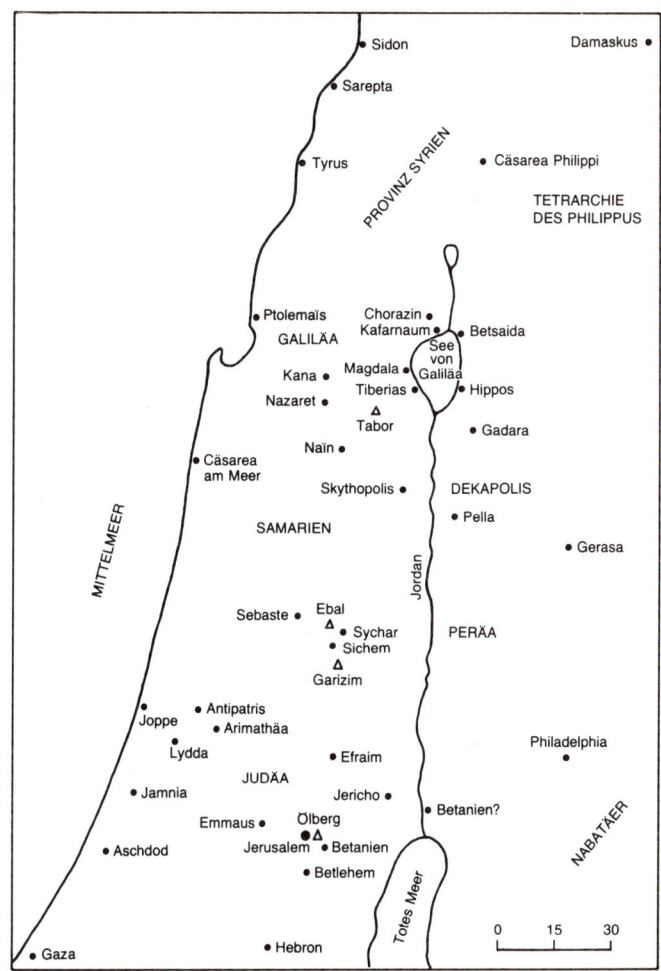

Palästina zur Zeit des Neuen Testaments

Abkürzungen der biblischen Bücher

Am	Amos	Kol	Kolosser
Apg	Apostelgeschichte	1 Kor	1. Korinther
Bar	Baruch	2 Kor	2. Korinther
1 Chr	1. Chronik	Lev	Levitikus (3 Mose)
2 Chr	2. Chronik	Lk	Lukas
Dan	Daniel	1 Makk	1. Makkabäer
DanZ	Zusätze zu Daniel	2 Makk	2. Makkabäer
Dtn	Deuteronomium (5 Mose)	Mal	Maleachi
Eph	Epheser	Mi	Micha
Esra	Esra	Mk	Markus
Est	Ester	Mt	Matt(h)äus
EstZ	Zusätze zu Ester	Nah	Nahum
Ex	Exodus (2 Mose)	Neh	Nehemia
Ez	Ezechiel (Hesekiel)	Num	Numeri (4 Mose)
Gal	Galater	Obd	Obadja
Gen	Genesis (1 Mose)	Offb	Offenbarung
Hab	Habakuk	1 Petr	1. Petrus
Hag	Haggai	2 Petr	2. Petrus
Hebr	Hebräer	Phil	Philipper
Hld	Hoheslied	Phlm	Philemon
Hos	Hosea	Ps	Psalm(en)
Ijob	Ijob (Hiob)	Ri	Richter
Jak	Jakobus	Röm	Römer
Jdt	Judit	Rut	Rut
Jer	Jeremia	Sach	Sacharja
Jes	Jesaja	1 Sam	1. Samuel
Joël	Joël	2 Sam	2. Samuel
Joh	Johannes	Sir	Sirach
1 Joh	1. Johannes	SirVorw	Vorwort zu Sirach
2 Joh	2. Johannes	Spr	Sprichwörter (Sprüche)
3 Joh	3. Johannes	1 Thess	1. Thessalonicher
Jona	Jona	2 Thess	2. Thessalonicher
Jos	Josua	1 Tim	1. Timotheus
Jud	Judas	2 Tim	2. Timotheus
Klgl	Klagelieder	Tit	Titus
Koh	Kohelet (Prediger)	Tob	Tobit (Tobias)
1 Kön	1. Könige	Weish	Weisheit
2 Kön	2. Könige	Zef	Zefanja

Register

Dieses Register erfaßt nur die Personen, über die es keinen eigenen Artikel gibt.

Schalom Ben-Chorin im dtv

Die Heimkehr
Jesus, Paulus und Maria
in jüdischer Sicht

Mit dieser Triologie will Schalom
Ben-Chorin die tragenden Gestalten des neuen Testaments sozusagen
ins Judentum heimholen und damit
einen Beitrag zum »Abbau der
Fremdheit zwischen Juden und
Christen durch den lebendigen
Dialog« leisten.
Kassettenausgabe in drei Bänden
dtv 5996
Auch einzeln lieferbar:

Bruder Jesus
Der Nazarener in jüdischer Sicht
dtv 1253

Paulus
Der Völkerapostel in jüdischer Sicht
dtv 30011

Mutter Mirjam
Maria in jüdischer Sicht
dtv 1784

Jugend an der Isar
Ben-Chorins Schulzeit in München
das Engagement in der jüdischen
Jugendbewegung, die Begegnung
und Auseinandersetzung mit
Martin Buber und dessen Werk,
und seine Liebe zur Dichtung
seiner Zeit. dtv 10937

Ich lebe in Jerusalem

Ben-Chorin, 1935 von München
nach Jerusalem emigriert, schildert
in seinen Erinnerungen das Wachsen und Werden dieser berühmten
Stadt. dtv 10938

Zwischen neuen und
verlorenen Orten
Beiträge zum Verhältnis von
Deutschen und Juden

»Unwissenheit erzeugt Mißtrauen,
Mißtrauen erzeugt Haß, Haß
erzeugt Gewalttaten. Wir alle
müssen die Kettenreaktion beim
untersten Glied abbauen.
Christen müssen mehr von Juden
und umgekehrt Juden von Christen
mehr wissen, damit die Fremdheit
verschwindet.« dtv 10982

Der Engel mit der Fahne
Geschichten aus Israel

Gemütvolle Geschichten aus einem
halben Jahrhundert »zwischen den
Welten«, zwischen der Vaterstadt
München und dem Jerusalem von
heute, zwischen Christentum und
Judesein. dtv 11087

Carl Friedrich von Weizsäcker im dtv

Foto: Isolde Ohlbaum

Wege in der Gefahr
Eine Studie über Wirtschaft, Gesellschaft und Kriegsverhütung

Dieses Buch »ist geeignet, den Blick für die politischen Realitäten im Atomzeitalter zu schärfen, die sonst gelegentlich an Konturen verlieren . . . Für Weizsäcker, wie für viele Kulturkritiker der Gegenwart, ist das bloße wissenschaftliche Denken ohnmächtig. Das Ziel eines Bewußtseinswandels ist eine ›von Liebe ermöglichte Vernunft‹.«
(Wehrwissenschaftliche Rundschau)
dtv 1452

Deutlichkeit
Beiträge zu politischen und religiösen Gegenwartsfragen

Was heißt Verteidigung der Freiheit gegen Terrorismus und Repression? Hat das parlamentarische System eine Zukunft? Welche Chancen und Risiken birgt die friedliche Nutzung der Kernenergie? Gehen wir einer asketischen Weltkultur entgegen? Wie läßt sich die Frage nach Gott mit dem naturwissenschaftlichen Denken vereinen? – Vielfältige Fragen, die Weizsäcker klar zu beantworten versucht.
dtv 1687

Die Einheit der Natur

In diesen Studien aus den Jahren 1959 bis 1970 behandelt Carl Friedrich von Weizsäcker, Professor sowohl der Philosophie als auch der Physik, die für die moderne Wissenschaft grundlegende Frage nach der Einheit der Natur.
dtv 10012

Wahrnehmung der Neuzeit

Die Wahrnehmung der Neuzeit und ihrer Krise ist Weizsäckers Hauptanliegen in diesem Band mit Aufsätzen und Vorträgen von 1945 bis heute: »Das Ziel ist, die Neuzeit sehen zu lernen, um womöglich besser in ihr handeln zu können.«
dtv 10498

Die Zeit drängt
Das Ende der Geduld
Aufruf und Diskussion

Weizsäckers Aufruf zu einer »Weltversammlung der Christen für Gerechtigkeit, Frieden und die Bewahrung der Schöpfung«, die Reaktionen auf diesen Aufruf und Weizsäckers Antworten darauf.
dtv 11109

Gerhard Konzelmann
im dtv

Der Nil
Heiliger Strom unter Sonnenbarke, Kreuz und Halbmond

Die bewegte Geschichte der Länder am Nil von den Pharaonen bis zu Mubarak und den westpolitischen Machtblöcken der Gegenwart – geschrieben von dem exzellenten Nahostkenner Gerhard Konzelmann. Er macht die politische Brisanz vielfältiger kultureller Brüche aus rund 5000 Jahren deutlich. dtv 10432

Jerusalem
4000 Jahre Kampf um eine heilige Stadt

Konzelmann erzählt detailliert und kenntnisreich die viertausendjährige Geschichte dieser Stadt, die sowohl für Juden wie für Mohammedaner und Christen die »heilige Stadt« ist. Ein wichtiges Buch für jeden, der den Ursprüngen des unversöhnlichen Streites um Jerusalem nachgehen möchte. dtv 10738

Der unheilige Krieg
Krisenherde im Nahen Osten

Ein Versuch, das für den westlichen Beobachter schier unentwirrbare Knäuel verschiedener Einflüsse und Strömungen im libanesischen Bürgerkrieg zu entwirren und durch geschichtliche Rückblicke die Ursachen des Konflikts aufzudecken. dtv 10846

Die islamische Herausforderung

Der Ruf »Allah ist über allem!« hat eine ungeheure Aufbruchstimmung unter allen Völkern des Islams bewirkt, die die Rettung der Welt zum Ziel hat. Der allumfassende Anspruch und die Kompromißlosigkeit dieser Religion geben der neuen islamischen Bewegung ihre Kraft. Konzelmann vermittelt das Wissen, das zum Verständnis der islamischen Revolution nötig ist, mit der das Abendland sich die nächsten Jahrzehnte wird auseinandersetzen müssen. dtv 10873

**Régine Pernoud:
Königin der
Troubadoure**

Eleonore von Aquitanien

dtv Biographie

**Heinrich
Schipperges:
Der Garten
der Gesundheit**

Medizin im Mittelalter

dtv Sachbuch

**Barbara Tuchman:
Der ferne Spiegel**

Das dramatische 14. Jahrhundert

dtv Geschichte

Europa im Mittelalter

Régine Pernoud:
Königin der
Troubadoure
Eleonore von
Aquitanien
dtv 1461

Régine Pernoud:
Christine de Pizan
Das Leben einer außer-
gewöhnlichen Frau
und Schriftstellerin
im Mittelalter
dtv 11192

R. Allen Brown:
Die Normannen
dtv 11390

Franz Irsigler/
Arnold Lassotta:
Bettler und Gaukler,
Dirnen und Henker
Außenseiter
in einer mittel-
alterlichen Stadt
Köln 1300-1600
dtv 11061

Philippe Reliquet:
Ritter, Tod und Teufel
Gilles de Rais:
Monster, Märtyrer,
Weggefährte
Jeanne d'Arcs
dtv 11174

Reinhard Lebe:
Als Markus nach
Venedig kam
Venezianische
Geschichte im
Zeichen des
Markuslöwen
dtv 11060

Norbert Ohler:
Reisen im
Mittelalter
dtv 11374

Ferdinand
Gregorovius:
Geschichte
der Stadt Rom
im Mittelalter
7 Bände
dtv 5960

Heinrich Schipperges:
Der Garten
der Gesundheit
Medizin im
Mittelalter
dtv 11278

Barbara Tuchmann:
Der ferne Spiegel
Das dramatische
14. Jahrhundert
dtv 10060